高职高专会计专业校企合作课程改革教材

成本核算与分析

主审　廖福前
主编　杨　梅　王　琳

中国财经出版传媒集团

·北京·

图书在版编目（CIP）数据

成本核算与分析／杨梅，王琳主编. --北京：经济科学出版社，2025. 8. -- ISBN 978 - 7 - 5218 - 7133 - 3

Ⅰ. F231.2

中国国家版本馆 CIP 数据核字第 2025Q2B056 号

责任编辑：白留杰　凌　敏
责任校对：孙　晨
责任印制：张佳裕

成本核算与分析
CHENGBEN HESUAN YU FENXI
主审　廖福前
主编　杨　梅　王　琳
经济科学出版社出版、发行　新华书店经销
社址：北京市海淀区阜成路甲 28 号　邮编：100142
教材分社电话：010 - 88191309　发行部电话：010 - 88191522
网址：www. esp. com. cn
电子邮箱：bailiujie518@126. com
天猫网店：经济科学出版社旗舰店
网址：http://jjkxcbs.tmall.com
北京季蜂印刷有限公司印装
787×1092　16 开　20.5 印张　390000 字
2025 年 8 月第 1 版　2025 年 8 月第 1 次印刷
ISBN 978 - 7 - 5218 - 7133 - 3　定价：76.00 元
(图书出现印装问题，本社负责调换。电话：010 - 88191545)
(版权所有　侵权必究　打击盗版　举报热线：010 - 88191661
QQ：2242791300　营销中心电话：010 - 88191537
电子邮箱：dbts@esp. com. cn)

前言

"成本核算与分析"构成了会计职业的核心部分。该学习领域的先修课程包括"会计基础"和"企业会计实务",同时,它也为"企业财务管理""会计电算化""会计报表编制与分析"以及"审计基础与实务"等后续课程的学习奠定了基础。通过本领域的学习,学生将在掌握会计基础理论的同时,学习成本会计核算的基本理论和技能,掌握生产费用核算、成本核算、成本分析的知识和能力,以满足企业对"成本会计核算"岗位的需求,并为管理层提供及时、可靠的成本信息。

本教材是"十二五"职业教育国家规划教材《成本核算与分析》的改版,与其他版本的主要区别在于:强调成本岗位人员不仅要掌握成本计算方法,更重要的是如何运用这些资料进行深入分析,以服务于企业管理。同时,特别强化了职业能力训练。这种改革的预期好处是:减少空洞的理论教学,使学习内容更贴近实际工作,通过学习,学生不仅能掌握知识,还能适应不同企业的业务需求,在处理基础业务的同时,学会分析和应用。学生可以在学习过程中了解和熟悉未来的工作流程和内容,将理论学习与实践紧密结合,最大限度地缩小理论与实践的差距,展现职业教育的特色。适合职业院校和五年一贯制在校学生以及其他人员自学。

本教材由四川财经职业学院与成都圣恩生物科技股份有限公司共同开发。由四川财经职业学院副教授杨梅负责总纂、修改和完善,并由成都圣恩生物科技股份有限公司财务总监廖福前进行最终审定。具体编写分工如下:项目一由胡文编写;项目二和项目三由王琳编写;项目四由杨梅编写;项目五中的任务1由肖潇编写,任务2由胡文编写;项目六由肖潇编写。

任何改革都不可能一帆风顺,《成本核算与分析》这门课程从达成共识需要改革,到本教材的出版印刷,历经一年多的周折。由于各种原因,在职业能力训练部分仍需进一步加强和完善。同时，随着会计专业改革的不断深入，每个人对会计准则相关知识点的理解可能存在差异，而每个单位在实际工作中都有其独特性和个性。加之职业教育中许多问题仍在探索之中，因此教材中难免会出现疏漏或问题。在此，诚挚地希望广大读者和同仁们提出宝贵意见，以便不断进行修改和完善。

编者

2025 年 5 月

目录

项目一 岗位认知 1
- 任务 1 认识成本 2
- 任务 2 认识成本岗位 6
- 习题与实训 14

项目二 生产费用的核算 19
- 任务 1 材料费用的核算 20
- 任务 2 人工费用的核算 29
- 任务 3 折旧和其他费用的核算 41
- 任务 4 辅助生产费用的核算 43
- 任务 5 制造费用的核算 53
- 任务 6 废品损失的核算 65
- 任务 7 停工损失的核算 71
- 任务 8 完工产品成本的核算 73
- 习题与实训 86

项目三 品种法成本核算 104
- 任务 1 账户设置 118
- 任务 2 要素费用的核算 120
- 任务 3 完工产品成本的计算与结转 141
- 习题与实训 145

项目四 分批法成本核算 153
- 任务 1 账户设置 165
- 任务 2 要素费用核算 167
- 任务 3 完工产品成本的计算与结转 194

  任务 4 简化分批法的应用 202
  习题与实训 207

项目五 分步法成本核算 217
  任务 1 逐步结转分步法 218
  任务 2 平行结转分步法 248
  习题与实训 280

项目六 成本报表编制与分析 291
  任务 1 成本报表编制 291
  任务 2 成本报表分析 306
  习题与实训 315

参考文献 319

项目一　岗位认知

【学习目标】

　　知识目标：了解企业成本核算岗位在整个会计核算中的地位和作用，了解制造业的生产类型和生产组织方式，了解费用与成本的界限，了解费用不同分类的作用，重点了解制造业成本核算岗位的工作内容，理解成本核算的基本要求，掌握常用的成本计算方法。

　　能力目标：能对成本核算岗位的工作内容进行判断，能正确认识制造企业的成本岗位核算内容和工作程序，能根据制造业的基本信息判断其生产类型与生产组织方式，能将成本核算的基本要求应用到成本核算实务中，能根据制造业的特点正确选择生产费用分配方法和成本核算方法。

【课程思政专栏】

"智能高铁"赋能北京冬奥　　向世界诠释"中国自信"

　　【课程思政关键词】　中国智造　　中国自信　　自主创新

　　【案例】　举世瞩目的北京冬奥会、冬残奥会已经落下帷幕。由首都北京开往冬奥会主赛场的"复兴号"智能高铁列车，正满怀"中国自信"，与世界一起奔向未来。

　　智能高铁联通北京、延庆、崇礼三大赛场，北京冬奥会期间，如何确保列车在冰雪环境下高速平稳运行，是一道重要课题。铁路建设者努力拼搏，迎难而上，克服困难，采用高寒动车组，车身采用环保的可降解材料，材料可回收率达到75%以上，可降解率达到50%；智能动车组头部设计还考虑到空气动力学性能，车身采用全平顺的流线型设计，使整列车的运行阻力能够比上一代车型降低7.9%，综合能耗降低10%以上；在综合考虑材料运用和造型设计后，全列车重量比上一代车型减轻20吨左右，通过自动驾驶系统能够感知运行状态，还能计算最优控制曲线，全面显著降低能耗。与司机手动驾驶相比，自动驾驶节能控制算法具有持续优化、功能迭代的空间，节能最高可达到10%～15%，经测算，运行一年大约能够节省180万度电。

　　"复兴号"智能高铁列车不仅可以停得准，更能停得稳。ATO自动驾驶系统使京张高铁在世界上首次实现时速350公里自动驾驶，具备车站自动发车、区间自动运行、到站自动停车、车门自动控制等功能，列车停车时，要求屏蔽门和列车车门对得准，误差控制在±50厘米；实际运行过程中，误差集中在±10厘米到20厘米，乘客上下车也更加安全便利。经过实测，智能高铁自动驾驶系统停车稳定指标都在0.4米每立方秒以内，性能远远优于业内稳定度指标，智能高铁确保了减速、制动过程中的平稳舒适。

"复兴号"智能高铁列车围绕服务北京冬奥会和冬残奥会进行了针对性的优化设计，为各国运动员带来美妙绝伦的赛事体验。新型奥运版复兴号智能动车组新增加了智能行车功能，列车提供中文、英文广播播报及信息显示，商务座旅客智能交互终端提供高铁娱乐中心、无线投屏、车辆功能介绍、车辆运行信息查询等服务，北京冬奥会期间还可提供赛事直播服务，在智能高铁列车上就能为全世界观众提供美轮美奂的比赛画面，使北京冬奥会、冬残奥会更加精彩！

资料来源：https://baijiahao.baidu.com/s?id=1723076335430116469&wfr=spider&for=pc。

【启示】岁月不居，初衷不变。"中国智造"展示中国高铁硬实力，这一切都离不开中国高铁人的埋头苦干和默默付出，坚持自主创新，发挥后发优势，对世界高铁先进技术引进、消化、吸收、再创新，结合我国国情、路情，从而实现了中国高铁从无到有、从追赶到并跑、再到领跑的历史性变化，形成贴合我国实情的完整创新链条，打造"中国智造"新名片。

任务1　认识成本

一、成本的内涵

中国成本协会发布的CCA2101：2008《成本管理体系术语》标准中，第2.1.2条对成本的权威定义是：为过程增值和结果有效已付出或应付出的资源代价。

美国会计学会所属的"成本与标准委员会"对成本的定义是：为了达到特定目的而发生或未发生的价值牺牲，它可用货币单位加以衡量。

成本是商品经济的价值范畴，是商品价值的组成部分。人们要进行生产经营活动或达到一定的目的，就必须耗费一定的资源（人力、物力和财力），其所费资源的货币表现及其对象化称之为成本。比如，生产一件产品耗费各种材料、水电费和固定资产折旧费2元，支付工资、福利和奖金等3元，产生利润和税金等6元，那么该产品的成本就是5元。

从会计核算的角度看，成本是指企业为生产一定种类和数量的产品或提供劳务所发生的各种生产耗费。有价值的东西才有成本，有成本的东西不一定有价值（如报废品、更新换代产品）。

在网络信息技术快速发展的今天，大数据以数据量大、速度快、类型多等优势不断出现在各个行业中。通过利用大数据中的可视化分析、数据挖掘算法、数据管理等方法，对成本会计中出现的数据进行提取、分析以及挖掘其中的价值，优化核算方法，更加快速和全面地了解企业经营与发展中的成本信息，提高企业成本核算与管理工作的质量和水平；同时，成本会计的披露方式可以通过信息技术实现，使成本会计报告的财务信息和价值信息更加精准，有利于企业通过成本会计的分析报告识别出发展过程中存在的问题。

大数据对成本核算与分析的影响，不仅使其变得更加系统化，实现成本会计工作的标准化流程，也大大提高成本会计的核算与控制效果，实现成本会计从数据采集、处理、分析到形成结果的整个过程。

二、生产费用与成本的关系

（一）费用和生产费用的含义

会计准则中将费用定义为：指企业在日常活动中发生的会导致所有者权益减少的、与向所有者分配利润无关的经济利益的总流出。准则中对费用是从狭义的角度进行定义的。

广义的费用是指企业在一定期间内为生产经营活动所发生的各种耗费，包括物化劳动和活劳动的耗费。费用强调的是企业一定期间内的资源耗费，不强调是否真正有现金支出。费用一般是指生产经营费用，不包括非生产经营费用，也不包含偶然损失。生产经营费用包括生产费用和经营管理费用，生产费用是指企业为生产产品所发生的各种消耗或耗费；经营管理费用指企业为组织和管理生产经营活动而发生的耗费、为销售企业产品而发生的耗费以及为筹措生产经营必需资金而发生的利息费用等。

（二）生产费用与成本的关系

生产费用和成本既有联系，又有区别。其联系主要表现为生产费用的发生过程，就是产品成本的形成过程。但是两者又有区别，生产费用指某一期间为进行生产而发生的费用，与一定的时期相联系，而与生产哪一种产品无关。产品成本则指为生产某类产品而消耗的费用，它与一定种类与数量的产品有关，而不论费用发生在哪个时期，产品生产成本既可能包括上期生产费用，也可能有本期生产费用。成本是对象化的生产费用，随着产品的销售，该产品的制造成本会转化为销售成本。

（三）制造业成本的内容

在产品的加工过程中，首先是要消耗原材料，或者改变原材料的实物形态，原材料的价值也随之全部转移到新产品中去，构成产品基本生产成本的一部分。

生产过程是劳动者借助于劳动工具对劳动生产对象进行加工、制造产品的过程，通过对劳动对象即原材料的加工，才能改变原有劳动对象的使用价值，并且创造出新的价值来。其中劳动者为自己劳动所创造的那部分价值，企业以职工薪酬形式支付给劳动者，因此，这部分职工薪酬也构成产品生产成本的一部分。

对产品加工，必须要借助于劳动工具。房屋建筑物、机器设备、运输工具等作为固定资产的劳动资料，在生产过程中长期发挥作用，直至报废也不改变其实物形态，但其价值则随着固定资产的实物磨损和精神磨损，通过计提折旧的方式，逐渐地、部分地转移到所制造的产品中去，也构成产品基本生产成本的一部分。

具体来说，在产品的制造过程中发生的各种生产耗费，主要包括原料及主要材料、辅助材料、燃料及动力等的支出，直接生产人员及生产单位管理人员的薪酬支出，生产单位

（如分厂、车间）固定资产的折旧，以及其他一些货币支出等。所有这些支出，就构成了企业在产品制造过程的全部生产费用，而为生产一定种类和数量的产品而发生的各种生产费用的支出和产品基本生产成本的形成，正是成本核算岗位应反映和监督的主要内容。

除了在生产过程中直接发生的与产品生产有关的费用外，企业为组织和管理生产还会发生一些其他费用。例如，在产品的销售过程中，企业为销售产品也会发生各种各样的支出，包括应由企业负担的运输费、装卸费、包装费、保险费、展览费、差旅费、广告费，以及专设销售机构的人员费用和其他经费等，所有这些为销售产品而发生的费用，构成了企业的销售费用。它的支出及归集过程也是成本核算岗位所反映和监督的内容。

企业的行政管理部门为组织和管理整个企业的生产经营，也会发生各种费用，例如，企业行政管理部门人员的薪酬、固定资产折旧、业务招待费、坏账损失等，这些费用可统称为管理费用。企业的管理费用是企业在生产经营过程中所发生的一项重要费用，其支出及归集过程也是成本核算岗位所反映和监督的内容。

此外，企业在筹集生产经营所需资金等方面还会发生一些费用。例如，利息净支出、汇兑净损失、金融机构的手续费等，这些费用统称为财务费用。财务费用亦是企业在生产经营过程中发生的费用，它的支出及归集过程同样也属于成本核算岗位反映和监督的内容。

但是上述销售费用、管理费用和财务费用，因为与产品生产没有直接联系，所以一般按发生的期间归集，不再计入产品成本，而是直接计入当期损益。

三、生产费用的分类

（一）生产费用按经济内容分类

生产费用按照经济内容划分，可分为劳动对象消耗的费用、劳动手段消耗的费用和活劳动中必要劳动消耗的费用。这在会计上称为生产费用要素，它是由下列项目组成的：

1. 外购材料，是指企业为产品成本而耗用的一切从外部购进的原料及主要材料、半成品、辅助材料、包装材料、修理用的备件和低值易耗品等。不包括为在建工程和福利部门耗用而外购的材料。

2. 外购燃料，是指企业为生产产品而耗用的一切从外部购入的各种固体、液体和气体燃料。一般情况下，燃料应单独列作一个要素进行核算，但对于燃料耗用不多的企业，可将其包括在外购材料中，不单独核算。

3. 外购动力，是指企业为生产产品而耗用的一切从外单位购进的各种动力。如水、电等。

4. 职工薪酬，是指企业因职工提供劳务而支付或放弃的所有对价，包括职工工资、奖金、津贴和补贴、职工福利费、职工教育经费、工会经费、"五险一金"等为获得职工的服务而给予的报酬。

5. 折旧费，是指企业对直接用来生产产品的固定资产和车间管理用固定资产提取的折旧费用。

6. 其他生产费用，是指企业发生的不属于以上各种要素的费用，如邮电费、差旅费、租赁费、外部加工费等。

提示：按照费用的经济内容进行分类核算，可以反映企业在一定时期内发生了哪些费用，金额是多少，可以据以分析企业各个时期各种费用水平和费用构成。这种分类的不足之处在于，不能反映各种生产经营费用到底用于哪些方面，不便于分析各项费用的支出是否合理。

（二）生产费用按经济用途分类

企业的生产费用按经济用途可以进一步分为以下六个成本项目：

1. 原材料，也称直接材料，是指直接用于产品生产、构成产品实体的原料、主要材料以及有助于产品形成的辅助材料费用。具体有：原材料、辅助材料、设备配件、外购半成品、包装物、低值易耗品及其他直接材料。

2. 燃料及动力，也称直接燃料及动力，是指直接用于产品生产的各种燃料和动力费用。

3. 职工薪酬，也称直接人工，是指直接用于产品生产的工人工资、奖金、津贴和补贴，以及按规定为直接从事生产的工人所发生的职工福利费、职工教育经费、工会经费及"五险一金"等。

4. 制造费用，是指在生产车间发生，但不直接用于各种产品的各项费用，以及虽然直接服务于产品生产，但不便于直接计入产品成本，因而没有专设成本项目的生产费用。如机物料消耗、车间管理人员的职工薪酬、车间厂房和机器设备的折旧费、设计制图费、实验检验费等。

5. 废品损失，是指企业在生产过程中，由于材料本身的问题或加工操作不当等原因，产生了不符合产品质量要求的废品而发生的损失，包括可修复废品发生的修复费和不可修复废品的全部生产成本。废品损失的成本应由当期生产的合格产品负担。

6. 停工损失，是指企业或生产车间、班组在停工期间内发生的各项费用，包括停工期内支付的直接人工费用和应负担的制造费用。企业在停工期间所发生的停工损失，除因不可抗力之外，一般应由开工生产的产品负担，计入产品生产成本。

需要说明的是，成本项目的设置，应根据企业的生产特点和成本管理的要求来决定。在确定或调整成本项目时，应该考虑几个因素：某项费用在管理上是否需要单独反映；某项费用在产品成本中所占比重是否较大；某项费用专设成本项目所增加的核算工作量的大小等。比如生产过程中耗用的燃料动力费，如果耗用比较多，才需单独设置"燃料及动力"成本项目，反之可将直接用于产品生产的燃料动力费并入"直接材料"项目，将生产车间管理用的燃料动力费并入"制造费用"项目核算；又如，在生产过程中发生的废品损失或停工损失所占成本的比重比较大的情况下，为了加强对废品损失或停工损失的管理，才需要单独设置"废品损失"或"停工损失"成本项目，否则应将相关损失直接计入生产成本的相应项目中。

任务 2 认识成本岗位

一、成本岗位的核算对象

成本核算岗位的工作就是对生产或经营过程中发生的各种耗费，采用会计专门的方法，依据一定标准进行确认、归集、计算和分配，为企业计算盈亏、确认成本补偿标准提供依据。所以，成本确认和计算问题不仅仅是会计技术问题，而且直接关系到企业经营状况的真实性问题，成本核算岗位成为整个会计工作的核心岗位，也是工作难度较大的一个会计岗位。

成本岗位的核算对象是指成本核算反映和监督的内容。成本核算会计岗位是会计众多核算岗位中的一个，因此成本核算的对象也就是会计对象的一部分，即涉及成本和费用的部分。

企业在一定时期为生产产品或提供劳务所发生的一切生产费用的支出是成本核算岗位应反映和监督的主要内容。

另外，企业在生产经营过程中发生的销售费用、管理费用、财务费用这三项费用，同样是企业生产经营发生的耗费，需要在实现的产品销售收入中进行补偿，因而这三项费用也成为成本核算岗位所监督和反映的内容。

综上所述，按照有关会计制度的规定，可以把制造业成本会计的对象概括为：制造业在生产经营过程中发生的产品生产（制造）成本和期间费用。

商品流通企业、交通运输企业、建筑施工企业、农业企业等其他行业企业的生产经营过程虽然有其自身特点，但从总体上看，它们在生产经营过程中所发生的各种费用，同样是部分形成企业的生产（经营）成本，部分作为期间费用直接计入当期损益。因此，我们可以把成本核算岗位的对象概括为：企业生产经营过程中发生的生产（经营）成本和期间费用。

二、成本核算的基本要求

（一）正确划分各种费用界限

正确划分各种费用界限涉及成本计算的全过程，关系到企业所提供的成本信息的真实性、可靠性。具体要求为：

1. 正确划分计入产品成本与不计入产品成本的费用界限。为了正确计算各期产品的实际成本，必须划清应计入产品成本与不计入产品成本的费用界限。企业发生的直接用于产品生产的费用，应计入产品成本。用于组织和管理企业生产经营活动的管理费用、用于筹集生产经营资金的财务费用和用于产品销售的销售费用，属于期间费用，不应计入产品成本，而是直接计入当期损益，从当期利润中扣除。与生产经营业务无直接关系的营业外支出不应列入产品成本，应该计入当期损益。利润分配中发生的分配性支出已退出了企业资金的循环过程，也不应列入产品成本。

2. 正确划分各个会计期间的费用界限。按照企业会计准则，企业要按月反映其财务状况及经营成果。本月发生的成本、费用，应该本月计入账内，不得延至下月入账，企业不应在月末提前结账，变相地把本月的成本、费用作为下月的成本、费用处理，即企业应贯彻权责发生制原则，正确核算每月的成本费用。

3. 正确划分各种产品费用的界限。企业应分别计算各种产品的实际成本。对于计入本月产品成本的生产费用，应该在各种产品之间划分。属于某种产品单独发生，能够直接计入该产品成本的生产费用，应该直接计入该种产品成本。属于几种产品共同发生的费用，不能够直接计入某种产品成本的，应该采用适当的方法，分配计入各种产品的成本。

4. 正确划分完工产品与在产品的生产费用界限。月末计算产品成本时，如果某种产品已经全部完工，那么，已归属到这种产品中的生产费用之和，就是这种产品的完工产品成本；如果某种产品月末没有完工产品，这种产品的各项生产费用之和，就是这种产品的月末在产品成本。但是，当产品生产周期与会计核算周期不一致时，往往出现月末某种产品一部分已经完工，另一部分尚未完工，这时，应当采用适当的方法，将这种产品的生产费用在完工产品和在产品之间进行分配，分别计算出完工产品成本和月末在产品成本。

提示：以上四个方面费用界限的划分过程，也就是产品成本的计算和各项期间费用的归集过程。在这一过程中，应贯彻受益原则，即何者受益何者负担费用，何时受益何时负担费用；负担费用应与受益程度的大小成正比。

（二）正确确定财产物资的计价和价值结转方法

企业财产物资计价和价值结转方法主要包括：固定资产原值的计算方法、折旧方法、折旧率的种类和高低；固定资产与周转材料的划分标准；材料成本的组成内容、发出材料单位产品的计算方法；周转材料的摊销方法、摊销率的高低及摊销期限的长短等。为了正确计算成本，对于各种财产物资的计价和价值的结转，应严格执行国家统一的会计准则。各种方法一经确定，应保持相对稳定，不能随意改变，以保证成本信息的可比性。

（三）做好成本核算的各项基础工作

1. 做好定额的制定和修订工作。定额是指企业在一定的生产技术和设备条件下，对生产经营活动中消耗的人力、物力和财力所制定的消耗标准和应达到的效能水平。它主要包括：生产工时定额、机器工时定额、燃料动力消耗定额等。定额管理制度是指以定额为依据，制定生产计划、组织生产、控制消耗的一种科学管理制度。定额既是编制成本计划、分析和考核成本水平的依据，也是审核和控制成本的标准。而且在计算产品成本时，往往要用产品的原材料和工时定额消耗量或定额费用作为分配实际费用的标准。因此，为了加强成本管理，企业必须建立和健全定额管理制度，凡是能够制定定额的各种消耗，都应该制定先进、合理、切实可行的消耗定额，并随着生产的发展、技术的进步、劳动生产率的提高，不断修订消耗定额，以充分发挥其应有作用。

2. 建立和健全材料物资的计量、收发、领退和盘点制度。成本核算是以价值形式来进行的，但价值形式的核算是以实物计量为基础的。因此，为了进行成本管理，正确计算成本，必须建立和健全材料物资的计量、收发、领退和盘点制度。凡是材料物资的收发、领退，在产品、半产品的内部转移，以及产成品的入库等，均应填制相应的凭证，办理审批手续，并严格进行计量和验收。库存的各种材料物资、车间的在产品、产成品均应按规定进行盘点。只有这样，才能保证账实相符，保证成本计算的正确性。

3. 建立健全原始记录工作。原始记录是对企业生产经营管理活动中的具体事实所作的最初的书面记载，它是成本核算的第一手资料。为了满足成本核算的要求，符合各方面管理的需要，企业应制定相应的原始记录，使之简便易行，科学有效。

4. 建立企业内部结算价格和计算制度。对于规模较大、组织结构复杂、计划管理基础较好的企业，为了分清企业内部各部门的经济责任，便于分析和考核内部各部门的成本计划完成情况，应制定合理的内部结算价格，建立企业内部结算制度。

（四）适应生产特点和管理要求，选择和采用适当的成本计算方法

产品生产的特点主要表现在生产工艺过程和生产组织方式两方面。产品生产工艺特点和生产组织方式不同，以及管理的要求不同，决定了企业应选用不同的成本计算方法。成本管理的要求主要表现为对主要产品要求提供详细的成本信息，对次要的产品可以提供简要的成本信息。企业选择成本计算方法时，应适应企业本身的生产类型的特点和管理要求。

三、成本核算方法

（一）制造业的生产类型与生产组织方式

制造业的生产类型及其不同生产类型的特点，对企业选择成本计算方法有着重要的影响。企业的生产类型，可按生产工艺流程的特点和生产组织的特点进行划分。

1. 按生产工艺流程的特点划分。企业的生产按工艺流程的特点划分，可分为简单生产和复杂生产两种类型。

（1）简单生产，是指生产工艺流程不能间断、不能分散在不同的工作地点进行的生产。属于简单生产的企业，其产品周期一般比较短，通常没有自制半成品或其他中间产品，而且产品由于工艺流程的特点决定了只能由一个企业独立完成，而不能由几个企业协作进行生产。因此，这些类型的生产，一般也称为单步骤生产。如发电企业，就是简单生产的典型企业。

（2）复杂生产，是指生产工艺流程由可以间断的若干生产步骤组成的生产，它既可以在一个企业或车间内独立进行，也可以由几个企业或车间在不同的工作地点协同进行生产。属于复杂生产的企业，其产品周期一般较长，产品品种不是单一的，有半成品或中间产品，而且可以由几个企业或车间协作进行生产，由于复杂生产的产品需经过几个步骤才能加工完成，所以也称多步骤生产。

复杂生产按其产品生产过程的加工方式不同，又可以分为连续式复杂生产和装配式复杂生产两类。连续式复杂生产是指从原材料投入生产后，需经过许多相互联系的加工步骤才能生产出产成品，前一个加工步骤生产出来的半成品，是后一个加工步骤的加工对象，直到最后加工步骤才能生产出产成品，属于这种类型的典型企业如钢铁、纺织、造纸企业等。装配式复杂生产是指把各种原材料平行地加工成各种零件，把零件装配为部件，然后把部件装配成产成品，属于这种类型的典型企业如机床制造、汽车制造、家用电器制造企业等。

2. 按生产组织的特点划分。企业的生产按照生产组织划分，可以分为大量生产、成批生产和单件生产三种类型。

（1）大量生产，是指不断地重复生产一种或几种产品的生产，这种类型生产的主要特点是企业生产的产品品种较少，各种产品的产量较大，一般采用专业设备重复进行生产，专业化水平较高。如纺织、冶金等企业。

（2）成批生产，是指按照预先确定的产品批别和数量，轮番进行若干产品的生产。成批生产按照批量的大小，又可进一步划分为大批生产和小批生产。大批生产类似于大量生产，小批生产类似于单件生产，如服装、机床等企业。

（3）单件生产，是指根据各订货单位的要求，生产某种规格、型号、性能特点的产品。这种类型生产的主要特点是品种多，每一次订单产品数量少，一般不重复或不定期重复生产，专业化程度不高，通常采用通用设备进行加工，如造船、重型机械制造等企业。

上述企业生产的分类方法之间有着密切的联系。在一般情况下，简单生产大多数都是大量生产；连续式生产一般属于大量大批生产，装配式复杂生产可以是大量生产、成批生产或是单件生产。成本核算方法的选择，正是基于生产类型的不同来选择的。

（二）成本核算基本方法

成本计算的过程也是对有关费用数据进行处理的过程，它是以一定的成本核算对象为依据，分配和归集生产费用并计算其总成本和单位成本的过程。为了适应各种类型企业生产的特点和管理要求，企业可以分别选择不同的成本计算方法来计算产品成本。常用的成本计算方法主要有品种法、分批法和分步法。

1. 品种法。品种法是指以产品品种为成本核算对象，归集生产费用，计算产品成本的一种方法。其特点是：成本核算对象一般是企业的最终完工产品；成本计算期与会计报告期一致。它适用于单步骤的大量生产如发电、供水等企业，或者生产是按流水线组织的，管理上不要求按照生产步骤计算半成品的大批量、多步骤生产，如食品、水泥和造纸等企业。

2. 分批法。分批法是指以产品批别为成本计算对象，归集生产费用，计算产品成本的一种方法。其特点是：成本核算对象是企业投产的一件或一批产品；成本计算期往往与生产周期一致；一般不需要分配与计算在产品成本。它主要适用于单件小批类型的单步骤或管理上不要求分步骤计算成本的多步骤生产，如服装、造船、重型机器制造等企业。

3. 分步法。分步法是指以产品及所经过的生产步骤为成本计算对象，归集生产费用，计算产品成本的一种方法。其特点是：成本核算对象是最终完工产品及其所经过的各个加工步骤,除了按品种计算结转产品成本外,还需要计算和结转产品的各步骤成本。成本计算期和报告期一致,通常需要分配计算在产品成本。这种方法适用于大量大批生产且管理上要求分步骤计算成本的多步骤生产的企业和车间,如冶金、纺织、汽车制造等企业。

(三)成本核算辅助方法

在实际工作中,由于不同生产类型的企业很多,生产组织管理方式亦不同,除了采用上述三种基本成本计算方法外,还可以采用定额法、分类法等成本计算方法,但这些成本计算方法都不是独立的成本计算方法,在进行成本计算时,必须结合使用三种基本成本计算方法中的某一种进行。这些方法是为了解决成本计算或成本管理过程的某种方面需要而采用的,所以也称为成本计算的辅助方法。

1. 定额法。定额法是以产品的定额成本为基础,加减脱离定额差异和定额变动差异,进而计算产品成本的方法,是在定额管理工作比较好的企业中为了更有效地控制生产费用的发生,降低产品成本,进行成本分析和成本考核而采用的方法,比如有些通用的机械产品生产。

2. 分类法。分类法是以产品的类别归集生产费用,再按一定标准在类别内各产品之间进行分配,计算各种产品的生产成本。分类法是为了简化成本计算的手续,在产品的型号、规格繁多或生产关联产品的企业所采用的方法,比如制鞋。

四、成本核算的一般程序

成本核算的主要内容之一,就是计算产品成本和期间费用。因此,成本核算的一般程序也就是产品成本和期间费用的计算程序,即根据成本核算的要求,按照成本计算对象,将企业在生产经营过程中发生的各项费用,逐步进行分配和归集,最后计算出各种产品的生产成本和各项期间费用。根据前述的成本核算要求和费用分类,具体归纳如下:

1. 确定成本计算对象。所谓成本计算对象,就是费用归集的对象,或费用承担的载体。制造业的成本计算对象就是各种产品(品种、批别、生产步骤)和各种期间费用。成本计算对象的确定是设置明细账、归集费用、计算产品生产成本的前提。

2. 审核和控制各项费用。对企业生产经营过程中发生的各项费用支出,要根据有关的法规、制度和成本、费用开支范围,对各种原始凭证进行严格的审核,确定费用应不应该开支;区分应该开支的费用,是应该计入产品成本还是应该计入期间费用。

3. 在各种产品之间归集和分配费用。将计入本月产品成本的各项生产费用,在各种产品之间按照成本项目进行归集和分配,并按成本项目计算出各种产品的成本费用。这是本月生产费用在各种产品之间横向的归集和分配。

4. 在完工产品和在产品之间分配生产费用。对于月末既有完工产品又有未完工产品的情况,需要将归集在该种产品成本明细账的月初在产品成本和本月生产费用之和,采用一定的方法,在完工产品与月末在产品之间进行分配,计算出该种产品的完工产品成本和月末在产品成本。这就是生产费用在同种产品本月完工产品与月末在产品之间纵向的归集和分配。

五、成本核算的账户设置及账务处理程序

(一) 成本核算的账户设置

为了按照用途归集各项成本,划清有关成本的界限,正确计算产品成本,应当设置"生产成本""制造费用"账户。下面分别加以说明。

1. "生产成本"账户。本账户核算企业进行工业性生产,包括生产各种产品(包括产成品、自制半成品、提供劳务等)、自制材料、自制工具、自制设备等所发生的各项生产费用。

"生产成本"账户可按基本生产成本和辅助生产成本进行明细核算,如果成本核算较复杂,可以将"基本生产成本"和"辅助生产成本"作为一级账户,在编制会计报表时再予以合并。

(1) "基本生产成本"账户。基本生产是指为完成企业主要生产目的而进行的商品产品生产。"基本生产成本"账户是为了归集进行基本生产活动而发生的各项生产费用和计算基本生产产品成本而设立的。其借方登记为进行基本生产所发生的各项费用,如直接用于产品生产、构成产品实体的原料和主要材料,有助于产品实体形成的辅助材料以及直接用于产品生产的外购和自制的燃料及动力,直接参与产品生产人员的职工薪酬以及按一定标准分配计入的制造费用;贷方登记已完工入库的产品成本;期末如有余额,应该在借方,表示月末在产品成本,即尚未完工的产品所占用的资金。该账户应按产品品种或生产步骤等成本计算对象分设明细账,一般称之为产品成本明细账或产品成本计算单,表内按确定的成本项目设置专栏,用来登记各该产品的月初在产品成本、本月生产费用、本月完工产品成本和月末在产品成本。其格式如表1-1和表1-2所示。

表1-1 <u>产品成本明细账</u>

(成本计算单)

车间:×× 产品名称:××产品

产　量:

年		摘要	直接材料	直接人工	制造费用	合计
月	日					
		月初在产品成本				
		本月生产费用				
		生产费用累计				
		转出完工产品成本				
		单位成本				
		月末在产品成本				

表1-2　　　　　　　　　　**产品成本明细账**

（成本计算单）

车间：××　　　　　　　　产品名称：××产品　　　　　　　期初在产品数量：

　　　　　　　　　　　　　　　　　　　　　　　　　　　　　　本月投产量：

　　　　　　　　　　　　　　　　　　　　　　　　　　　　　　本月完工产量：

　　　　　　　　　　　　　　　　　　　　　　　　　　　　　　期末在产品产量：

成本项目	月初在产品成本	本月生产费用	生产费用累计	完工产品成本		月末在产品成本
				总成本	单位成本	
直接材料						
直接人工						
制造费用						
合计						

表1-1和表1-2是两种格式的产品成本明细账，虽然结构不一样，但其内容都是一致的。实际工作中，可以根据习惯和表中具体内容的多少选择使用。

在产品种类比较多的企业，为了按车间和产品成本项目汇总反映全部产品的总成本，还可在"基本生产成本"账户下设置二级账，其格式如表1-3所示。

表1-3　　　　　　　　　　**基本生产成本二级明细账**

车间：××　　　　　　　　　　　　　　　　　　　　　　　　　　　　　单位：元

年		摘要	直接材料	直接人工	制造费用	合计
月	日					
		月初在产品成本				
		本月生产费用				
		生产费用累计				
		转出完工产品成本				
		月末在产品成本				

在设置基本生产成本二级明细账的情况下，基本生产成本总账、按车间设置的二级明细账和按产品品种设置的明细账之间应按照平行登记的规则进行登记。二级明细账作为总账与明细账之间的纽带，还可以配合车间进行经济核算，作为考核和分析车间成本的重要依据。

（2）"辅助生产成本"账户。辅助生产是指企业为基本生产车间和其他部门服务而进行的产品生产和劳务供应的一种生产部门，例如工具、模具、修理用备件等产品的生产和修理、运输、供电、供水等劳务的供应。辅助生产提供的产品和劳务，主要是为基本生产服务，有时也可以对外销售，但这不是它的主要目的。正是基于此，辅助生产车间所发生的费用按受益原则，就应该由受益者或受益部门承担。

"辅助生产成本"账户就是为了归集进行辅助生产所发生的各项费用，计算辅助生产产品和劳务的成本而设立的，借方登记为进行辅助生产而发生的各项费用，如材料费、人工费等；贷方登记完工入库产品的成本和分配转出的劳务费用；期末如有余额在借方，表示辅助生产在产品的成本，即辅助生产车间尚未加工完成产品所占用的资金。该账户应按辅助生产车间和生产的产品、劳务设置明细账，并按成本项目或费用项目设专栏进行明细核算。

2. "制造费用"账户。为了归集和分配基本生产车间和辅助生产车间为生产产品和提供劳务而发生的制造费用，反映制造费用计划的执行情况，核算中应设置"制造费用"账户。该账户的借方登记实际发生的制造费用；贷方登记分配转出的制造费用。除季节性生产企业外，该账户月末应无余额。为便于考核和分析，"制造费用"账户应按车间、部门设置明细账，账内按费用项目设置专栏。

需要指出的是，如果辅助生产车间规模小、费用少，为了简化核算工作，也可不单独设置"制造费用"明细账，对于辅助生产车间发生的制造费用，可以直接记入"辅助生产成本"科目及其明细账的借方。

（二）成本核算的一般账务处理程序

成本核算的账务处理程序，就是进行成本核算应该遵循的先后顺序。为了对成本核算程序有一个总括的了解，结合前述的成本核算内容和成本核算所涉及的主要会计科目，将成本核算的账务处理程序如图1-1所示。

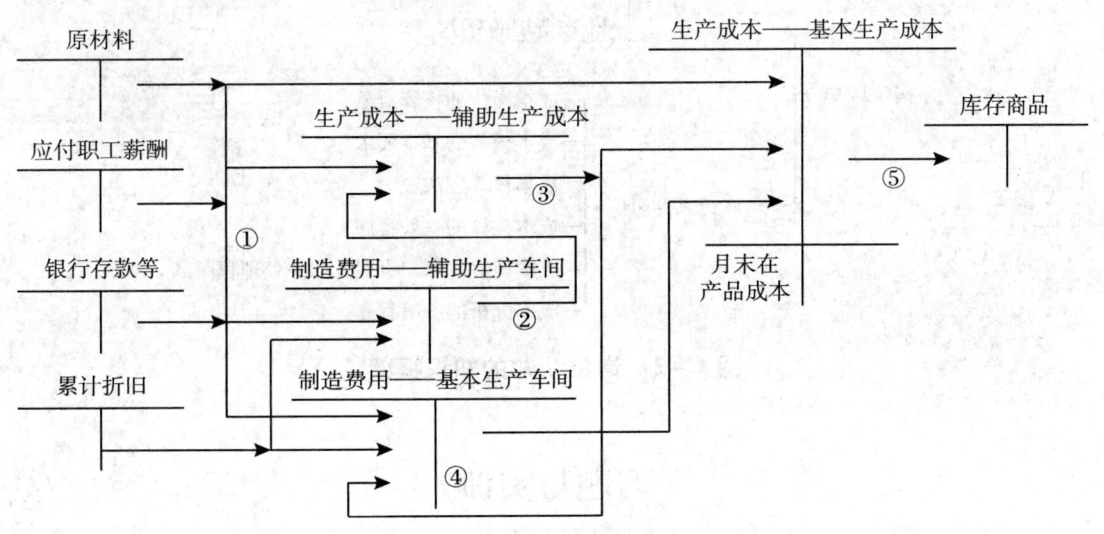

图1-1 成本核算一般流程

注：①归集和分配各项要素费用；②结转辅助生产车间制造费用（如果辅助生产车间不设置"制造费用"账户，则将要素费用直接记入"生产成本——辅助生产成本"）；③分配结转辅助生产费用；④分配结转基本生产车间制造费用；⑤计算和结转完工产品成本。

六、成本分析的一般程序

成本核算过程中形成的大量信息为成本分析提供了依据。成本分析，就是利用成本核算及其他有关资料，分析成本水平与构成的变动情况，研究影响成本升降的各种因素及其变动原因，寻找降低成本途径的分析方法。成本分析的一般程序如下：

（一）准确编制成本报表

进行成本分析之前，应先按照国家和企业内部的规定和需要编制成本报表，成本报表可以综合性地反映企业在一定时期的成本费用水平及其构成情况，形成进行成本分析的基础资料。

（二）运用成本分析方法进行分析

企业可以运用比较分析法、比率分析法、因素分析法、趋势分析法等方法开展成本费用分析，检查成本费用预算完成情况，分析产生差异的原因，寻求降低成本费用的途径和方法。具体包括：（1）成本计划完成情况的分析。（2）费用预算执行情况的分析。（3）成本效益分析：产值成本率分析。

【项目小结】

本项目的知识框架如图 1-2 所示。

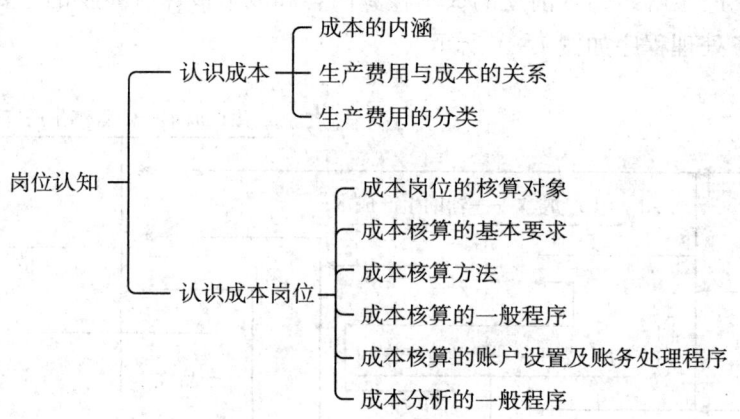

图 1-2 岗位认知的知识框架

习题与实训

任务 1 认识成本

一、单项选择题

1. 下列各项不属于产品成本项目的是（　　）。
   A. 直接材料　　　B. 直接人工　　　C. 期间费用　　　D. 制造费用
2. 制造成本是指为制造产品而发生的各种费用的总和，包括（　　）。
   A. 直接材料、直接人工　　　　　　B. 直接材料、直接人工和制造费用

C. 直接材料、直接人工和期间费用　　　D. 全部制造费用和期间费用

3. 企业为生产某种产品（某一特定的成本核算对象）而发生的费用，属于（　　）。

A. 间接计入费用　　　　　　　　　　B. 基本费用

C. 直接计入费用　　　　　　　　　　D. 变动费用

4. 下列项目一定计入制造费用的是（　　）。

A. 原材料　　　　　　　　　　　　　B. 燃料及动力

C. 辅助材料　　　　　　　　　　　　D. 生产设备的折旧费

5. 工业企业费用按经济内容划分，一般称为（　　）。

A. 生产成本　　B. 费用要素　　C. 成本项目　　D. 生产费用

6. 产品成本是商品价值中的（　　）部分。

A. $C+M$　　B. $C+V$　　C. $V+M$　　D. $C+V+M$

7. 产品成本是相对于一定的（　　）而言。

A. 数量和种类的产品　　　　　　　　B. 会计期间

C. 会计主体　　　　　　　　　　　　D. 生产类型

8. 下列项目中，不应该计入制造费用的是（　　）。

A. 车间管理人员的职工薪酬　　　　　B. 车间厂房和机器设备的折旧费

C. 车间机物料消耗　　　　　　　　　D. 车间生产工人的职工薪酬

9. 企业成本项目的设置，应根据（　　）来决定。

A. 企业的生产特点和成本管理的要求　B. 会计主体

C. 会计期间　　　　　　　　　　　　D. 企业职工人数

10. 成本核算岗位的对象概括（　　）。

A. 生产经营过程中发生的材料耗费

B. 各个会计期间的费用

C. 生产经营过程中发生的期间费用

D. 生产经营过程中发生的生产（经营）成本和期间费用

二、多项选择题

1. 产品成本中包括（　　）。

A. 直接材料　　B. 销售费用　　C. 制造费用　　D. 管理费用

2. 下列各项中，属于费用要素的有（　　）。

A. 外购材料　　B. 折旧费　　　C. 税金　　　　D. 职工薪酬

3. 工业企业的生产耗费包括（　　）等的耗费。

A. 原材料　　　B. 工资　　　　C. 机器设备　　D. 利息

4. 下列各项中，属于成本项目的有（　　）。

A. 利息　　　　B. 燃料及动力　C. 制造费用　　D. 废品损失

5. 企业的销售费用包括（　　）。

A. 运输费　　　B. 装卸费　　　C. 展览费　　　D. 广告费

三、判断题

1. 企业的成本项目只能设置直接材料、直接人工以及制造费用这三项。（   ）
2. 废品损失的成本应由当期生产的合格产品负担。（   ）
3. 产品的制造成本是由直接制造成本和间接制造成本构成。（   ）
4. 生产工人职工薪酬，也称直接人工，是指直接用于产品生产的工人工资、奖金、津贴和补贴，以及按规定为直接从事生产的工人所发生的职工福利费、职工教育经费、工会经费及"五险一金"等。（   ）
5. 生产费用和成本的联系表现为生产费用的发生过程，就是产品成本的形成过程。（   ）

四、计算分析题

博雅公司为进行生产，耗用全部外购原材料58 000元，辅助材料32 000元，设备配件15 000元，包装物9 000元。其中，生产产品耗用外购材料60 000元，自制材料40 000元；基本生产车间消耗材料13 000元。本月应计入产品成本的生产工人工资35 000元、奖金20 000元、补贴11 000元；基本生产车间管理人员工资8 000元；行政管理部门人员工资13 000元。

要求：1. 计算生产费用要素——外购材料、职工薪酬的金额；
2. 计算产品成本项目——直接材料、直接人工、制造费用的金额。

任务2　认识成本岗位

一、单项选择题

1. 成本计算的基本方法不包括（   ）。
   A. 分步法　　　　B. 分批法　　　　C. 定额法　　　　D. 品种法
2. 下列项目不属于期间费用的是（   ）。
   A. 制造费用　　　B. 财务费用　　　C. 管理费用　　　D. 销售费用
3. 下列不能计入产品成本的项目是（   ）。
   A. 生产工人工资及福利费　　　　　B. 外购燃料和动力
   C. 车间厂房的折旧费　　　　　　　D. 行政管理部门人员的薪酬
4. 下列关于"制造费用"账户，说法不正确的是（   ）。
   A. 该账户的借方登记实际发生的制造费用，贷方登记分配转出的制造费用
   B. 无论什么类型的生产企业，该账户月末有余额
   C. "制造费用"账户应按车间、部门设置明细账，账内按费用项目设置专栏
   D. 如果辅助生产车间规模小、费用少，也可不单独设置"制造费用"明细账，直接记入"辅助生产成本"科目及其明细账的借方
5. 下列项目中不属于财务费用的是（   ）。
   A. 利息净支出　　　　　　　　　　B. 汇兑净损失

C. 金融机构的手续费   D. 业务招待费

6. 以下不属于成本核算的基本要求的是（   ）。

A. 正确划分各种费用界限

B. 正确确定财产物资的计价和价值结转方法

C. 做好成本核算的各项基础工作

D. 选择成本计算方法，可以脱离企业的生产特点

7. 企业应当根据（   ）确定适合本企业的产品成本计算方法。

A. 生产特点和管理要求   B. 职工人数的多少

C. 生产规模的大小   D. 生产车间的多少

8. 汽车制造的生产属于（   ）。

A. 单步骤生产   B. 装配式多步骤生产

C. 单件生产   D. 连续式多步骤生产

9. 分步法的适用范围是（   ）。

A. 大量大批单步骤生产

B. 大量大批多步骤生产

C. 单件小批多步骤生产

D. 管理上要求分步骤计算产品成本的大量大批多步骤生产

10. 以下不属于按生产组织的特点划分的是（   ）。

A. 单件生产   B. 复杂生产

C. 成批生产   D. 大量生产

二、多项选择题

1. 企业的生产类型可以按生产组织的特点划分为（   ）。

A. 大量生产   B. 单件生产   C. 成批生产   D. 复杂生产

2. 企业成本会计岗位的基本任务包括（   ）。

A. 制定成本核算制度   B. 进行成本预测

C. 编制成本报表   D. 进行成本分析

3. 下列各项支出中，明确应计入产品成本的支出有（   ）。

A. 直接用于产品生产的原材料   B. 车间厂房的折旧费用

C. 行政管理人员的职工薪酬   D. 专设销售机构的人员费用

4. 下列各项中，不属于管理费用的有（   ）。

A. 业务招待费   B. 行政管理部门人员的薪酬

C. 金融机构手续费   D. 广告费

5. 成本会计的基础工作包括（   ）。

A. 建立健全原始记录   B. 建立健全定额管理制度

C. 建立健全材料物资的盘点制度   D. 建立健全内部结算制度

三、判断题

1. 所有企业都有成本核算的问题，只是不同企业成本核算的内容和方法有所区别。
（   ）

2. 一个企业一定会计期间的生产费用总额总是等于其完工产品成本总额。（   ）

3. 费用强调的是企业一定会计期间内资源的耗费，不强调是否真正有现金支出。
（   ）

4. 成本与一定数量的产品对应，而费用与期间对应。（   ）

5. 在采用定额法和分类法进行成本计算时，需结合三种基本成本计算方法中的某一种使用。（   ）

项目二　生产费用的核算

【学习目标】

知识目标：掌握产品成本核算的基本程序，各项生产费用项目的核算方法。

能力目标：能按照成本核算的基本程序，进行各项生产费用的归集和分配，能正确编制记账凭证，计算完工产品的成本。

【课程思政专栏】

美的集团供应链优化与生产费用精细化管理

【课程思政关键词】　中国智造　科技创新　精益求精　绿色发展

【案例】　美的集团作为全球家电行业龙头企业，面对市场竞争加剧与成本压力，自2010年起推动供应链数字化转型，重构生产费用核算体系。传统模式下，美的面临库存积压、物流成本高、费用分配标准单一等问题。通过引入作业成本法（ABC）与智能化管理系统，企业实现了生产费用的精准核算与资源优化配置，同时践行绿色发展理念。

1. 作业成本法的深度应用。集团将生产流程划分为仓库管理、质量检测、设备维护等作业中心，建立覆盖全流程的成本归集体系。例如，通过物联网技术实时监控设备能耗，将能源消耗精准分摊至各生产线。摒弃传统人工工时法，采用"机器工时＋能耗系数＋工艺复杂度"多维分配标准，使空调、冰箱等不同产品的成本核算更科学。

2. 供应链协同与成本控制。集团整合全国100多个仓库为8个区域仓，通过信息系统实现库存共享，减少物流周转环节，降低仓储费用15%～20%。同时，优化包装材料使用率，推广可回收材料，2022年单品类包装成本降低10%，碳排放减少8%。

3. 智能化转型与政策合规。集团依托ERP与MES系统，实现原材料采购、生产排程、费用归集的全程自动化，确保数据真实性与政策遵循（如《企业产品成本核算规范》）。通过供应链电子商务平台，与供应商、经销商实时共享数据，减少信息不对称导致的成本浪费。

通过以上举措，集团生产成本整体下降，库存周转率提升，入选"国家级智能制造示范企业"，成为家电行业供应链数字化转型的典范。

资料来源：美的集团. 美的集团2022年可持续发展报告［R］. 2022：15-18；中国机械工业联合

会. 中国智能制造发展白皮书（2023版）[M]. 北京：机械工业出版社，2023：81-84；张立新，王丽华. 作业成本法在制造企业的应用研究[J]. 会计研究，2021（4）：41-45；经济日报. 美的入选国家级智能制造示范工厂[N]. 经济日报，2023-03-15（8）；中国企业联合会. 中国企业管理创新案例集（2022）[C]. 北京：企业管理出版社，2022：131-135.

【启示】美的集团通过作业成本法与智能化转型响应"中国制造2025"战略，体现了科技自强的重要性。通过技术创新突破"卡脖子"难题，才能增强民族产业自信。美的的绿色供应链实践与"碳达峰、碳中和"目标完美契合，企业要将环保意识融入成本决策。

任务1 材料费用的核算

一、材料费用的归集

产品成本中的直接材料费用，是指产品生产工艺过程中直接消耗的原材料、辅助材料、外购半成品、包装材料以及燃料和动力等。直接材料费用的归集，就是要正确计算产品生产过程中材料消耗的数量和价格。

（一）消耗材料数量的计算

消耗材料数量的计算有两种方法：一是连续记录法（永续盘存制）；二是盘存计算法（实地盘存制）。

1. 连续记录法。连续记录法也叫作永续盘存制，它是指每次收入、发出材料时，都根据有关收发材料的原始凭证将材料收入和发出（消耗）的数量计入材料明细账，材料消耗的数量是根据发出材料的原始凭证确定的，在材料明细账中能够随时计算出材料结存数量。

采取连续记录法能够正确计算生产过程中材料消耗数量，因此，企业应当建立健全原始记录和计算验收制度，严格材料收入和发出的凭证手续，保证材料消耗数量的真实性。

记录生产过程中材料消耗数量的原始凭证有"领料单""限额领料单"和"领料登记表"等。为了正确计算本期材料实际消耗量，期末，对于生产单位已经领用但尚未使用的材料，应当填制"退料单"，办理退料手续，从当月领用数量中扣除。"退料单"也是记录材料消耗数量的原始凭证。

期末，应当根据全部领料凭证（包括用于抵减领料数的退料凭证）汇总编制"耗用（发出）材料汇总表"，确定计入直接材料费用的材料消耗量。耗用（发出）材料汇总表应当按照领用用途和材料类别分别汇总。凡能分清某一成本核算对象的材料消耗，应当单独列示；属于几个成本核算对象共同耗用的材料，应当选择适当的分配方法，分配计入有关成本核算对象的直接材料费用项目。

2. 盘存计算法。盘存计算法也叫作实地盘存制，它是指每次材料发出时，都不做记

录,材料消耗(发出)数量是根据期末实地盘点确定结存数量以后,倒挤出来的。其材料消耗量的计算公式为:

本期消耗材料数量 = 期初结存材料数量 + 本期收入材料数量 − 期末结存材料数量

从上述计算公式可以看出,采用这种方法计算的材料消耗量,是不准确的。如果发生材料盗窃、损坏、丢失等情况,也会将其计算在材料消耗量中,显然不利于加强管理、堵塞漏洞。因此,企业一般不采用这种计算材料消耗量的方法。

(二)消耗材料价格的计算

在实际工作中,有的企业按照实际成本计价组织材料的核算,有的企业按照计划成本计价组织材料的核算,无论采用哪种材料核算形式,生产过程中消耗的材料,都应当是材料的实际价格(实际成本)。

1. 按实际成本计价组织材料核算。采用实际成本计价组织材料核算时,同一品种、规格的材料由于购入的时间和地点不同,各批材料购进的实际价格很可能不一致,因此产生了消耗材料按什么价格来计算的问题。在实际工作中,消耗材料实际价格(实际成本)的计算有先进先出法、加权平均法和个别计价法等方法。

第一,先进先出法假定消耗材料是最先购入的各批次,因此按先购入的各批材料的实际价格计价。第二,加权平均法以数量为权数计算材料的实际平均单价,消耗材料和结存材料的价格相同。其中,(1)移动加权平均法,是以上次结存数量加每次购入材料数量作为权数,用对应的总成本除以总数量,随时计算材料的平均单位成本。(2)月末一次加权平均法,只在月末计算一次加权平均单价。以月初结存材料数量加本月所有购入材料数量作为权数,用对应的总成本除以总数量,计算材料的平均单位成本。第三,个别计价法也称分批实际法,或个别辨认法,它只适用于整批购入、整批发出的材料,或整批购入、分批发出,并能分清批次的材料,或少量单独保管的贵重材料,实际应用有一定的局限性。

2. 按计划成本计价组织材料核算。采用计划成本计价组织材料核算时,消耗材料仍应当是其实际成本。材料实际成本等于材料计划成本加上应分摊的材料成本差异。分摊的材料成本差异为超支差异(实际成本大于计划成本)时,与计划成本相加;材料成本差异为节约差异(实际成本小于计划成本)时,与计划成本抵减(即加上一个负数)。企业应当正确计算消耗材料应分摊的材料成本差异,将消耗材料的计划成本调整为实际成本。

二、材料费用的分配

两个或两个以上成本核算对象共同耗用的材料,需要采用一定的方法,在各成本核算对象之间进行分配。

直接材料费用中,材料和燃料费用的分配一般可以选用重量分配法、定额耗用量比例分配法、定额费用比例分配法、系数分配法（标准产量比例分配法）等方法；动力费用的分配，可以选用生产工时分配法和机器工时分配法等方法。

（一）重量分配法

重量分配法是以各种产品的重量为标准来分配材料（燃料）费用的方法。如果企业生产的几种产品共同耗用同种材料或燃料，耗用量的多少与产品重量又有直接联系，可以选用重量分配法。重量分配法的计算公式如下：

$$直接材料费用分配率 = \frac{各种产品共同耗用的材料费用总额}{各种产品的重要之和}$$

$$某产品应分配的材料费用 = 该产品的重量 \times 直接材料费用分配率$$

【例 2-1】九龙工厂生产曲奇饼干、压缩饼干、苏打饼干三种产品，2024 年 9 月，三种产品共同耗用面粉 100 000 元，本月三种产品的净重分别为 1 000 千克、3 500 千克、5 500 千克。要求：采用重量分配法分配材料费用，编制"材料费用分配表"（见表 2-1）。

表 2-1　　　　　　　　　　九龙工厂材料费用分配表

材料名称：面粉　　　　　　　　2024 年 9 月

产品名称	产品重量（千克）	分配率	分配金额（元）
曲奇饼干	1 000		10 000
压缩饼干	3 500		35 000
苏打饼干	5 500		55 000
合计	10 000	10	100 000

重量分配法的分配标准为产品重量，当分配标准为产品产量或产品的面积、体积、长度等时，可以分别称之为产量分配法、面积分配法等，其计算公式与重量分配法类似。

（二）定额比例分配法

1. 定额耗用量比例分配法。

方法一：以各种产品的材料定额耗用总量作为分配标准，分配材料的实际消耗数量，再计算各种产品应分配的材料费用。

这种分配方法可以考核材料消耗定额的执行情况，有利于进行材料消耗的实物管理，但分配计算的工作量较大。

单位产品材料消耗定额是单位产品可以消耗的材料数量限额。定额耗用总量是指在一定产量下，按照单位产品材料消耗定额计算的可以消耗材料的数量。计算公式如下：

$$某产品材料定额耗用总量 = 该产品实际产量 \times 单位产品材料消耗定额$$

$$材料消耗量分配率 = \frac{材料实际总消耗量}{材料定额耗用总量}$$

某产品应分配的材料数量＝该产品的材料定额耗用总量×材料消耗量分配率

某产品应分配的材料费用＝该产品应分配的材料数量×材料单价

【例2－2】大通工厂生产越野轮胎、高压轮胎、普通轮胎三种产品，2024年9月三种产品共同耗用天然橡胶43 800千克，每千克该材料实际平均单价为20元，计876 000元；本月三种产品实际投产量分别为320件、480件和300件，单位产品材料消耗定额分别为25千克、50千克和15千克。要求：采用定额耗用量比例分配法分配材料费用，编制"定额耗用量计算表"和"材料费用分配表"。

（1）计算材料定额耗用总量，编制定额耗用量计算表（见表2－2）。

表2－2　　　　　　　　　　大通工厂材料定额耗用量计算表
材料名称：天然橡胶　　　　　　　2024年9月

产品名称	投产量（件）	单位产品消耗定额（千克）	材料定额耗用总量（千克）
越野轮胎	320	25	8 000
高压轮胎	480	50	24 000
普通轮胎	300	15	4 500
合计	—	—	36 500

（2）以材料定额耗用总量作为分配标准，编制材料费用分配表（见表2－3）。

表2－3　　　　　　　　　　　大通工厂材料费用分配表
材料名称：天然橡胶　　　　　　　2024年9月

产品名称	材料定额耗用总量（千克）	材料消耗量分配率	材料实际消耗总量（千克）	材料单价（元）	应分配材料费用（元）
越野轮胎	8 000		9 600		192 000
高压轮胎	24 000		28 800		576 000
普通轮胎	4 500		5 400		108 000
合计	36 500	1.2	43 800	20	876 000

方法二：以各种产品的材料定额耗用总量作为分配标准，分配实际消耗的材料费用。计算公式如下：

$$材料费用分配率 = \frac{材料实际消耗总费用}{材料定额耗用总量}$$

某产品应分配的材料费用＝该产品的材料定额耗用总量×材料费用分配率

沿用〖例2－2〗，采用这种方法编制的材料费用分配表如表2－4所示。

表 2-4　　　　　　　　　大通工厂材料费用分配表
材料名称：天然橡胶　　　　　　　2024 年 9 月

产品名称	材料定额耗用总量（千克）	材料费用分配率	应分配材料费用（元）
越野轮胎	8 000		192 000
高压轮胎	24 000		576 000
普通轮胎	4 500		108 000
合计	36 500	24	876 000

2. 定额费用比例分配法。定额费用比例分配法是以各种产品的材料消耗定额总费用作为分配标准，分配材料实际消耗费用的方法。定额费用是消耗定额和定额耗用量的货币表现。计算公式如下：

$$\text{某产品材料消耗定额总费用} = \text{该产品实际产量} \times \text{单位产品材料定额费用} = \text{该产品实际产量} \times \text{单位产品材料消耗定额} \times \text{材料单价}$$

$$\text{材料费用分配率} = \frac{\text{材料实际消耗总费用}}{\text{材料消耗定额总费用}}$$

某产品应分配的材料费用 = 该产品的材料消耗定额总费用 × 材料费用分配率

沿用〖例 2-2〗要求：采用定额费用比例分配法分配材料费用，编制"材料消耗定额费用计算表"和"材料费用分配表"。

（1）计算材料消耗定额总费用，编制材料消耗定额费用计算表（见表 2-5）。

表 2-5　　　　　　　　大通工厂材料消耗定额费用计算表
材料：天然橡胶　　　　　　　　　2024 年 9 月

产品名称	投产量（件）	单位产品消耗定额（千克/件）	材料单价（元）	单位产品消耗定额费用（元）	定额总费用（元）
越野轮胎	320	25		500	160 000
高压轮胎	480	50		1 000	480 000
普通轮胎	300	15		300	90 000
合计	—	—	20	—	730 000

（2）以材料消耗定额总费用作为分配标准，编制材料费用分配表（见表 2-6）。

表 2-6　　　　　　　　　大通工厂材料费用分配表
材料名称：天然橡胶　　　　　　　2024 年 9 月

产品名称	定额总费用（元）	材料费用分配率	应分配材料费用（元）
越野轮胎	160 000		192 000
高压轮胎	480 000		576 000
普通轮胎	90 000		108 000
合计	730 000	1.2	876 000

在各种产品共同耗用原材料种类较多的情况下，为简化分配计算工作，可以按照各种材料定额费用的比例分配材料实际费用。按各种材料定额费用的比例分配材料实际费用的计算公式如下：

$$\begin{matrix}某种产品某种\\材料定额费用\end{matrix} = \begin{matrix}该种产品\\实际产量\end{matrix} \times \begin{matrix}单位产品该种\\材料费用定额\end{matrix} = \begin{matrix}该种产品\\实际产量\end{matrix} \times \begin{matrix}单位产品该种\\材料消耗定额\end{matrix} \times \begin{matrix}该种材料\\计划单价\end{matrix}$$

$$材料费用分配率 = \frac{各种材料实际费用总额}{各种产品定额费用之和}$$

某产品应分配的材料费用 = 该产品各种材料的定额费用 × 材料费用分配率

【例2-3】龙潭水泥厂2024年10月生产通用水泥、专用水泥两种产品，共同耗用石灰石30 000千克，每千克单价4元，共同耗用黏土5 000千克，每千克单价9.3元。通用水泥实际产量为150袋，单位产品材料费用定额为60元，专用水泥实际产量为350袋，单位产品材料费用定额为80元。要求：采用定额费用比例分配法分配材料费用。

通用水泥材料定额总费用 = 150 × 60 = 9 000（元）

专用水泥材料定额总费用 = 350 × 80 = 28 000（元）

$$材料费用分配率 = \frac{30\ 000 \times 4 + 5\ 000 \times 9.3}{9\ 000 + 28\ 000} = 4.5$$

通用水泥应分配的材料费用 = 9 000 × 4.5 = 40 500（元）

专用水泥应分配的材料费用 = 28 000 × 4.5 = 126 000（元）

（三）系数分配法（标准产量比例分配法）

系数分配法是将各种产品的实际产量按照预定的折合系数折算为标准产量，以标准总产量（总系数）为分配标准来分配直接材料费用的方法。这种方法的分配标准为标准总产量，因此也称为标准产量比例分配法。

【例2-4】汇通工厂生产一个系列A1型、A2型、A3型、A4型、A5型五种型号零部件，2024年9月共同耗用合金材料846 000元；五种产品单位产品材料消耗定额分别为30克、50克、100克、150克和170克，本月实际产量分别为1 000件、2 000件、3 000件、4 000件和5 000件。要求：采用标准产量比例分配法分配材料费用。

采用这种方法，分配计算的步骤如下：

1. 选择标准产品。企业一般应当选择正常生产、大量生产的产品作为标准产品；也可以选择系列产品中规格型号居中的产品作为标准产品。

汇通工厂生产一个系列五种产品，可以选用正常生产和大量生产，且以系列产品中的中间产品A3型零部件作为标准产品。

2. 计算各产品的系数。系数是某种产品与标准产品的比例关系。企业可以根据单位产品的定额耗用量、定额费用、售价，以及产品的体积、面积、长度和重量等来计算各种产品的系数，标准产品的系数为1。系数一经确定，在年度内一般不作变动。系数的计算公式如下：

$$某产品系数 = \frac{该产品定额耗用量（或定额费用、售价等）}{标准产品定额耗用量（或定额费用、售价等）}$$

〖例 2-4〗中，汇通工厂以 A3 型零部件作为标准产品，其系数为 1，其他产品的系数计算如表 2-7 所示。

表 2-7　　　　　　　　　汇通工厂产品系数计算表
2024 年度使用

产品名称	消耗定额（克）	系数
A1 型零部件	30	30÷100=0.3
A2 型零部件	50	50÷100=0.5
A3 型零部件（标准产品）	100	1
A4 型零部件	150	150÷100=1.5
A5 型零部件	170	170÷100=1.7

3. 计算总系数（标准总产量）。总系数就是各种产品的实际产量按预定系数换算成标准产品的产量，也就是费用分配的标准。其计算公式为：

$$某产品总系数(标准总产量) = 该产品本期实际产量 \times 该产品的系数$$

根据〖例 2-4〗提供的资料，汇通工厂本月各种产品总系数（标准总产量）的计算如表 2-8 所示。

表 2-8　　　　　汇通工厂产品总系数（标准总产量）计算表
2024 年 9 月

产品名称	实际产量（件）	系数	总系数（标准产量）（件）
A1 型零部件	1 000	0.3	300
A2 型零部件	2 000	0.5	1 000
A3 型零部件（标准产品）	3 000	1	3 000
A4 型零部件	4 000	1.5	6 000
A5 型零部件	5 000	1.7	8 500
合计	—	—	18 800

4. 计算费用分配率和各种产品应分配费用。计算公式如下：

$$费用分配率 = \frac{各种产品耗用的材料费用总额}{各种产品总系数(标准总产量)之和}$$

$$某产品应分配的费用 = 该产品标准产量 \times 费用分配率$$

〖例 2-4〗中，费用分配率为：846 000÷18 800=45

根据〖例 2-4〗提供的资料及以上步骤的计算结果，编制"材料费用分配表"（见表 2-9）。

表 2-9   **汇通工厂材料费用分配表**

材料名称：合金   2024 年 9 月

产品名称	总系数（标准产量）	费用分配率	应分配材料费用（元）
A1 型零部件	300		13 500
A2 型零部件	1 000		45 000
A3 型零部件（标准产品）	3 000		135 000
A4 型零部件	6 000		270 000
A5 型零部件	8 500		382 500
合计	18 800	45	846 000

（四）生产工时（机器工时）分配法

生产工时分配法是以各种产品的生产工时为标准来分配费用的方法。产品生产过程中消耗材料和燃料的多少，一般与生产工时没有直接联系。因此，在直接材料费用项目中，生产工时分配法只适用于动力费用的分配。生产工时分配法的计算公式如下：

$$费用分配率 = \frac{各种产品共同耗用的动力费用总额}{各种产品生产工时之和}$$

$$某产品应分配费用 = 该产品实际生产工时 \times 费用分配率$$

上述公式中的生产工时，如果改换为机器工时，则为机器工时分配法，即以各种产品的机器工作时间为标准来分配动力费用。当产品生产过程以机器加工为主时，采用机器工时分配法来分配动力费用比较合理。

【例 2-5】 光华工厂生产 501 号、502 号、503 号三种型号电子元器件，2024 年 9 月三种产品共同耗用外购电力 27 500 元。实际生产工时分别为 12 000 小时、13 000 小时、25 000 小时。要求：采用生产工时分配外购电力费，编制"外购电力费用分配表"（见表 2-10）。

表 2-10   **光华工厂外购电力费用分配率**

2024 年 9 月

产品名称	生产工时	费用分配率	分配金额（元）
501 号电子元器件	12 000		6 600
502 号电子元器件	13 000		7 150
503 号电子元器件	25 000		13 750
合计	50 000	0.55	27 500

【例 2-6】 中原工厂生产大号试管、中号试管、小号试管三种产品，2024 年 9 月三种产品共同消耗外购电力 80 000 元，实际机器工时分别为 15 000 小时、14 000 小时和 11 000 小时。要求：采用机器工时分配法分配外购电力费，编制"外购电力费用分配表"（见表 2-11）。

表 2-11　　　　　　　　　中原工厂外购电力费用分配表
2024 年 9 月

产品名称	机器工时	费用分配率	分配金额（元）
大号试管	15 000		30 000
中号试管	14 000		28 000
小号试管	11 000		22 000
合计	40 000	2	80 000

三、材料费用核算的账务处理

【例 2-7】美达工厂 2024 年 9 月"材料发料凭证汇总表"如表 2-12 所示，"材料费用分配表"如表 2-13 所示。要求：编制材料费用核算的会计分录。

表 2-12　　　　　　　　　　材料发料凭证汇总表
2024 年 9 月

领料部门	材料名称	用途	单位	数量	单价（元）	金额（元）
基本生产车间（一车间）	植物油	生产 A1 调味料、A2 调味料	千克	3 500	20	70 000
基本生产车间（一车间）	M1 调味剂	生产 A1 火锅底料	千克	150	30	4 500
基本生产车间（一车间）	M2 调味剂	生产 A2 火锅底料	千克	250	40	10 000
基本生产车间（一车间）	润滑剂	一般耗用	千克	100	10	1 000
辅助生产车间（供水车间）	防腐材料	生产用	千克	150	10	1 500
管理部门	备用件	管理用	千克	120	10	1 200
合计						88 200

表 2-13　　　　　　　　　　材料费用分配表
2024 年 9 月

应借科目		明细科目	直接计入（元）	分配计入			合计（元）
				分配标准（投产量）（千克）	分配率	分配金额（元）	
生产成本	基本生产成本	A1 调味料	4 500	3 000		30 000	34 500
		A2 调味料	10 000	4 000		40 000	50 000
		小计	14 500	7 000	10	70 000	84 500
	辅助生产成本	供水车间	1 500				1 500
制造费用	基本生产车间	一车间	1 000				1 000
管理费用			1 200				1 200
合计			18 200			70 000	88 200

根据材料发料凭证汇总表（见表2-12）和材料费用分配表（见表2-13），编制会计分录如下：

借：生产成本——基本生产成本——A1调味料（直接材料）　　34 500
　　　　　　　　　　　　　　——A2调味料（直接材料）　　50 000
　　　　——辅助生产成本——供水车间（材料费）　　　　　 1 500
　　制造费用——车间（材料费）　　　　　　　　　　　　　 1 000
　　管理费用——材料费　　　　　　　　　　　　　　　　　 1 200
　　贷：原材料——植物油　　　　　　　　　　　　　　　　70 000
　　　　　　　——M1调味剂　　　　　　　　　　　　　　　 4 500
　　　　　　　——M2调味剂　　　　　　　　　　　　　　　10 000
　　　　　　　——润滑剂　　　　　　　　　　　　　　　　 1 000
　　　　　　　——防腐材料　　　　　　　　　　　　　　　 1 500
　　　　　　　——备用件　　　　　　　　　　　　　　　　 1 200

最后，根据审核无误的记账凭证登记明细账，作为后面成本核算工作的依据。

任务2　人工费用的核算

一、人工费用的内容

职工薪酬是指企业为获得职工提供的服务或解除劳动关系而给予的各种形式的报酬或补偿。职工薪酬包括短期薪酬、离职后福利、辞退福利和其他长期职工福利。企业提供给职工配偶、子女、受赡养人、已故员工遗属及其他受益人等的福利，也属于职工薪酬。

职工薪酬主要包括以下内容：

1. 短期薪酬。短期薪酬是指企业在职工提供相关服务的年度报告期间结束后12个月内需要全部予以支付的职工薪酬，因解除与职工的劳动关系而给予的补偿除外。短期薪酬具体包括：

（1）职工工资、奖金、津贴和补贴，是指按照构成工资总额的计时工资、计件工资、支付给职工的超额劳动报酬和增收节支的劳动报酬、为补偿职工特殊或额外的劳动消耗和因其他特殊原因支付给职工的津贴，以及为保证职工工资水平不受物价影响而支付给职工的物价补贴等。其中，企业按照短期奖金计划向职工发放的奖金属于短期薪酬；按照长期奖金计划向职工发放的奖金属于其他长期职工福利。

（2）职工福利费，是指企业向职工提供的生活困难补助、丧葬补助费、抚恤费、职工异地安家费、防暑降温费等职工福利支出。

（3）医疗保险费、工伤保险费等社会保险费，是指企业按照国家规定的基准和比例计算，向社会保险经办机构缴纳的医疗保险费、工伤保险费。

（4）住房公积金，是指企业按照国家规定的基准和比例计算，向住房公积金管理机构缴存的住房公积金。

（5）工会经费和职工教育经费，是指企业为了改善职工文化生活、为职工学习先进技术及提高文化水平和业务素质，用于开展工会活动和职工教育及职业技能培训等相关支出。

（6）短期带薪缺勤，是指职工虽然缺勤但企业仍向其支付报酬的安排，包括年休假、病假、婚假、产假、丧假、探亲假等。长期带薪缺勤属于其他长期职工福利。

（7）短期利润分享计划，是指因职工提供服务而与职工达成的基于利润或其他经营成果提供薪酬的协议。长期利润分享计划属于其他长期职工福利。

（8）其他短期薪酬，是指除上述薪酬以外的其他为获得职工提供的服务而给予的短期薪酬。

2. 离职后福利。离职后福利是指企业为获得职工提供的服务而在职工退休或与企业解除劳动关系后，提供的各种形式的报酬和福利，短期薪酬和辞退福利除外。企业应当将离职后福利计划分类为设定提存计划和设定受益计划。离职后福利计划，是指企业与职工就离职后福利达成的协议，或者企业为向职工提供离职后福利制定的规章或办法等。其中，设定提存计划，是指向独立的基金缴存固定费用后，企业不再承担进一步支付义务的离职后福利计划；设定受益计划，是指除设定提存计划以外的离职后福利计划。

3. 辞退福利。辞退福利是指企业在职工劳动合同到期之前解除与职工的劳动关系，或者为鼓励职工自愿接受裁减而给予职工的补偿。

4. 其他长期职工福利。其他长期职工福利是指除短期薪酬、离职后福利、辞退福利之外所有的职工薪酬，包括长期带薪缺勤、长期残疾福利、长期利润分享计划等。

二、人工费用的归集

（一）工资的计算

工资费用的计算包括计时工资、计件工资、奖金、津贴和补贴、加班加点工资、特殊情况下支付的工资等六个方面。工业企业可根据具体情况采用各种不同的工资制度，其中最基本的工资制度是计时工资制和计件工资制。

1. 计算计时工资。计时工资是根据考勤记录登记的每一职工出勤或缺勤日数，按照规定的工资标准计算的。工资标准按其计算的时间不同，可采用月薪制和日薪制两种方法。

（1）月薪制。月薪制是指按照职工固定的月标准工资扣除缺勤工资来计算其工资的一种方法。采用月薪制时，只要职工出满勤，不论该月份是多少天数，都可以得到固定的月标准工资。如果出现缺勤，则应从月标准工资中将缺勤工资予以扣除。其计算公式如下：

$$应付计时工资 = 月标准工资 - 缺勤天数 \times 日工资$$

在按小时计算缺勤时间时，上式可写成：

$$应付计时工资 = 月标准工资 - 缺勤小时数 \times \frac{日工资}{每班工作时数}$$

日工资亦叫日工资率，是指每位职工每日应得的平均工资额。日工资的计算方法有三种，其具体的计算方法如下：

方法一：按全年平均每月工作日数计算，是指用月标准工资除以全年平均每月工作日数计算的，其计算公式如下：

$$日工资 = \frac{月标准工资}{全年平均每月工作日数}$$

$$小时工资 = \frac{月标准工资}{全年平均每月工作小时数}$$

$$全年平均每月工作日数 = \frac{全年工作日数}{全年月份数} = \approx 20.83（天）$$

$$全年平均每月工作小时数 = \frac{全年工作日数}{全年月份数} \times 8 = \frac{365-104-11}{12} \times 8 \approx 166.67（小时）$$

采用这种方法计算日工资，只要职工的月标准工资不变，计算出的各月份日工资都是相等的。由于周末和节假日的工资不包括在日工资内，因此，周末和节假日不付工资，当然，缺勤期间的周末和节假日也不扣工资。

【例2-8】清远工厂职工张山的月标准工资是1 200元，2024年10月缺勤4天（缺勤期间有周末2天），10月有3个节日，8个休息日，其计时工资的计算结果是什么？

日工资 = 1 200 ÷ 20.83 = 57.61（元）

应付计时工资 = 1 200 - 57.61 × 2 = 1 084.78（元）

方法二：按全年平均每月日历日数计算，是指根据标准工资除以全年平均每月日历日数计算的，其计算公式如下：

$$日工资 = \frac{月标准工资}{全年平均每月日历日数}$$

采用这种方法计算日工资时，只要职工月标准工资不变，各月份日工资也是相等的，但由于日工资中包括有周末和节假日的工资，即周末和节假日也付工资，所以，缺勤期间若有周末和节假日也按缺勤处理，照扣工资。

接〖例2-8〗，按全年平均每月日历日数计算，职工张山的应付计时工资是多少？

日工资 = 1 200 ÷ 30 = 40（元）

应付工资 = 1 200 - 4 × 40 = 1 040（元）

方法三：按当月满勤日数计算，是指根据月标准工资除以当月满勤日数计算的，其计算公式如下：

$$日工资 = \frac{月标准工资}{当月满勤日数}$$

采用这种方法计算时,由于每个月份的周末、节假日天数不相同,所以,每个月份当月满勤日数也不相同。因此,在这种情况下,即使月标准工资不变,在各月份满勤日数不相同的情况下计算出来的各月份的标准工资也不一样。

接〖例2-8〗,按当月满勤日数计算甲职工的应付工资是多少?

当月满勤日数 = 31 - 8 - 3 = 20(天)

日工资 = 1 200 ÷ 20 = 60(元)

应付工资 = 1 200 - 2 × 60 = 1 080(元)

(2)日薪制。日薪制是指按职工实际出勤日数和日工资计算其应付工资的一种方法,其计算公式如下:

$$应付工资 = 出勤日数 \times 日工资$$

上式中的日工资可按月薪制下计算日工资三种方法中的每一种方法计算。

2. 计算计件工资。计件工资是指根据规定的计件单价和完成的合格品数量计算支付的工资。在计算计件工资时,对于由于材料缺陷等客观原因产生的废品即料废,应照付计件工资;对于由于工人加工过失等原因而产生的废品,即工废,则不应支付计件工资。计件工资按照支付对象的不同,可分为个人计件工资与集体计件工资两种。

(1)计算个人计件工资。当职工所从事的工作能分清每个人的责任时,可采取个人计件工资的方式。如果工人在月份内仅生产一种产品,其计件工资可按下式计算:

$$应付计件工资 = (合格品数量 + 料废品数量) \times 计件单价$$

如果工人在月份内生产多种产品,且各种产品计件单价不同,则计件工资按下式计算:

$$应付计件工资 = \sum[(某种产品合格品数量 + 该种产品料废品数量) \times 该种产品计件单价]$$

上式中的计件单价可按下式计算:

$$计件单价 = \frac{某等级工人的工资标准(按日或按小时计算)}{产量定额(按日或按小时计算)}$$

或 = 制造某种产品所需定额工时 × 制造该种产品所需某种等级工人的小时工资率

【例2-9】明宇陶瓷厂职工李石2024年10月加工黄瓷杯和青花瓷杯两种产品,黄瓷杯100件,青花瓷杯85件。验收时发现黄瓷杯料废品5件,工废品4件。该职工工资率6元,制造黄瓷杯定额工时为1小时,青花瓷杯2小时。要求:计算职工李石2024年10月应得计件工资。

黄瓷杯计件单价 = 1 × 6 = 6(元)

青花瓷杯计件单价 = 2 × 6 = 12(元)

应付计件工资 = (100 - 4) × 6 + 85 × 12 = 1 596(元)

(2)计算集体计件工资。当工人集体从事某项工作且不易分清每个职工的经济责任时，可采用集体计件工资的方式。采用集体计件工资时，应先按集体完成合格品数量乘以计件单价，计算出集体计件工资总额。然后，再采用一定的方法，将集体计件工资总额在集体成员内部进行分配。分配的主要方法有：

方法一：按计件工资和计时工资的比例分配。

这是指在计算计件工资分配率的基础上，按职工计时工资的比例分配计件工资的方法。它主要适用于集体从事的工作对技术条件要求比较高，并且在集体内职工工资等级差别较大的情况。计算公式如下：

$$计件工资分配率 = \frac{集体应付计件工资总额}{集体应付计时工资总额}$$

$$集体应付计件工资总额 = 集体完成工作量总和 \times 计件单价$$

$$集体应付计时工资总额 = \sum (某职工实际工作小时数 \times 该职工小时工资率)$$

$$某职工应付计件工资 = 该职工应付计件工资 \times 计件工资分配率$$

【例2-10】华都工厂有五名等级不同的工人组成的小组，2024年9月完工铸造模具合格品产量203件，计件单价每件21元；合金模具完工合格品产量529件，计件单价为10元，其余资料如表2-14所示。

表2-14　　　　　　　　　　**计件工资分配表**
2024年9月

姓名	等级	小时工资率	实际工作小时	计时工资（元）	分配率	应付计件工资（元）
张山	2	2.5	170	425		1 742.50
李斯	1	2.2	172	378.40		1 551.44
王武	3	2.8	165	462		1 894.20
刘立	4	3.2	150	480		1 968
方平	5	3.7	158	584.60		2 396.86
合计	—	—	—	2 330	4.1	9 553

方法二：按实际工作天数计算分配。

这是指将集体计件工资在集体内部采取平均分配的一种方法。它适用于集体所从事的工作对技术条件要求不高，且集体内部职工工资等级差别不大的情况。其计算公式为：

$$每人每天计件工资 = \frac{集体应付计件工资总额}{集体职工实际工作天数之和}$$

$$某职工应付计件工资 = 该职工实际工作天数 \times 每人每天计件工资$$

【例2-11】南山工厂四名职工2024年9月共装车皮40个，装一个车皮的计件工资为200元。王斌、方勇、唐海、洋方四名职工实际工作天数分别为25.5天、24天、26天、24.5天。要求：计算每人应付计件工资。

每人每天应付计件工资 = $\dfrac{200 \times 40}{25.5 + 24 + 26 + 24.5}$ = 80（元）

王斌应付计件工资 = 25.5 × 80 = 2 040（元）

方勇应付计件工资 = 24 × 80 = 1 920（元）

唐海应付计件工资 = 26 × 80 = 2 080（元）

洋方应付计件工资 = 24.5 × 80 = 1 960（元）

3. 奖金、津贴和补贴等的计算。奖金是支付给职工的超额劳动或增收节支等的劳动报酬；津贴和补贴是支付给职工额外劳动或特殊劳动的劳动报酬；加班加点工资是支付给职工因在节假日或规定工作时间以外劳动的劳动报酬；特殊情况下支付的工资是依据国家有关劳动法规和企业规定，按计时工资标准（或工资标准的一定比例）在非工作时间支付的工资。

奖金、津贴和补贴、加班加点工资、特殊情况下支付的工资等计入工资总额，由企业按有关规定计算。

4. 工资结算汇总表的编制。企业根据职工考勤记录和产量记录（或工作量记录）等原始记录计算出应付职工工资以后，要填制在"工资结算单"中。同时，应根据"工资结算单"按人员类别（工资用途）编制"工资结算汇总表"，汇集工资费用。"工资结算汇总表"是进行工资结算和分配"计入有关成本和费用"的原始依据。

【例 2–12】日盛工厂 2024 年 9 月根据各车间、部门的"工资结算单"。按人员类别和工资性质分别汇总以后，编制的"工资结算汇总表"如表 2–15 所示。

表 2–15　　　　　　　日盛工厂工资结算汇总表

2024 年 9 月　　　　　　　　　　　　　　　　单位：元

车间或部门（人员类别）	应付职工工资					合计
	计时工资	计件工资	奖金	津贴和补贴	加班加点工资	
1. 基本生产车间	72 000		28 000	3 000	2 000	105 000
产品生产工人	58 000		20 000	3 000	2 000	83 000
车间管理人员	14 000		8 000			22 000
2. 辅助生产车间	6 000		800	200		7 000
生产工人	4 500		600	200		5 300
车间管理人员	1 500		200			1 700
3. 企业管理部门人员	8 000					8 000
4. 专设销售机构人员	2 000		400			2 400
5. 固定资产建造工程人员		4 000				4 000
合计	88 000	4 000	29 200	3 200	2 000	126 400

（二）职工福利费、社会保险费、住房公积金、工会经费和职工教育经费的计算

职工福利费和应向社会保险经办机构缴纳的医疗保险费、养老保险费、失业保险费、工伤保险费、生育保险费等社会保险费，应向住房公积金管理中心缴存的住房公积金，以及应向工会部门缴纳的工会经费等，应当按照国家统一规定的计提基础和计提比例计提。国家没有明确规定计提基础和计提比例的，企业应当根据历史经验数据和自身实际情况，计算确定应付职工薪酬金额。

职工福利费和医疗保险费、养老保险费、失业保险费、工伤保险费、生育保险费等社会保险费，以及住房公积金、工会经费和职工教育经费，可以分别通过编制"职工福利费计算表""社会保险费计算表""住房公积金计算表""工会经费和职工教育经费计算表"来计算。

【例2-13】日盛工厂2024年9月"工资结算汇总表"确定的工资总额如表2-15所示，职工福利费提取比例为工资总额的10%，要求：编制"职工福利费计算表"（见表2-16）。

表2-16　　　　　　日盛工厂职工福利费计算表
2024年9月

车间或部门（人员类别）	工资总额（元）	计提比例（%）	应计提职工福利费（元）
1. 基本生产车间（一车间）	105 000		10 500
产品生产工人	83 000		8 300
车间管理人员	22 000		2 200
2. 辅助生产车间（供水车间）	7 000		700
生产工人	5 300		530
车间管理人员	1 700		170
3. 企业管理部门人员	8 000		800
4. 专设销售机构人员	2 400		240
5. 固定资产建造工程人员	4 000		400
合计	126 400	10	12 640

【例2-14】日盛工厂2024年9月"工资结算总汇表"确定的工资总额如表2-15所示，医疗保险费、养老保险费、失业保险费、工伤保险费、生育保险费等社会保险费等提取比例分别为工资总额的10%、15%、2%、1%、1%。要求：编制"社会保险费计算表"（见表2-17）。

表 2-17　　　　　　　　　　日盛工厂社会保险费计算表
　　　　　　　　　　　　　　　　2024 年 9 月　　　　　　　　　　　　　　　　单位：元

车间或部门（人员类别）	工资总额	医疗保险	养老保险	失业保险	工伤保险	生育保险	社会保险合计
（计提比例）		10%	15%	2%	1%	1%	
1. 基本生产车间（一车间）	105 000	10 500	15 750	2 100	1 050	1 050	30 450
产品生产工人	83 000	8 300	12 450	1 660	830	830	24 070
车间管理人员	22 000	2 200	3 300	440	220	220	6 380
2. 辅助生产车间（供水车间）	7 000	700	1 050	140	70	70	2 030
生产工人	5 300	530	795	106	53	53	1 537
车间管理人员	1 700	170	255	34	17	17	493
3. 企业管理部门人员	8 000	800	1 200	160	80	80	2 320
4. 专设销售机构人员	2 400	240	360	48	24	24	696
5. 固定资产建造工程人员	4 000	400	600	80	40	40	1 160
合计	126 400	12 640	18 960	2 528	1 264	1 264	36 656

【例 2-15】日盛工厂 2024 年 9 月"工资结算汇总表"确定的工资总额如表 2-15 所示，职工住房公积金提取比例为工资总额的 10%。要求：编制"住房公积金计算表"（见表 2-18）。

表 2-18　　　　　　　　　　日盛工厂住房公积金计算表
　　　　　　　　　　　　　　　　2024 年 9 月

车间或部门（人员类别）	工资总额（元）	计提比例（%）	应计提住房公积金（元）
1. 基本生产车间（一车间）	105 000		10 500
产品生产工人	83 000		8 300
车间管理人员	22 000		2 200
2. 辅助生产车间（供水车间）	7 000		700
生产工人	5 300		530
车间管理人员	1 700		170
3. 企业管理部门人员	8 000		800
4. 专设销售机构人员	2 400		240
5. 固定资产建造工程人员	4 000		400
合计	126 400	10	12 640

【例 2-16】日盛工厂 2024 年 9 月"工资结算汇总表"确定的工资总额如表 2-15 所示，工会经费和职工教育经费提取比例分别为工资总额的 2% 和 2%。要求：编制"工会

经费和职工教育经费计算表"（见表2-19）。

表2-19　　日盛工厂工会经费和职工教育经费计算表

2024年9月　　　　　　　　　　　　　　　　　　　　　　　单位：元

车间或部门（人员类别）	工资总额	应计提工会经费	应计提职工教育经费
（计提比例）		2%	2%
1. 基本生产车间（一车间）	105 000	2 100	2 100
产品生产工人	83 000	1 660	1 660
车间管理人员	22 000	440	440
2. 辅助生产车间（供水车间）	7 000	140	140
生产工人	5 300	106	106
车间管理人员	1 700	34	34
3. 企业管理部门人员	8 000	160	160
4. 专设销售机构人员	2 400	48	48
5. 固定资产建造工程人员	4 000	80	80
合计	126 400	2 528	2 528

企业也可以通过人工费用汇总表来计算所有的人工费用（见表2-20）。

表2-20　　日盛工厂人工费用汇总表

2024年9月　　　　　　　　　　　　　　　　　　　　　　　单位：元

项目	基本生产车间生产工人	基本生产车间管理人员	辅助生产车间工人	辅助生产车间管理人员	企业管理部门人员	专设销售机构人员	固定资产建造工程人员	合计
工资	83 000	22 000	5 300	1 700	8 000	2 400	4 000	126 400
职工福利费	8 300	2 200	530	170	800	240	400	12 640
医疗保险费	8 300	2 200	530	170	800	240	400	12 640
养老保险费	12 450	3 300	795	255	1 200	360	600	18 960
失业保险费	1 660	440	106	34	160	48	80	2 528
工伤保险费	830	220	53	17	80	24	40	1 264
生育保险费	830	220	53	17	80	24	40	1 264
住房公积金	8 300	2 200	530	170	800	240	400	12 640
工会经费	1 660	440	106	34	160	48	80	2 528
教育经费	1 660	440	106	34	160	48	80	2 528
合计	126 990	33 660	8 109	2 601	12 240	3 672	6 120	193 392

(三) 非货币福利的计算

企业以其生产的产品作为非货币性福利提供给职工的,应当按照该产品的成本确定应付职工薪酬金额,其销售成本的结转和相关税费的处理,与正常商品销售相同。

以外购商品作为非货币性福利提供给职工的,应当按照该商品的公允价值确定应付职工薪酬金额。无偿向职工提供住房等资产使用的,应当根据受益对象,将住房每期应计提的折旧计入相关资产成本或费用。租赁住房等资产供职工无偿使用的,应当根据受益对象,将每期应付的租金计入相关资产成本或费用。提供给职工整体使用的资产应计提的折旧、应付的租金,应当根据受益对象分期计入相关资产成本或费用;难以认定受益对象的,直接计入管理费用。

三、人工费用的分配

采用计件工资形式支付的产品工人职工薪酬,一般可以直接计入所生产产品的成本,不需要在各成本核算对象之间进行分配。采用计时工资形式支付的职工薪酬,如果生产单位(车间、部门)或工人只生产一种产品,可以将职工薪酬直接计入该种产品成本,也不需要分配;如果生产多种产品,则需要选用合理的分配方法,在各成本核算对象之间进行分配。

产品生产成本中的直接人工费用,是指直接从事产品生产的生产人员的职工薪酬。生产单位(车间、部门)管理人员的职工薪酬,先通过"制造费用"账户归集以后再计入产品生产成本。直接人工费用的分配方法有实际生产工时分配法、定额工时分配法、直接材料成本分配法和系数分配法等。

(一) 实际生产工时比例分配法

实际生产工时比例分配法是以产品实际生产工时作为分配标准,分配人工费用。在计时工资制度下,生产工时的多少与职工薪酬的多少直接相关,以生产工时作为分配标准是比较合理的。其计算公式为:

$$费用分配率 = \frac{待分配的直接人工费用总额}{各种产品实际生产工时之和}$$

$$某产品应分配的直接人工费用 = 该产品实际生产工时 \times 费用分配率$$

【例 2-17】威远工厂设有一个基本生产车间,生产柱形和方形玻璃杯两种产品。2024 年 8 月直接人工费用合计为 80 000 元,两种产品的实际生产工时分别为 3 000 小时和 5 000 小时。要求:采用实际生产工时分配法分配直接人工费用,编制"直接人工费用分配表"(见表 2-21)。

表 2-21　　　　　　　　　　威远工厂直接人工费用分配表
　　　　　　　　　　　　　　　　　2024 年 8 月

产品名称	实际生产工时	费用分配率	应分配的费用（元）
柱形玻璃杯	3 000		30 000
方形玻璃杯	5 000		50 000
合计	8 000	10	80 000

（二）定额工时比例分配法

定额工时是指工人生产单位产品或完成某项工作所需劳动时间的数量标准，是劳动定额基本的表现形式，又称"时间定额"。定额工时包括作业时间、布置工作时间、准备与结束时间等，但不包括非生产工作时间、管理不善造成的损失时间。定额工时分配法的计算公式为：

$$费用分配率 = \frac{应分配的直接人工费用总额}{各种产品定额工时之和}$$

某产品的定额工时 = 该产品单位产品定额工时 × 该产品产量

某产品应分配费用 = 该产品定额工时 × 费用分配率

【例 2-18】日盛工厂设有一个基本生产车间，生产 M1、M2、M3 三种测压仪表。2024 年 9 月三种产品实际投产量分别为 320 件、480 件和 250 件，单位产品工时定额分别为 9.375 小时、12.5 小时和 4 小时。假设本月期初无在产品，投产的各产品本月全部完工。要求：采用定额工时分配法分配直接人工费用，编制"直接人工费用分配表"（见表 2-22）。

表 2-22　　　　　　　　　　日盛工厂直接人工费用分配表
　　　　　　　　　　　　　　　　　2024 年 9 月

产品名称	产量（件）	单位产品定额工时	定额总工时	费用分配率	应分配的费用（元）
M1 测压仪表	320	9.375	3 000		38 097
M2 测压仪表	480	12.5	6 000		76 194
M3 测压仪表	250	4	1 000		12 699
合计	—	—	10 000	12.699	126 990

日盛工厂直接人工费用总额为 126 990 元。分析过程如下：

人工费用汇总表（见表 2-20）显示，2024 年 9 月生产工人的工资为 83 000 元，按生产工人工资总额提取的职工福利费为 8 300 元，按生产工人工资总额计算的医疗保险费、养老保险费、失业保险费、工伤保险费、生育保险费等社会保险费为 24 070 元，住房公积金为 8 300 元、工会经费为 1 660 元、职工教育经费为 1 660 元，本月没有非货币福利，计入产品生产成本的职工薪酬共计 126 990 元。

【例 2-19】要求：根据日盛工厂人工费用汇总表（见表 2-20）和直接人工费用分配

表(见表2-22)编制"人工费用分配表"(见表2-23)。

表2-23　　　　　　　　　日盛工厂人工费用分配表
2024年9月

应借科目			分配计入			直接计入	合计（元）
			定额总工时	费用分配率	分配金额（元）		
生产成本	基本生产成本	M1 测压仪表	3 000		38 097		38 097
		M2 测压仪表	6 000		76 194		76 194
		M3 测压仪表	1 000		12 699		12 699
		小计	10 000	12.699	126 990		126 990
	辅助生产成本	供水车间				10 710	10 710
制造费用		一车间				33 660	33 660
管理费用		人工费				12 240	12 240
销售费用		人工费				3 672	3 672
在建工程		人工费				6 120	6 120
合计					126 990	66 402	193 392

(三)直接材料成本分配法

直接材料成本分配法的分配标准是受益对象的直接材料成本,只适用于产品材料成本比重较大,且职工薪酬的发生与材料成本的多少直接相关的情况,适用范围比较狭窄。其计算公式为:

$$费用分配率 = \frac{待分配的直接人工费用总额}{各种直接材料费用之和}$$

某产品应分配的直接人工费用 = 该产品耗用的直接材料 × 费用分配率

【例2-20】利用〖例2-18〗中日盛工厂2024年9月的直接人工费用的数据126 990元,假设9月三种产品耗用的直接材料费用分别为21 100元、62 200元、16 700元。要求:采用直接材料成本分配法,编制"直接人工费用分配表"(见表2-24)。

表2-24　　　　　　　　　日盛工厂直接人工费用分配表
2024年9月　　　　　　　　　　　　　　　　　单位:元

产品名称	耗用的直接材料	分配率	应分配的费用
M1 测压仪表	21 100		26 794.89
M2 测压仪表	62 200		78 987.78
M3 测压仪表	16 700		21 207.33
合计	100 000	1.2699	126 990

可以看出，本例中的分配结果与〖例2-18〗的分配结果有比较大的差异，哪一种分配结果更符合实际情况，关键要看直接人工费用和哪一个分配依据更为相关。

（四）系数分配法

系数分配法主要适用于同类产品中不同规格、型号的产品之间费用的分配，与直接材料费用分配法中的系数分配法的操作步骤一样。

四、人工费用核算的账务处理

【例2-21】要求：根据"日盛工厂人工费用汇总表"（见表2-20）和"日盛工厂人工费用分配表"（见表2-23），编制日盛工厂2024年9月人工费用核算的会计分录。

借：生产成本——基本生产成本——M1测压仪表（直接人工）　38 097
　　　　　　　　　　　　　　——M2测压仪表（直接人工）　76 194
　　　　　　　　　　　　　　——M3测压仪表（直接人工）　12 699
　　　　　　——辅助生产成本——供水车间　　　　　　　　10 710
　　制造费用——一车间　　　　　　　　　　　　　　　　33 660
　　管理费用　　　　　　　　　　　　　　　　　　　　　12 240
　　销售费用　　　　　　　　　　　　　　　　　　　　　 3 672
　　在建工程　　　　　　　　　　　　　　　　　　　　　 6 120
　贷：应付职工薪酬——工资　　　　　　　　　　　　　126 400
　　　　　　　　　——职工福利　　　　　　　　　　　 12 640
　　　　　　　　　——医疗保险费　　　　　　　　　　 12 640
　　　　　　　　　——工伤保险费　　　　　　　　　　　1 264
　　　　　　　　　——生育保险费　　　　　　　　　　　1 264
　　　　　　　　　——基本养老保险费　　　　　　　　 18 960
　　　　　　　　　——失业保险费　　　　　　　　　　　2 528
　　　　　　　　　——住房公积金　　　　　　　　　　 12 640
　　　　　　　　　——工会经费　　　　　　　　　　　　2 528
　　　　　　　　　——职工教育经费　　　　　　　　　　2 528

最后，根据审核无误的记账凭证登记明细账，作为后面成本核算工作的依据。

任务3　折旧和其他费用的核算

一、折旧费用的核算

折旧费用是固定资产在使用过程中发生的损耗。折旧费用基本会计分录方法如下：

一般应按固定资产使用的车间、部门分别记入"制造费用"和"管理费用"等总账账户和所属明细账的借方（在明细账中记入"折旧费"费用项目）。折旧总额应记入"累计折旧"账户的贷方。

【例2-22】公司固定资产折旧方法为平均年限法。要求：根据原值和月折旧率计算月折旧额，编制"固定资产折旧计算表"（见表2-25）。

表2-25　　　　　　　　　　　固定资产折旧计算表

2024年9月

部门	固定资产名称	原值（元）	月折旧率（%）	月折旧额（元）
基本生产车间（一车间）	一号生产线	800 000	0.80	6 400
供水车间	机器设备	140 000	1	1 400
管理部门	管理设备	180 000	0.50	900
销售部门	管理设备	200 000	0.60	1 200
合计		1 320 000		9 900

会计分录如下：

借：生产成本——辅助生产成本——供水车间（折旧费）　　1 400
　　制造费用——一车间（折旧费）　　　　　　　　　　　6 400
　　管理费用——折旧费　　　　　　　　　　　　　　　　　900
　　销售费用——折旧费　　　　　　　　　　　　　　　　1 200
　贷：累计折旧——一号生产线　　　　　　　　　　　　　6 400
　　　　　　　——供水车间机器设备　　　　　　　　　　1 400
　　　　　　　——管理部门管理设备　　　　　　　　　　　900
　　　　　　　——销售部门管理设备　　　　　　　　　　1 200

二、其他费用的核算

企业除了前面核算的要素费用，还有一些其他费用，包括邮电费、办公费、差旅费、修理费、保险费等。这些费用都要按照一定的标准计入企业的成本费用，这些费用应于发生时，根据相关凭证，按其发生的地点及部门，分别记入"生产成本"明细账、"制造费用"明细账、"管理费用"明细账等账户。在凭证较多的情况下，也可以根据有关的凭证，汇总其他费用分配表，据以登记各种明细账。

【例2-23】要求：根据其他费用计算表（见表2-26），编制其他费用核算的会计分录。

表 2-26　　　　　　　　其他费用（办公费）计算表
　　　　　　　　　　　　　　　2024 年 9 月　　　　　　　　　　　　　　单位：元

部门	办公费
基本生产车间	1 000
供水车间	600
管理部门	2 500
销售部门	1 900
合计	6 000

借：生产成本——辅助生产成本——供水车间（办公费）　　600
　　制造费用——一车间（办公费）　　　　　　　　　　　1 000
　　管理费用　　　　　　　　　　　　　　　　　　　　　2 500
　　销售费用　　　　　　　　　　　　　　　　　　　　　1 900
　　贷：银行存款　　　　　　　　　　　　　　　　　　　6 000

任务4　辅助生产费用的核算

一、辅助生产费用的归集

（一）辅助生产成本账户的设置

辅助生产是为企业基本生产单位和其他部门服务而进行的产品生产和劳务供应。辅助生产单位提供的产品主要有自制工具和模具、自制材料和包装物，以及供水、供电、供气等；提供的劳务主要有机器设备的修理以及运输劳务等。

辅助生产单位有的提供的产品和劳务比较单一，如供水、供电、供气，以及修理、运输等；有的提供的产品和劳务品种、项目比较多，如自制材料、包装物、工具和模具等。

辅助生产单位提供的产品和劳务，有的需要验收入库，期末可能有在产品，如自制材料、工具、模具和包装物等；有的不需要存放于仓库，也没有在产品，如供水、供电、供气，以及修理、运输等。

辅助生产单位发生的费用，可以通过在"生产成本"总分类账户下设置"辅助生产成本"二级账户来归集；也可以将"辅助生产成本"作为总分类账户，再按辅助生产单位设置二级账户来归集。本教材按照"生产成本"总分类账户下设置"辅助生产成本"二级账户来举例。

辅助生产成本二级账户按各辅助生产单位分别设置。同时，还应按照辅助生产单位的成本核算对象（即产品和劳务的种类）开设"产品生产成本明细账"（"产品成本计算单"），用来归集辅助生产费用并计算出各种产品和劳务的实际总成本和单位成本。辅助生产单位产品和劳务的成本项目，可以比照基本生产单位，设置直接材料、直接人工、制造费用等成本项目，也可以根据辅助生产单位自身的生产特点另行确定成本项目。辅助生产成本二级账户及其所属的产品生产成本明细账，都应当按企业确定的成本项目设专栏，组织辅助生产费用的明细核算，以及辅助生产单位产品和劳务成本的计算。

辅助生产单位制造费用明细账的设置。辅助生产单位发生的制造费用，有两种归集方法：一是在"制造费用"总分类账户下，按辅助生产单位设置制造费用明细账，归集辅助生产单位发生的制造费用以后，月末再分配转入辅助生产成本二级账户所属的产品生产成本明细账；二是直接记入或分配记入辅助生产成本二级账户及其所属的产品生产成本明细账，不设置辅助生产单位的制造费用明细账。

在一般情况下，辅助生产单位的制造费用，应先通过按辅助生产单位设置的制造费用明细账归集。这样有利于考核和分析辅助生产单位制造费用预算的执行情况。只有在辅助生产单位规模很小，产品或劳务单一，制造费用很少，而且辅助生产单位不对外提供产品和劳务，因而不需要按照规定的成本项目计算产品成本的情况下，为了简化核算，才可以不设置辅助生产单位的制造费用明细账，直接将制造费用记入辅助生产成本二级账户和明细账。在不设置辅助生产单位制造费用明细账的情况下，辅助生产成本二级账户及其所属的产品生产成本明细账，应将产品和劳务的成本项目与制造费用的费用项目结合起来设置专栏，组织辅助生产费用的明细核算和产品、劳务成本的计算。

（二）辅助生产费用分配（成本结转）的特点

由于各个辅助生产单位提供的产品和劳务种类不同，其费用分配和成本结转的方式也不一样。按照费用分配和成本结转方式的不同，可以分为以下两个类型。

1. 需要验收入库的产品成本的结转。辅助生产单位为企业提供的自制材料和包装物、自制工具和模具等产品，完工以后需要办理验收入库手续，再由各生产单位到仓库领用。在这种情况下，辅助生产单位应当以各种产品的品种作为成本核算对象，分别计算各种产品的实际总成本和单位成本。辅助生产单位当月发生的各项费用，应当直接记入或在各成本核算对象之间进行分配以后记入各种产品生产成本明细账；记入产品生产成本明细账的费用（包括期初在产品成本），应当在本期完工产品和期末在产品之间进行分配，计算出本期完工产品的实际总成本和单位成本。

辅助生产单位完工入库的自制材料和包装物、自制工具和模具等产品的实际总成本，应当从"生产成本——辅助生产成本"账户的贷方，转入"原材料""包装物""低值易耗品"（如果没有单独设置"包装物""低值易耗品"的，在"周转材料"中核算，下同）等账户的借方。月末结转本月完工入库产品成本以后，辅助生产成本二级账户及其所属明细账如果还有余额，就是该辅助生产单位的期末在产品成本。

这类辅助生产单位生产费用归集和完工产品成本结转的程序如图2-1所示。

在图2-1中，①为本期发生各项费用；②为期末摊销费用；③为期末分配结转辅助生产单位的制造费用；④为期末结转本期辅助生产单位完工入库产品成本。期末结转后，"生产成本——辅助生产成本"明细账户的借方余额为该辅助生产单位期末在产品的成本。

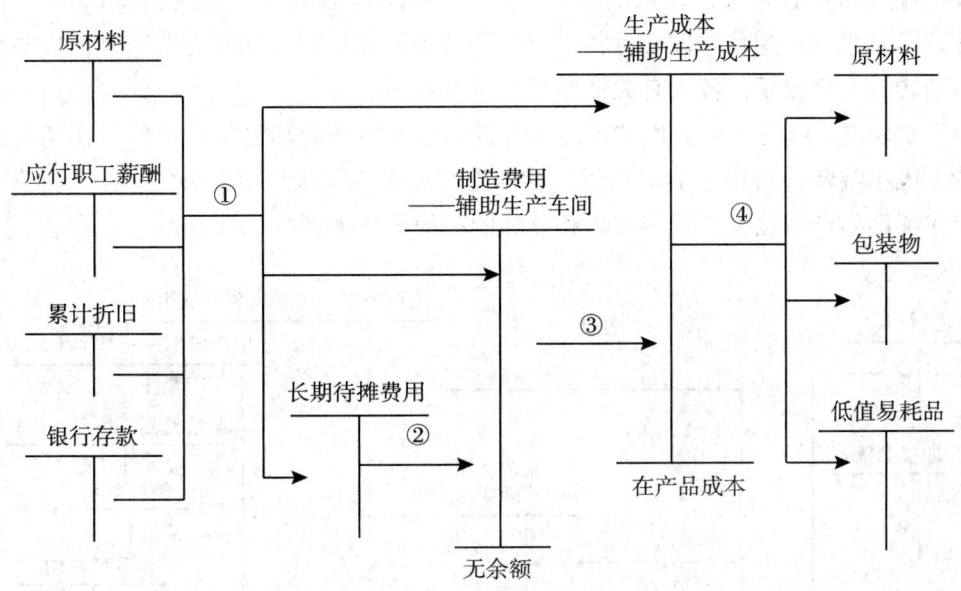

图 2-1 辅助生产成本的归集和结转

2. 需要分配给各受益对象的产品和劳务成本的结转。提供水、电、气等不需入库的产品，以及提供修理、运输等劳务的辅助生产单位，也应当以各种产品和劳务作为成本核算对象，分别计算各种产品和劳务的实际总成本与单位成本。辅助生产单位当月发生的各项费用，应当直接记入或在各成本核算对象之间分配以后记入各种产品和劳务的生产成本明细账。当月记入各种产品和劳务生产成本明细账中的各项生产费用之和，就是该种产品或劳务的实际总成本，不需要在完工产品和期末在产品之间分配。但是，这类辅助生产单位发生的费用（产品或劳务的实际总成本），需要采用一定标准，在接受产品和劳务的各受益对象之间进行分配。

辅助生产单位提供的水、电、气等产品和修理、运输劳务的受益对象，有企业的基本生产单位、企业管理部门和企业外部的客户，也有辅助生产单位之间相互提供产品和劳务。如供水车间需要供电车间提供电力，需要机修车间提供修理服务；机修车间需要供水车间和供电车间提供水、电；供电车间需要供水车间提供水和需要修理车间提供修理服务，等等。

各个受益对象应负担的辅助生产费用（即产品和劳务的成本），应从"生产成本——辅助生产成本"账户的贷方，分别转入"生产成本——基本生产成本"等账户的借方。其中，基本生产车间产品生产直接消耗的水、电、气等的成本，转入"生产成本——基本生产成本"账户；基本生产车间管理部门消耗的水、电、气的成本，转入"制造费用——基本生产单位"账户；企业管理部门消耗的水、电、气，以及接受机修、运输等劳务的成本，转入"管理费用"账户；企业专设销售机构消耗的水、电、气，以及接受修理、运输等劳务的成本，转入"销售费用"账户；企业外部客户消耗的水、电、气，以及接受修理、运输等劳务的成本，转入"主营业务成本"（或"其他业务成本"）等账户；为企业固定资产建造和安装等工程提供的水、电、气，以及运输等劳务的成本，转入"在建工程"账户。辅助生产单位之间相互提供产品和劳务，在进行交互分配费用时，也要编制有关成本结转的会计分录，转入有关辅助生产成本账户。

提供水、电、气等不需入库的产品和提供运输等劳务的辅助生产单位，在期末进行产品和劳务成本结转（费用分配）以后，辅助生产成本二级账户应无余额。

上述辅助生产单位生产费用归集和分配的一般程序如图 2-2 所示。

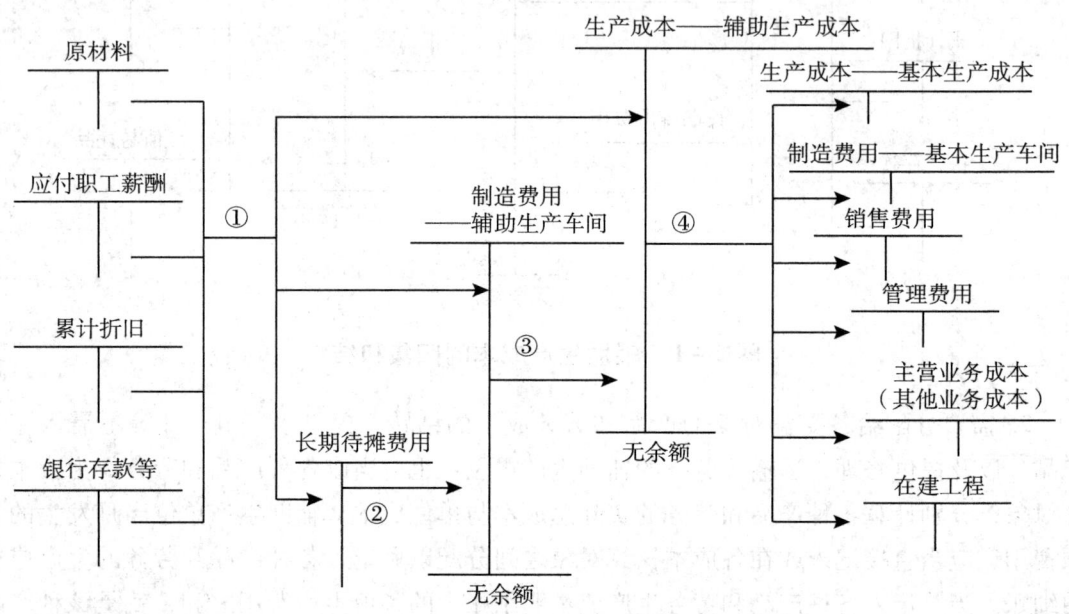

图 2-2 辅助生产成本的归集和结转

在图 2-2 中，①、②和③与图 2-1 中的①、②和③完全相同。这就是说，两种类型的辅助生产，其生产费用（成本）的归集是完全相同的，只有成本的结转（费用的分配）不同。图 2-1 中的④为期末结转本期辅助生产单位完工入库产品成本。结转前，需要的完工产品和期末在产品之间分配生产费用；分配结转后辅助生产成本明细账如有余额，为月末在产品成本。而图 2-2 中的④为期末在各受益对象之间分配辅助生产费用，由于没有期末在产品，不需要在完工产品和期末在产品之间分配生产费用，分配结转后辅助生产成本明细账没有余额。

二、辅助生产费用的分配与账务处理

提供水、电、气等不需入库的产品和提供修理、运输等劳务的辅助生产单位，应选用一定的方法将辅助生产费用分配给各受益对象，常用的有直接分配法、一次交互分配法、代数分配法和计划成本分配法等。

（一）直接分配法

直接分配法是将辅助生产车间发生的费用直接分配给辅助生产车间以外的受益对象。采用这种方法，分配结转比较简单，但由于各辅助生产车间之间相互提供的产品和劳务没有相互分配费用，当各辅助生产车间之间相互提供的产品和劳务成本差额较大时，会影响分配结果的准确性。

【例2-24】飞亚工厂设有供电和供气两个辅助生产车间，在分配结转前，"生产成本——辅助生产成本"账户归集的2024年9月辅助生产费用供电车间为67 200元，供气车间为68 040元。该厂本月辅助生产车间的劳务供应量如表2-27所示。要求：采用直接分配法分配辅助生产费用，编制"辅助生产费用分配表"（见表2-28）。

表2-27　　　　　飞亚工厂辅助生产车间劳务供应量汇总表
2024年9月

受益对象	供电数量（度）	供气数量（立方米）
辅助生产车间耗用	24 000	1 600
其中：供电车间耗用		1 600
供气车间耗用	24 000	
基本生产车间耗用	184 000	12 000
其中：产品生产直接耗用	160 000	
车间一般耗用	24 000	12 000
厂部管理部门耗用	16 000	8 000
合计	224 000	21 600

采用直接分配法进行分配，在计算费用分配率（即产品或劳务的单位成本）时，应剔除辅助生产车间相互提供的产品和劳务数量（不相互分配费用），其计算公式如下：

$$费用分配率 = \frac{某辅助生产单位待分配费用总额}{该生产单位供应给辅助生产单位以外部门的劳务总量}$$

表2-28　　　　　飞亚工厂辅助生产费用分配表（直接分配法）
2024年9月

项目	分配电费		分配气费		对外分配金额合计（元）
	数量（度）	金额（元）	数量（立方米）	金额（元）	
待分配费用		67 200		68 040	135 240
劳务供应总量	224 000		21 600		
其中：辅助生产以外单位	200 000		20 000		
费用分配率（单位成本）		0.336		3.402	
受益对象：					

续表

项目	分配电费		分配气费		对外分配金额合计（元）
	数量（度）	金额（元）	数量（立方米）	金额（元）	
1. 供电车间			1 600		
2. 供气车间	(24 000)				
3. 基本生产车间	184 000	61 824	12 000	40 824	102 648
产品生产	160 000	53 760			53 760
一般消耗	24 000	8 064	12 000	40 824	48 888
4. 厂部管理部门	16 000	5 376	8 000	27 216	32 592
合计	224 000	67 200	21 600	68 040	135 240

〖例 2 – 24〗中，供电车间电费分配率，即每度电的成本为：

$$\frac{67\ 200}{224\ 000 - 24\ 000} = 0.336（元/度）$$

供气车间气费分配率，即每立方米气的成本为：

$$\frac{68\ 040}{21\ 600 - 1\ 600} = 3.402（元/立方米）$$

根据费用分配率，可以计算出各受益对象应负担的费用，计算公式如下：

受益对象应负担费用 = 该受益对象接受的劳务供应总量 × 费用分配率

根据上述公式计算出本例各受益对象应负担的费用，编制"辅助生产费用分配表"（见表 2 – 28）。

编制分配结转辅助生产费用的会计分录如下：

借：生产成本——基本生产成本——产品　　　　　　53 760
　　制造费用——基本生产车间　　　　　　　　　　48 888
　　管理费用　　　　　　　　　　　　　　　　　　32 592
　　贷：生产成本——辅助生产成本——供电车间　　67 200
　　　　　　　　　　　　　　　　——供气车间　　68 040

（二）一次交互分配法

一次交互分配法也叫作交互分配法，它是先根据各辅助生产单位相互提供劳务的数量和费用分配率（单位成本），在各辅助生产单位之间进行一次交互分配；再将交互分配以后辅助生产单位的全部应分配费用（即交互分配前的待分配费用，加上交互分配转入的应负担费用，减去交互分配转出的费用），按提供劳务的数量，在辅助生产以外的各受益对象之间进行分配。一次交互分配法有关费用分配的计算公式如下：

$$交互分配率 = \frac{交互分配前辅助生产单位的待分配费用总额}{该辅助生产单位的劳务供应总量}$$

某辅助生产单位应负担费用 = 该辅助生产单位接受的劳务总量 × 交互分配率

对外分配率 = $\dfrac{交互分配前待分配费用总额 + 交互分配转入费用 - 交互分配转出费用}{该辅助生产单位供应给辅助生产单位以外部门的劳务供应总量}$

某辅助生产以外部门应负担费用 = 该生产单位或部门接受的劳务总量 × 对外分配率

【例 2-25】仍利用飞亚工厂的资料,要求:采用一次交互分配法分配辅助生产费用,编制"辅助生产费用分配表"(见表 2-29),并编制会计分录。

表 2-29　　　　　辅助生产费用分配表(一次交互分配法)

2024 年 9 月

项目	交互分配				对外分配				对外分配金额合计(元)
	分配电费		分配气费		分配电费		分配气费		
	数量(度)	金额(元)	数量(立方米)	金额(元)	数量(度)	金额(元)	数量(立方米)	金额(元)	
待分配费用		67 200		68 040		65 040		70 200	135 240
劳务供应总量	224 000		21 600		200 000		20 000		
费用分配率(单位成本)		0.3		3.15		0.3252		3.51	
受益对象:									
1. 供电车间			1 600	5 040					
2. 供气车间	24 000	7 200							
3. 基本生产车间:					184 000	59 836.8	12 000	42 120	101 956.8
产品生产					160 000	52 032			52 032
一般消耗					24 000	7 804.8	12 000	42 120	49 924.8
4. 厂部管理部门					16 000	5 203.2	8 000	28 080	33 283.2
合计	24 000	7 200	1 600	5 040	200 000	65 040	20 000	70 200	135 240

【表中主要数据计算过程】

1. 交互分配(内部分配)。

供电车间交互分配率:67 200 ÷ 224 000 = 0.3(元/度)

供气车间交互分配率:68 040 ÷ 21 600 = 3.15(元/立方米)

供气车间应负担电费:24 000 × 0.3 = 7 200(元)

供电车间应负担气费:1 600 × 3.15 = 5 040(元)

2. 对外分配。

供电车间对外分配的待分配费用:67 200 + 5 040 - 7 200 = 65 040(元)

供气车间对外分配的待分配费用：68 040 + 7 200 - 5 040 = 70 200（元）

供电车间对外分配率 = $\dfrac{65\ 040}{224\ 000 - 24\ 000}$ = 0.3252（元/度）

供气车间对外分配率 = $\dfrac{70\ 200}{21\ 600 - 1\ 600}$ = 3.51（元/立方米）

某外部受益对象应分配的费用 = 该受益对象接受的劳务供应总量 × 相应的对外分配率

根据表 2-29 的分配结果，编制分配结转辅助生产费用的会计分录如下：

1. 交互分配的会计分录。

借：生产成本——辅助生产成本——供电车间　　　　　　　　　　5 040
　　　　　　　　　　　　　　　——供气车间　　　　　　　　　　7 200
　　贷：生产成本——辅助生产成本——供电车间　　　　　　　　　　7 200
　　　　　　　　　　　　　　　——供气车间　　　　　　　　　　5 040

2. 对外分配的会计分录。

借：生产成本——基本生产成本——产品　　　　　　　　　　　　52 032
　　制造费用——基本生产车间　　　　　　　　　　　　　　　49 924.8
　　管理费用　　　　　　　　　　　　　　　　　　　　　　　33 283.2
　　贷：生产成本——辅助生产成本——供电车间　　　　　　　　　65 040
　　　　　　　　　　　　　　　——供气车间　　　　　　　　　70 200

采用一次交互分配法，辅助生产车间内部相互提供的产品和劳务进行了交互分配（即相互分配费用），与直接分配法比较，提高了费用分配结果的正确性。但由于在分配费用时都要计算交互分配和对外分配两个费用分配率，进行两次分配，增加了分配计算的工作量。同时，交互分配的费用分配率是根据交互分配前的待分配费用计算的，不是该辅助生产单位产品或劳务的实际单位成本，因此，分配结果也不是很准确。在实际工作中，为了简化计算工作，如果各月辅助生产成本的成本水平相差不大，也可以用上月辅助生产单位该产品或劳务的实际单位成本，作为本月交互使用分配的费用分配率（单位成本）。

（三）计划成本分配法

计划成本分配法是先按辅助生产车间产品或劳务的计划单位成本和实际供应量，在各受益对象（包括各辅助生产车间在内）之间分配生产费用，再计算和分配辅助生产车间实际发生的费用（待分配费用加上辅助生产车间内部按计划成本分配转入的费用）与按计划单位成本分配转出费用的差额，即辅助生产车间产品或劳务的成本差异。为了简化分配工作，辅助生产的成本差异一般全部调整计入管理费用，不再分配给其他各受益对象。

【例 2-26】仍利用飞亚工厂的资料，假设该厂确定的计划单位成本每度电为 0.33 元，每立方米气为 3.50 元。要求：采用计划成本分配法，编制"辅助生产费用分配表"（见表 2-30）。

表 2-30　　　　　**飞亚工厂辅助生产费用分配表（计划成本分配法）**
2024 年 9 月

项目	按计划成本分配				成本差异分配		对外分配金额合计（元）
	分配电费		分配气费		供电车间（元）	供气车间（元）	
	数量（度）	金额（元）	数量（立方米）	金额（元）			
待分配费用		67 200		68 040			135 240
劳务供应总量	224 000		21 600				
计划单位成本（费用分配率）		0.33		3.5			
受益对象：							
1. 供电车间			1 600	5 600			
2. 供气车间	24 000	7 920					
3. 基本生产车间	184 000	60 720	12 000	42 000			102 720
产品生产	160 000	52 800					52 800
一般消耗	24 000	7 920	12 000	42 000			49 920
4. 厂部管理部门	16 000	5 280	8 000	28 000	-1 120	360	32 520
合计	224 000	73 920	21 600	75 600	-1 120	360	135 240

【表中主要数据计算过程】

表 2-30 中，辅助生产单位产品和劳务成本差异的计算过程如下：

供电车间实际总成本：67 200 + 5 600 = 72 800（元）

按计划单位成本分配转出的费用：224 000 × 0.33 = 73 920（元）

供电车间成本差异（节约）：72 800 - 73 920 = -1 120（元）

供气车间实际总成本：68 040 + 7 920 = 75 960（元）

按实际单位成本分配转出的费用：21 600 × 3.50 = 75 600（元）

供气车间成本差异（超支）：75 960 - 75 600 = 360（元）

根据辅助生产费用分配表（见表 2-30），编制分配结转辅助生产费用的会计分录如下：

1. 按计划成本分配。

　　借：生产成本——辅助生产成本——供电车间　　　　　　　　5 600
　　　　　　　　　　　　　　　　——供气车间　　　　　　　　7 920
　　　　　　　　　　——基本生产成本　　　　　　　　　　　　52 800
　　　　制造费用——基本生产车间　　　　　　　　　　　　　　49 920
　　　　管理费用　　　　　　　　　　　　　　　　　　　　　　33 280
　　　贷：生产成本——辅助生产成本——供电车间　　　　　　　73 920
　　　　　　　　　　　　　　　　——供气车间　　　　　　　　75 600

2. 分配结转成本差异。

借：管理费用　　　　　　　　　　　　　　　　　　760（红字）
　　贷：生产成本——辅助生产成本——供电车间　　1 120（红字）
　　　　　　　　　　　　　　　　——供气车间　　　360（蓝字）

上述分配结转辅助生产成本差异的会计分录，属于调整分录，不论成本差异是超支差异还是节约差异，账户的对应关系是相同的，在登记账户时，超支差异用蓝字表示补加，节约差异用红字表示冲减。

采用计划成本分配法，由于预先制定了产品和劳务的计划单位成本，各种辅助生产费用只需分配一次，简化和加速了计划分配工作。同时，通过计算和分配辅助生产车间的成本差异，可以查明辅助车间单位成本计划的完成情况；辅助生产费用按计划单位成本分配给各受益对象，排除了辅助生产车间费用超支和节约的影响，也便于考核和分析各受益对象的经济责任。

（四）代数分配法

代数分配法是先根据数学上解联立方程式的原理，计算出辅助生产单位产品和劳务的实际单位成本。再按照产品或劳务的实际供应量和实际单位成本，在各个受益对象之间分配辅助生产费用。

【例 2-27】仍利用飞亚工厂的资料，要求：采用代数分配法编制"辅助生产费用分配表"（见表 2-31），并编制会计分录。有关计算过程如下：

设飞亚工厂每度电的成本为 x 元，每立方米气的成本为 y 元，根据资料设立的二元一次方程式组为：

$$\begin{cases} 67\,200 + 1\,600y = 224\,000x \\ 68\,040 + 24\,000x = 21\,600y \end{cases}$$

解上述方程组得：

$$\begin{cases} x = 0.32508 \\ y = 3.5112 \end{cases}$$

计算结果表明，飞亚工厂本月每度电的实际成本为 0.32508 元，每立方米气的实际成本为 3.5112 元。根据供电和供气的实际单位成本，编制"辅助生产费用分配表"（见表 2-31）。

表 2-31　　　　飞亚工厂辅助生产费用分配表（代数分配法）
2024 年 9 月

项目	分配电费		分配气费		对外分配金额合计（元）
	数量（度）	金额（元）	数量（立方米）	金额（元）	
待分配费用		67 200		68 040	135 240
劳务供应总量	224 000		21 600		

续表

项目	分配电费 数量（度）	分配电费 金额（元）	分配气费 数量（立方米）	分配气费 金额（元）	对外分配金额合计（元）
费用分配率（单位成本）		0.32508		3.5112	
受益对象：					
1. 供电车间			1 600	5 617.92	
2. 供气车间	24 000	7 801.92			
3. 基本生产车间	184 000	59 814.72	12 000	42 134.4	101 949.12
产品生产	160 000	52 012.8			52 012.8
一般消耗	24 000	7 801.92	12 000	42 134.4	49 936.32
4. 厂部管理部门	16 000	5 201.28	8 000	28 089.6	33 290.88
合计	224 000	72 817.92	21 600	75 841.92	135 240

根据表 2-31 的分配结果，编制分配结转辅助生产费用的会计分录如下：

借：生产成本——辅助生产成本——供电车间　　　　　　5 617.92
　　　　　　　　　　　　　　　　——供气车间　　　　　　7 801.92
　　　　　　——基本生产成本——产品　　　　　　　　　52 012.8
　　制造费用——基本生产车间　　　　　　　　　　　　49 936.32
　　管理费用　　　　　　　　　　　　　　　　　　　　33 290.88
　贷：生产成本——辅助生产成本——供电车间　　　　　　72 817.92
　　　　　　　　　　　　　　　　——供气车间　　　　　　75 841.92

采用代数分配法，是通过解联立方程组求得产品和劳务的实际单位成本的，因此，分配结果最为准确。但当企业辅助生产单位较多时，计算工作会比较复杂。

任务5　制造费用的核算

一、制造费用的归集

制造费用是指企业生产单位为组织和管理生产所发生的各项间接费用。主要包括生产车间管理人员的工资等职工薪酬，生产车间房屋、建筑物、机器设备等的折旧费、固定资产租赁费，生产车间发生的机物料消耗、低值易耗品摊销、生产车间支付的取暖费、水电费、办公费、差旅费、运输费、保险费、设计制图费、实验检验费、劳动保护费以及其他制造费用。

制造费用应当按照费用发生的地点和费用项目归集。记入"制造费用"科目中的，只指企业基本生产车间所发生的制造费用；企业辅助生产车间发生的制造费用，应当单独归集，计入辅助生产成本。

产品成本项目中的直接材料费用和直接人工费用，是单一性费用，这两个成本项目称为要素费用项目；制造费用包含的内容较多，是综合性费用，制造费用这一成本项目属于综合费用项目。制造费用项目中，大部分为一般费用，但也有些属于基本费用，如机器设备的折旧费等。制造费用项目中，有些与产品产量的变动有关，但多为固定费用。因此，制造费用一般不按业务量制定定额，而是按会计期间（月度、季度、年度）编制制造费用预算，控制制造费用总额。

为了归集制造费用，控制制造费用总额，正确计算产品成本，企业应当按照生产车间设置制造费用明细账，并按照制造费用明细项目设专栏组织制造费用的明细核算。

下面，举例说明制造费用主要费用项目的核算和制造费用明细账的登记。

生产用固定资产的折旧费用，从其与生产工艺过程的关系看，属于基本费用。为了简化核算，折旧费用一般视同生产车间组织和管理生产所发生的间接费用，列入制造费用项目。

企业的生产单位和行政管理部门发生的固定资产修理费用，记入"管理费用"科目；专设销售机构发生的固定资产修理费用，记入"销售费用"科目。

1. 固定资产折旧费用。固定资产折旧费用是通过按月编制的"折旧费用计算表"确定本期折旧费用后，计入制造费用的。

【例2-28】中元工厂采用分类折旧率计提折旧。要求：根据该厂2024年9月固定资产原值和分类月折旧率编制"固定资产折旧费用计算表"（见表2-32），并据以编制会计分录。

表2-32　　　　　　　　　　固定资产折旧计算表
2024年9月

部门	固定资产名称	原值（元）	月折旧率（%）	月折旧额（元）
基本生产车间	房屋	2 000 000	0.3	6 000
	一号生产线	8 000 000	1.5	120 000
	二号生产线	12 000 000	1.5	180 000
供电车间	房屋	2 000 000	0.3	6 000
	机器设备	300 000	1.5	4 500
供气车间	房屋	700 000	0.3	2 100
	机器设备	1 000 000	1.5	15 000
行政管理部门	房屋	2 000 000	0.3	6 000
	管理设备	600 000	1	6 000
合计	—	—	—	345 600

根据本月"固定资产折旧计算表"（见表2-32），编制会计分录如下：

借：生产成本——辅助生产成本——供电车间　　　　　　　　10 500
　　　　　　　　　　　　　　——供气车间　　　　　　　　17 100
　　制造费用——基本生产车间　　　　　　　　　　　　　　306 000
　　管理费用　　　　　　　　　　　　　　　　　　　　　　 12 000
　　贷：累计折旧　　　　　　　　　　　　　　　　　　　　　　345 600

2. 经营租赁方式租入固定资产的租金。

【例2-29】南凤工厂采用经营租赁方式租入一套设备交基本生产车间使用，合同规定租金一次性预付，租赁期限为3年，租入时以银行存款支付租金36 000元。根据资料编制会计分录如下：

预付租金时，因摊销期限为3年，记入"长期待摊费用"账户：

借：长期待摊费用　　　　　　　　　　　　　　　　　　　　36 000
　　贷：银行存款　　　　　　　　　　　　　　　　　　　　　　36 000

按租赁期限平均摊入制造费用，每月为1 000元（36 000÷3÷12）：

借：制造费用——基本生产车间　　　　　　　　　　　　　　 1 000
　　贷：长期待摊费用　　　　　　　　　　　　　　　　　　　　 1 000

根据《企业会计准则第21号——租赁》，除短期租赁和低价值资产（4万元以下）租赁外，需确认使用权资产和租赁负债。

3. 机物料消耗和低值易耗品摊销。

（1）机物料消耗。制造费用中的机物料消耗，包括用于机器设备的润滑油、清洁工具等。机物料消耗一般可以根据"耗用材料汇总表"确定的金额，基本生产车间的机物料消耗直接列作制造费用。

（2）低值易耗品摊销。低值易耗品是企业不列入固定资产管理的劳动手段，包括各种工具、模具和管理用具等。生产单位低值易耗品的消耗从其与生产工艺过程的关系看，有的属于基本费用，如产品生产的专用模具、工具等；有的属于一般费用，如管理用具等。因此，在费用计入产品成本的方式上，有的低值易耗品费用可以计入单独设置的专用工具、模具等成本项目，有的则计入生产单位的制造费用。

低值易耗品属于劳动手段，但价值较低、容易损耗，为了简化核算，列入流动资产管理。生产领用低值易耗品的价值可以一次性计入有关成本、费用（一次摊销法），也可以采用五五摊销法，在领用和报废时分别摊入有关成本、费用。

采用一次摊销法时，企业领用低值易耗品的价值，一般可以与领用其他材料一起，汇总编制"耗用材料汇总表"，据以直接计入有关成本费用。

采用五五摊销法，低值易耗品在领用时摊销其价值的50%，报废时再摊销其摊余价值。采用五五摊销法摊销的低值易耗品费用，应当按月编制"低值易耗品摊销计算表"，据以计入有关成本、费用。

【例2-30】新和工厂低值易耗品按计划成本计价组织核算，根据"耗用材料汇总表"提供的资料，本月基本生产车间领用管理用具一批，计划成本为3 000元，本月低值易耗品成本差异率为超支1.5%，采用一次摊销法摊销。根据资料编制会计分录如下：

  借：制造费用——基本生产车间（低值易耗品摊销）   3 045
    贷：周转材料——低值易耗品   3 000
      材料成本差异   45

【例2-31】百川工厂有两个基本生产车间，根据"低值易耗品摊销计算表"提供的资料，本月采用五五摊销法的低值易耗品包括：第一车间领用专用工具一批，计划成本为4 500元；第二车间报废专用工具一批，原计划成本为20 000元，尚未摊销的计划成本为10 000元。本月低值易耗品成本差异率为超支1.5%。根据资料编制会计分录如下：

第一车间领用专用工具：

  借：周转材料——低值易耗品——在用   4 500
    贷：周转材料——低值易耗品——在库   4 500
  借：制造费用——第一车间   2 283.75
    贷：周转材料——低值易耗品——摊销   2 250
      材料成本差异   33.75

第二车间报废专用工具：

  借：制造费用——第二车间   10 150
    贷：周转材料——低值易耗品——摊销   10 000
      材料成本差异   150
  借：周转材料——低值易耗品——摊销   20 000
    贷：周转材料——低值易耗品——在用   20 000

4. 其他费用。制造费用中，生产车间管理人员的职工薪酬，应当根据"工资结算汇总表"和"提取福利费计算表"等，编制会计分录，记入制造费用明细账；生产单位（车间、部门）发生的取暖费、水电费、办公费、差旅费、运输费、保险费、设计制图费、实验检验费、劳动保护费等，通常以现金或银行存款支付，应当根据有关付款凭证，记入制造费用明细账；需要分期摊销的费用，先记入"长期待摊费用"明细账，再分期摊入"制造费用"账户。

【例2-32】华昌工厂基本生产车间本月以现金支付差旅费10 000元，以银行存款支付办公费3 000元、劳动保护费2 000元、财产保险费1 500元。根据资料编制会计分录如下：

  借：制造费用——基本生产车间（差旅费）   10 000
    贷：库存现金   10 000
  借：制造费用——基本生产车间（办公费）   3 000
      ——基本生产车间（劳动保护费）   2 000
      ——基本生产车间（财产保险费）   1 500
    贷：银行存款   6 500

5. 制造费用明细账的登记。企业各生产单位本期发生的制造费用，都应当根据有关凭证记入制造费用明细账。以天龙工厂为例，制造费用明细账的登记如表2-33所示。

表2-33

天龙工厂制造费用明细账

生产单位：基本生产车间　　　　　　　　　　　　　　　　　　　　　　　　　　　　　　　　　　　　单位：元

2024年		凭证字号	摘要	费用明细项目								合计
月	日			职工薪酬	折旧费	水电费	机物料消耗	低值易耗品摊销	办公费	差旅费	劳动保护费	保险费	其他	
9	30		消耗材料				20 000							20 000
	30		付水电费			3 600								3 600
	30		职工薪酬	9 740.2										9 740.2
	30		提折旧费		9 720									9 720
	30		工具摊销					2 856						2 856
	30		付差旅费							5 400				5 400
	30		付办公费						1 327.8					1 327.8
	30		付劳保费								2 200			2 200
	30		付保险费									2 000		2 000
	30		本月合计	9 740.2	9 720	3 600	20 000	2 856	1 327.8	5 400	2 200	2 000		56 844

二、制造费用的分配与账务处理

(一) 生产工时比例分配法

生产工时比例分配法是以各种产品（各受益对象）的生产工时为标准来分配制造费用的方法。其计算公式为：

$$费用分配率 = \frac{某生产单位应分配的制造费用总额}{该生产单位各种产品实际生产工时之和}$$

某产品应分配制造费用 = 该产品实际生产工时 × 费用分配率

【例2-33】天龙工厂基本生产车间2024年9月制造费用总额为56 844元（见表2-33）。该车间生产三种不同型号的不锈钢保温杯，分别为A15、A16、A17，三种产品的生产工时分别为10 000工时、13 000工时和14 896工时。要求：采用生产工时比例分配法分配制造费用，编制"制造费用分配表"（见表2-34），并编制会计分录。

表2-34　　　天龙工厂制造费用分配表（生产工时比例分配法）
生产单位：基本生产车间　　　　2024年9月

产品名称	生产工时	分配率	分配金额（元）
A15 不锈钢保温杯	10 000		15 000
A16 不锈钢保温杯	13 000		19 500
A17 不锈钢保温杯	14 896		22 344
合计	37 896	1.5	56 844

过程如下：

制造费用分配率 = $\frac{56\ 844}{10\ 000 + 13\ 000 + 14\ 896}$ = 1.5（元/工时）

A15 不锈钢保温杯分配的费用 = 10 000 × 1.5 = 15 000（元）
A16 不锈钢保温杯分配的费用 = 13 000 × 1.5 = 19 500（元）
A17 不锈钢保温杯分配的费用 = 14 896 × 1.5 = 22 344（元）

根据"制造费用分配表"编制的会计分录如下：

借：生产成本——基本生产成本——A15 不锈钢保温杯　　　15 000
　　　　　　　　　　　　　——A16 不锈钢保温杯　　　19 500
　　　　　　　　　　　　　——A17 不锈钢保温杯　　　22 344
　　贷：制造费用——基本生产车间　　　　　　　　　　56 844

表2-34中的产品生产工时，是指产品实际生产总工时。当企业定额比较健全时，也可以按产品定额总工时分配。产品定额总工时是按实际生产量（工作量）和单位产品

（单位工作量）的定额工时计算的。其计算公式为：

$$产品定额总工时 = \sum(某产品实际产量 \times 该产品单位产品定额工时)$$

公式中的产品定额总工时，即采用生产工时比例分配法的分配标准总量。

（二）机器工时比例分配法

1. 实际机器工时比例分配法。实际机器工时比例分配法是以各种产品生产所用机器设备的实际运转工时作为分配标准分配制造费用的一种方法。对机械化、自动化程度较高的车间，其制造费用可以按机器工时的比例进行分配。采用这一方法，必须具备各种产品所耗机器工时的原始记录。计算公式如下：

$$制造费用分配率 = \frac{制造费用总额}{各种产品耗用机器工时总数}$$

$$某种产品应负担的制造费用 = 该产品耗用机器工时总数 \times 分配率$$

2. 标准机器工时比例分配法。上述公式分母为各种产品实际机器工时之和，而当生产单位机器设备差别较大时，选用实际机器工时比例分配法分配不太合理，产品实际机器运转工时是不能简单相加的。因为当生产单位机器设备差别较大时，不同机器设备在同一运转时间内的折旧费用差别也会较大。也就是说，被加工产品在较为高级精密或大型机器设备上加工1小时所应负担的费用，与在较小型机器设备上加工1小时所应负担的费用，应当有所区别。因此，当一个生产单位内存在使用差别较大的机器设备时，应将机器设备按单位工时费用发生的多少进行合理分类，确定各类机器的工时换算系数。各种产品实际机器运转小时，应当按照机器设备的工时换算系数，换算成标准机器运转小时，将标准机器工时作为分配制造费用的依据。

标准机器工时比例分配法的计算公式为：

$$某产品标准机器工时 = 该产品实际机器工时 \times 机器设备的工时换算系数$$

$$费用分配率 = \frac{某生产单位应分配的制造费用总额}{该生产单位各种产品标准机器工时之和}$$

$$某产品应分配制造费用 = 该产品标准机器工时 \times 费用分配率$$

【例2-34】盛迎工厂加工车间用A、B两类设备生产D1管道、D2管道、D3管道三种产品，2024年9月该车间制造费用总额为372 000元；三种产品本月机器总工时为130 000小时，其中，D1管道40 000小时，D2管道40 000小时，D3管道50 000小时。本月A类设备运转80 000小时，其中，D1管道20 000小时，D2管道30 000小时，D3管道30 000小时；B类设备运转50 000小时，其中，D1管道20 000小时，D2管道10 000小时，D3管道20 000小时。加工车间A类设备为一般设备，工时换算系数为1（标准设备系数）；B类设备为高级精密大型设备，按照设备使用情况（与A类设备比较），工时换算系数定为1.5。要求：根据上述资料，采用机器工时比例分配法分配加工车间制造费用，编制"制造费用分配表"（见表2-35）。

表 2-35　　盛迎工厂制造费用分配表（标准机器工时比例分配法）

生产单位：加工车间　　　　　　　　　2024 年 9 月

产品名称	标准机器工时（小时）			标准机器工时合计	费用分配率	分配金额（元）
	A 类设备（标准工时）	B 类设备（系数 1.5）				
		实际工时	标准工时			
D1 管道	20 000	20 000	30 000	50 000		120 000
D2 管道	30 000	10 000	15 000	45 000		108 000
D3 管道	30 000	20 000	30 000	60 000		144 000
合计	80 000	50 000	75000	155 000	2.4	372 000

表 2-35 中，制造费用的分配因为考虑了设备工时系数，在 D1 管道和 D2 管道的机器工时都是 40 000 小时的情况下，由于 D1 管道在 B 类设备上加工的工时较多，费用分配方面比 D2 管道多负担了 12 000 元（120 000 - 108 000），这样的分配结果就比较合理。为了提高分配结果的合理性，企业还可以将制造费用加以分类，例如分为与机器设备的使用有关的费用，以及为组织、管理产生而发生的费用两类，分别采用适当的分配方法进行分配。如前者采用机器工时比例法分配，后者采用生产工时比例法分配，等等。

（三）直接费用（或直接材料费用、直接人工费用）比例分配法

直接费用比例分配法是以各种产品本期发生的各项直接费用，即以直接材料费用和直接人工费用之和为标准，来分配制造费用的方法。直接材料费用比例分配法是以各种产品本期发生的直接材料费用为标准，来分配制造费用的方法。直接人工费用比例分配法是以各种产品本期发生的直接人工费用为标准来分配制造费用的方法。

上述三种方法的分配标准的资料都较容易取得，计算也比较简便。但是，这三种方法的分配标准都是各种产品（各受益对象）本期发生的（直接计入和分配计入成本的费用之和）直接费用，这并不一定合理。因为在大多数情况下，制造费用的发生与直接费用的发生并不一定存在比例关系。产品直接费用数额越大，负担的制造费用越多，在很多情况下是不合理的。

一般来说，直接材料费用比例分配法适用于各种产品所耗用的原料及主要材料相同，产品成本中直接材料费用所占用比重较大，并且制造费用中原材料处理费用较多的生产单位。直接人工费用比例分配法适用于各种产品生产的机械化程度大致相同的生产单位；否则，机械化程度较高的产品，由于直接人工费用较少，分配负担的制造费用也少，就会影响费用分配的合理性。这是因为，制造费用中包括与机械使用有关的折旧费、租赁费、保险费等，产品生产的机械化程度高，应当多负担这部分费用，而不是相反。应当注意的是，如果直接人工费用本身是按照生产工时比例分配法分配计入各种产品成本的，那么，按照直接人工费用比例法分配制造费用，实际上也就是按照生产工时比例法分配制造费

用,其分配结果是完全相同的。至于直接费用比例分配法,其分配标准是上述两种方法的分配标准之和,应当综合考虑直接材料费用比例分配法和直接人工费用比例分配法两种分配方法的要求。

【例2-35】华普工厂生产车间生产T1、T2、T3电子显示屏三种产品,制造费用明细账归集的2024年9月制造费用总额为10 000元。该车间三种产品直接材料费用分别为40 000元、35 000元和25 000元;直接人工费用分别为5 000元、25 000元和10 000元;直接费用总额分别为45 000元、60 000元和35 000元。要求:分别采用直接材料费用比例分配法、直接人工费用比例分配法和直接费用比例分配法分配本月制造费用,编制制造费用分配表(见表2-36~表2-38)。

表2-36　　华普工厂制造费用分配表(直接材料费用比例分配法)

生产单位:基本生产车间　　　　　　　　2024年9月

产品名称	直接材料费用(元)	分配率	分配金额(元)
T1电子显示屏	40 000		4 000
T2电子显示屏	35 000		3 500
T3电子显示屏	25 000		2 500
合计	100 000	0.1	10 000

表2-37　　华普工厂制造费用分配表(直接人工费用比例分配法)

生产单位:基本生产车间　　　　　　　　2024年9月

产品名称	直接人工费用(元)	分配率	分配金额(元)
T1电子显示屏	5 000		1 250
T2电子显示屏	25 000		6 250
T3电子显示屏	10 000		2 500
合计	40 000	0.25	10 000

表2-38　　华普工厂制造费用分配表(直接费用比例分配法)

生产单位:基本生产车间　　　　　　　　2024年9月

产品名称	直接成本(元)	分配率	分配金额(元)
T1电子显示屏	45 000		3 213
T2电子显示屏	60 000		4 284
T3电子显示屏	35 000		2 503
合计	140 000	0.0714	10 000

表 2-36～表 2-38 中，在应分配制造费用总额都是 10 000 元的情况下，由于分配标准不同，三种分配方法出现了三种不同结果。这说明费用分配方法选择得是否合理，直接影响费用分配的合理性。对于同一项费用的分配，只能根据具体情况选择一种费用分配方法，不可以同时采用这三种方法分配制造费用。

（四）年度计划分配率分配法

年度计划分配率分配法是按照年度开始确定的计划分配率分配制造费用的方法。年度计划分配率因为分配标准不同而不同，但一经确定，年度内一般不作变动。如果实际发生的制造费用或实际产品产量与计划数差距较大，应及时调整年度计划分配率。当制造费用以定额工时作为分配标准时，计划分配率是根据各生产单位计划年度制造费用总额和计划年度定额总工时计算的。其计算公式为：

$$制造费用计划分配率 = \frac{某生产单位年度制造费用预算总额}{该生产单位年度计划完成定额总工时}$$

上式中，计划完成的定额总工时，是指计划年度各种产品的计划产量按定额工时计算的定额工时总数，其计算公式为：

$$计划完成定额总工时 = \sum(某产品年度计划产量 \times 该产品单位产品定额工时)$$

确定计划分配率后，各种产品（受益对象）当月应负担的制造费用，是根据各该产品实际生产量按单位产品定额工时计算的定额总工时和计划费用分配率计算的。其计算公式为：

$$某产品当月应分配费用 = \left(该产品当月实际产量 \times 该产品单位产品定额工时\right) \times 计划制造费用分配率$$

从上述公式可以看到，计划分配率是按计划产量考虑的，实际分配的费用是按实际产量计算的；年度实际发生的制造费用与制造费用预算可能会存在差异。因此，采用计划费用分配率分配法，"制造费用"账户 1~11 月各月末分配结转后可能有余额；同时，月末余额可能在借方，也可能在贷方。"制造费用"账户月末借方余额表示实际发生的费用大于按计划分配率分配的费用，属于待摊费用性质；月末贷方余额表示按照计划费用分配率分配的费用大于实际发生的费用，属于预提费用性质。

【例 2-36】 华丰工厂属于季节性生产企业，采用年度计划分配率分配法分配制造费用。该厂基本生产车间生产普通空调、环保空调、洁净空调三种产品，2024 年度制造费用预算总额为 510 000 元；三种产品本年计划产量分别为 5 500 台、5 000 台和 5 600 台，单位产品定额工时分别为 40 小时、70 小时和 50 小时。本年 11 月生产普通空调 500 台、环保空调 400 台、洁净空调 300 台，实际发生制造费用 38 000 元（见表 2-39 第 2 行）。要求：采用计划费用分配率分配法分配制造费用，并编制会计分录。

表 2-39　　　　　　　　　　华丰工厂制造费用明细账

生产单位：基本生产车间　　　　　　　　　　　　　　　　　　　　　　　　　　　　单位：元

行次	2024 年 月	日	凭证字号	摘要	借方	贷方	借或贷	余额
1	11	1		上月结转	442 800	442 800	平	0
2		30		本月发生费用	38 000			
3		30		本月按计划分配率分配费用		37 800		
4		31		本月发生额及余额	38 000	37 800	借	200
5	12	31		本月发生费用	58 540			
6		31		本月按计划分配率分配费用		53 400	借	5 340
7		31		年末追加分配		5 340	平	0
8				本月发生额及余额	58 540	58 740	平	0
9				本年累计发生额及余额	539 340	539 340	平	0

1. 计算本年计划完成定额总工时。

5 500×40+5 000×70+5 600×50=850 000（小时）

2. 计算本年计划制造费用分配率

$$计划制造费用分配率 = \frac{510\,000}{850\,000} = 0.6（元/小时）$$

3. 按本年计划费用分配率分配 11 月产品应负担的制造费用。

普通空调应负担制造费用：500×40×0.6=12 000（元）

环保空调应负担制造费用：400×70×0.6=16 800（元）

洁净空调应负担制造费用：300×50×0.6=9 000（元）

本月分配转出制造费用合计：12 000+16 800+9 000=37 800（元）

4. 根据上述分配结果，编制分配结转制造费用的会计分录如下（制造费用明细账中的登记见表 2-39 第 3 行）：

　　借：生产成本——基本生产成本——普通空调　　　　　　　　　　　12 000
　　　　　　　　　　　　　　　　　——环保空调　　　　　　　　　　16 800
　　　　　　　　　　　　　　　　　——洁净空调　　　　　　　　　　 9 000
　　　　贷：制造费用——基本生产车间　　　　　　　　　　　　　　　37 800

【例 2-37】接〖例 2-36〗，华丰工厂基本生产车间 2024 年 12 月生产普通空调 600 台、环保空调 500 台、洁净空调 600 台，单位产品定额工时分别为 40 小时、70 小时和 50 小时，本年计划制造费用分配率为每定额工时 0.6 元。该厂 12 月实际发生制造费用 58 540 元（见表 2-39 第 5 行）。要求：采用年度计划分配率分配法分配制造费用，并编制会计分录。

1. 分配制造用费用。

普通空调应负担制造费用：600×40×0.6＝14 400（元）

环保空调应负担制造费用：500×70×0.6＝21 000（元）

洁净空调应负担制造费用：600×50×0.6＝18 000（元）

本月分配转出制造费用合计：14 400＋21 000＋18 000＝53 400（元）

2. 根据上述分配结果，编制分配结转制造费用的会计分录如下（制造费用明细账的登记见表2-39第6行）：

借：生产成本——基本生产成本——普通空调　　　　　　　　　14 400
　　　　　　　　　　　　　　——环保空调　　　　　　　　　21 000
　　　　　　　　　　　　　　——洁净空调　　　　　　　　　18 000
　　贷：制造费用——基本生产车间　　　　　　　　　　　　　53 400

【例2-38】接《例2-36》、《例2-37》，华丰工厂2024年实际发生制造费用为539 340元，没有属于为下一年开工生产准备的可留待下一年分配的费用，本年按计划分配率分配法累计已分配的制造费用为534 000元（分配给普通空调、环保空调、洁净空调的费用分别是144 000元、210 000元、180 000元），"制造费用"账户年末尚有借方差额5 340元。

要求：计算年末产品应追加调整分配的制造费用。

采用计划费用分配率分配制造费用，"制造费用"账户年末如果有余额，就是全年制造费用的实际发生额与按计划费用分配率分配金额的差额。季节性生产企业制造费用全年实际发生数与分配数的差额，除其中属于为下一年开工生产做准备的可留待下一年分配外，其余部分实际发生额大于分配额的差额，应在年末以各产品按计划分配率已分配的制造费用为标准再进行一次分配，调整计入12月的产品成本。如果年末余额在借方，应追加分配计入产品成本；年末余额在贷方，应冲减相关产品成本。

$$追加分配率 = \frac{5\ 340}{144\ 000 + 210\ 000 + 180\ 000} = 0.01$$

普通空调应追加分配的制造费用：144 000×0.01＝1 440（元）

环保空调应追加分配的制造费用：210 000×0.01＝2 100（元）

洁净空调应追加分配的制造费用：180 000×0.01＝1 800（元）

据此编制年末追加分配结转制造费用的会计分录如下（制造费用明细账的登记见表2-39第7行）：

借：生产成本——基本生产成本——普通空调　　　　　　　　　1 440
　　　　　　　　　　　　　　——环保空调　　　　　　　　　2 100
　　　　　　　　　　　　　　——洁净空调　　　　　　　　　1 800
　　贷：制造费用——基本生产车间　　　　　　　　　　　　　5 340

采用计划费用分配率分配法分配制造费用，本年实际发生额小于分配额的差额，编制上述相反的会计分录。

采用计划费用分配率分配法分配计算比较简便，也有利于成本费用的日常控制。但是计划费用分配率的确定必须接近于实际，如果年度制造费用预算总额与实际差距较大，或者计划生产量与实际差距较大，都会影响成本计算的正确性。在季节性生产企业，由于生产的淡季和旺季月产量差异较大，一般应采用计划费用分配率分配制造费用，以便于成本考核和分析。

企业不论选择哪一种制造费用分配方法，都应当根据分配计算结果编制"制造费用分配表"，并且根据分配表进行分配结转制造费用的会计分录。

在企业辅助生产车间单独设置"制造费用"账户核算的情况下，应先分配结转辅助生产车间的制造费用，确定辅助生产车间的产品和劳务的实际成本。辅助生产车间为基本生产车间提供的产品或劳务，应由"辅助生产成本"分配结转到"基本生产成本"和基本生产车间的"制造费用"中。因此，只有在"制造费用——基本生产车间"明细账归集了基本生产车间的全部制造费用，包括转入的辅助生产成本以后，才能分配结转基本生产车间的制造费用。在分配结转基本生产车间制造费用时，应由在建工程负担的费用，应计入在建工程成本，转入"在建工程"账户的借方；应由产品负担的费用，转入"生产成本——基本生产成本"账户的借方，并登记在该账户"制造费用"成本项目内。

任务6 废品损失的核算

损失性费用是指企业在生产过程中由于生产组织不合理、经营和管理不善、生产工人未执行技术操作规程等原因造成的人力、物力、财力上的损失，主要包括废品损失和停工损失。

一、废品损失含义、账户设置

（一）废品损失的含义

废品是指由于生产原因造成的质量不符合规定的技术标准、不能按原定用途使用，或者需要加工修理后才能按原用途使用的在产品、半成品和产成品。废品可能在生产过程中被发现，也可能入库后被发现。产生废品的原因有工废和料废两种：工废是由于工人操作原因或设备原因造成的废品；料废是由于材料质量不符合生产要求造成的废品。

废品按技术上能否修复和是否有必要修复可以分为：可修复废品、不可修复废品。可修复废品，是指经过修理可以使用，而且花费的修理费用在经济上合算的废品；不可修复废品，则是指技术上不能修复，或者虽然技术上能够修复但所花费的修复费用在经济上不合算的废品。

废品损失包括不可修复废品的生产成本，可修复废品的修复费用及扣除回收废品残料价值和应由过失单位或个人赔款以后的损失。企业对废品损失的核算方法，无论是单独核算废品损失还是不单独核算，其发生的废品净损失，最终由发生废品损失当期同种合格产品负担。

需要指出的是，产品入库后因管理不善造成的损失变质应列入管理费用；因自然灾害等原因造成产品报废的相应损失应列入当期损失，不能列入产品成本，不在此处核算；产品出售后的"三包"损失应列入销售费用，也不在此处核算；可降价出售的次品不能列为废品。

（二）废品损失的账户设置

在企业废品成本单独核算的情况下，企业应增设"废品损失"账户，并在基本生产成本明细账中增设"废品损失"这一成本项目。一般情况下，"废品损失"账户应先按车间开设明细账，账内再按废品品种进行核算，如图2-3所示。

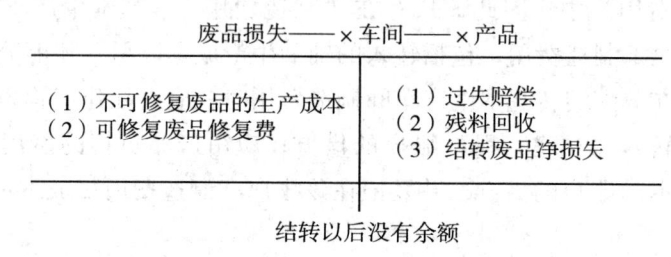

图2-3　废品损失账户

在不单独核算废品损失的企业中，不设立"废品损失"账户和成本项目，只在产生废品回收废品残料时，借记"原材料"账户，贷记"基本生产成本"账户，并从所属有关产品成本明细账的"原材料"成本项目中扣除残值价值。"基本生产成本"账户及其所属有关产品成本明细账归集的完工总成本，除以扣除废品数量以后的合格品数量，就是合格品的单位成本。即废品扣除残料后的损失，是由合格品负担。

二、废品损失的核算

核算废品损失的主要原始凭证是"废品通知单"。质量检验人员在产品质量检测过程中，一旦发现废品，不论是在产品生产过程中发现，还是在产品、半成品入库后发现，产品质量检验人员都应该填制废品通知单。废品通知单内应填明废品名称、数量、发生废品原因、造成废品的责任人、索赔金额、工时记录等。

由于不可修复废品和可修复废品情况不同，因此在核算废品损失的凭证上有所不同。对于不可修复废品，废品应交废品仓库，交库时应填废品交库单，在单上应注明废品残料的价值。可修复的废品必须送回车间继续加工予以修复，并在单内注明"返修废品"标记。

废品通知单（见表2-40）、废品交库单、领料单、工作通知单等，都是核算废品损失的原始记录，财务人员应加强对这些原始凭证的审核，只有经过严格审核后才能作为废品损失核算的依据。

表 2-40　　　　　　　　　　　废品通知单

工作单号	零件		工序	计量单位	单位工时定额	定额总工时	实际工时	废品数量		
	名称	编号						工废	料废	返修
责任人			报废原因							
姓名	工种	工号								

(一) 可修复废品损失的核算

可修复废品损失，是指可修复废品在修复过程中发生的各项费用减去残料回收价值和责任人赔款后的净损失。其中修复费用包括材料费用、人工费用及制造费用。材料费用一般根据相应的领料凭证可直接计算；人工费用如能直接确定就直接确定，不能直接确定则根据其实际消耗工时及小时人工费用率计算确定；制造费用一般应采用相应的方法分配计入。

【例 2-39】深华工厂附属第二车间缝纫车间 2024 年 3 月共生产西装 2 500 套，生产过程中发现可修复废品 30 套。修复费用（见表 2-41）如下：材料费用分配表列示修复废品耗用原材料 1 000 元，人工费用分配表列示修复废品应付职工薪酬 200 元，制造费用分配表列示修复废品应承担 500 元制造费用，过失人李佳应赔偿 150 元。要求：根据上述资料，完成废品损失的核算。

表 2-41　　　　　　　　废品生产成本计算表

车间：缝纫车间　　产品：西装　　　　2024 年 3 月　　　　　　　　　　单位：元

产品名称	计量单位	废品数量	修复费用			
			直接材料	直接人工	制造费用	费用合计
西装	套	30	1 000	200	500	1 700

废品损失 = 1 000 + 200 + 500 - 150 = 1 550（元）

根据相关资料编制会计分录如下：

1. 发生修复费。

借：废品损失——缝纫车间——西装　　　　　　　　　　　　　　1 700
　　贷：原材料　　　　　　　　　　　　　　　　　　　　　　　　1 000
　　　　应付职工薪酬　　　　　　　　　　　　　　　　　　　　　　200
　　　　制造费用　　　　　　　　　　　　　　　　　　　　　　　　500

2. 过失人赔偿。

借：其他应收款——李佳　　　　　　　　　　　　　　　　　　　　150
　　贷：废品损失——缝纫车间——西装　　　　　　　　　　　　　　150

3. 结转废品净损失。
借：生产成本——基本生产成本——缝纫车间——西装（废品损失）　1 550
　　贷：废品损失——缝纫车间——西装　　　　　　　　　　　　　　　　1 550
4. 登记基本生产成本明细账。

（二）不可修复废品损失的核算

不可修复废品损失是指不可修复废品已消耗的生产成本减去残料回收价值、责任人赔偿款后的废品净损失。不可修复废品在报废之前是与同种合格品一起计算的，因此，计算不可修复废品的生产成本就是要将全部的生产费用在合格品与不可修复废品之间采用合适的方法进行分配。

按废品实际生产成本计算。

【例2-40】世纪工厂基本生产车间2024年8月共生产2 000件（期初171件，本月投产1 829件）液晶电视配件。生产过程中发现液晶电视配件的不可修复废品20件。根据资料，本车间月初及本月生产费用为：直接材料共104 000元，直接人工共84 080元，燃料及动力共3 560元，制造费用共42 000元。原材料在生产开始时一次投入，产品本月共耗机器工时8 000小时，其中废品耗用30小时，废品残料价值522.15元，过失人王辉应赔偿300元。要求：根据上述资料计算废品损失（见表2-42）。

表2-42　　　　　　　　　　　废品损失计算表
车间：基本生产车间　　　　　　2024年8月　　　　　　　　　废品数量：20件
产品：液晶电视配件

项目	数量（件）	直接材料（元）	机器工时（小时）	直接人工（元）	制造费用（元）	燃料及动力（元）	合计（元）
总生产费用	2 000	104 000	8 000	84 080	42 000	3 560	233 640
费用分配率		52		10.51	5.25	0.445	
废品生产成本		1 040		315.30	157.5	13.35	1 526.15
减：残值		522.15					522.15
减：赔偿款				300			300
废品损失		517.85		15.30	157.50	13.35	704

表中主要数据计算过程如下：
材料费用分配率 = 104 000 ÷ 2 000 = 52（元/件）
人工费用分配率 = 84 080 ÷ 8 000 = 10.51（元/小时）
制造费用分配率 = 42 000 ÷ 8 000 = 5.25（元/小时）
燃料及动力分配率 = 3 560 ÷ 8 000 = 0.445（元/小时）
废品净损失 = (1 040 + 315.30 + 157.5 + 13.35) - 522.15 - 300 = 704（元）

该工厂单独核算废品损失，直接按产品品种开设"废品损失"二级账户。根据相关资料编制世纪工厂本月该产品有关废品损失的会计分录。

（1）转出报废产品成本。
借：废品损失——液晶电视配件　　　　　　　　　　　1 526.15
　　　贷：生产成本——基本生产成本——液晶电视配件　　　1 526.15
（2）残料入库。
借：原材料　　　　　　　　　　　　　　　　　　　　　522.15
　　　贷：废品损失——液晶电视配件　　　　　　　　　　　522.15
（3）过失人赔偿。
借：其他应收款——王辉　　　　　　　　　　　　　　　300
　　　贷：废品损失——液晶电视配件　　　　　　　　　　　300
（4）结转废品净损失。
借：生产成本——基本生产成本——液晶电视配件（废品损失）　704
　　　贷：废品损失——液晶电视配件　　　　　　　　　　　704

【例 2-41】要求：根据废品损失核算的会计分录，登记世纪工厂基本生产成本明细账（见表 2-43）。

表 2-43　　　　　　　　　　　**基本生产成本明细账**
产品：液晶电视配件　　　　　　　2024 年 8 月　　　　　　　　　　　　单位：元

摘要	直接材料	直接人工	制造费用	燃料及动力	废品损失	合计
期初在产品	4 000	2 000	2 000	500		8 500
领料	100 000					100 000
电费				3 060		3 060
人工费		82 080				82 080
分配制造费用			40 000			40 000
转出废品成本	-1 040	-315.3	-157.5	-13.35		-1 526.15
废品净损失					704	704
合计	102 960	83 764.7	41 842.5	3 546.65	704	232 817.85

按废品定额成本计算。按实际成本计算生产成本，结果比较准确。但计算工作量比较大，为了简化计算工作，在定额管理基础比较好的企业，也可以按废品的定额成本作为废品的生产成本，而不考虑废品的实际生产费用。

【例 2-42】全润基本生产车间 2024 年 8 月共生产电源插座 1 500 件（期初在产品 20 件，本月投产 1 480 件），生产过程中发现电源插座的不可修复废品 15 件。废品有关定额资料如下：单件该产品原材料费用定额为 42 元，原材料于生产开始时一次性投入。所有废品合计已完成定额工时 32 小时，每小时直接人工费用定额为 20 元，每小时制造费用定额为 9 元，每小时燃料及动力费用定额为 0.8 元，回收废品残料入库价值为 300 元，过失人王景应赔偿 200 元。要求：根据上述资料计算废品损失（见表 2-44）。

表 2-44　　　　　　　　　　**废品损失计算表**

车间：基本生产车间　　　　　　2024 年 8 月　　　　　　废品数量：15 件
产品：电源插座

项目	直接材料（元）	定额工时（小时）	直接人工（元）	制造费用（元）	燃料及动力（元）	合计（元）
费用定额	42		20	9	0.8	
废品定额成本	630	32	640	288	25.60	1 583.60
减：残值	300					300
减：赔偿款			200			200
废品损失	330		440	288	25.60	1 083.60

废品净损失 =（630 + 640 + 288 + 25.60）- 300 - 200 = 1 083.60（元）

根据相关资料编制会计分录如下：

（1）转出报废产品成本。

　　借：废品损失——电源插座　　　　　　　　　　　　　　　1 583.60
　　　　贷：生产成本——基本生产成本——电源插座　　　　　　　1 583.60

（2）残料入库。

　　借：原材料　　　　　　　　　　　　　　　　　　　　　　300
　　　　贷：废品损失——电源插座　　　　　　　　　　　　　　　　300

（3）过失人赔偿。

　　借：其他应收款——王景　　　　　　　　　　　　　　　　200
　　　　贷：废品损失——电源插座　　　　　　　　　　　　　　　　200

（4）结转废品净损失。

　　借：生产成本——基本生产成本——电源插座（废品损失）　1 083.60
　　　　贷：废品损失——电源插座　　　　　　　　　　　　　　　1 083.60

【例 2-43】根据废品损失核算的会计分录，登记全润工厂基本生产成本明细账（见表 2-45）。

表 2-45　　　　　　　　　　**基本生产成本明细账**

产品：电源插座　　　　　　　　2024 年 8 月　　　　　　　　　单位：元

摘要	直接材料	直接人工	制造费用	燃料及动力	废品损失	合计
期初在产品	2 000	1 000	1 500	300		4 800
领料	60 000					60 000
电费				5 040		5 040
人工费		88 920				88 920

续表

摘要	直接材料	直接人工	制造费用	燃料及动力	废品损失	合计
分配制造费用			26 970			26 970
转出废品成本	-630	-640	-288	-25.60		-1 583.60
废品净损失					1 083.60	1 083.60
合计	61 370	89 280	28 182	5 314.40	1 083.60	185 230

任务7 停工损失的核算

一、停工损失含义、账户设置

(一) 停工损失的含义

停工损失是指生产车间或车间内某个班组在停工期间发生的各项生产费用,包括停工期间发生的原材料费用、人工费用和制造费用等。应由过失单位或保险公司负担的赔款,从停工损失中扣除。不满1个工作日的停工,一般不计算停工损失。

企业的停工可以分为正常停工和非正常停工。正常停工包括季节性停工、正常生产周期内的修理期间的停工、计划内减产停工等;非正常停工包括原材料或工具等短缺停工、设备故障停工、电力中断停工、自然灾害停工等。

(二) 停工损失的账户设置

为了核算企业停工期间发生的各项费用,应当设置"停工损失"总分类账户。"停工损失"账户应当按照生产单位设置明细账,并按费用项目设置专栏组织明细核算。如图2-4所示。

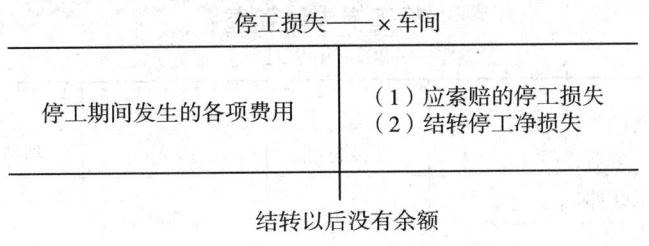

图2-4 停工损失账户

二、停工损失的核算

计算停工损失的原始凭证主要是停工报告单,企业相关人员应对停工报告单进行审核,查明停工原因,明确责任人。未经审核的停工报告单不能作为停工损失核算的依据。

停工报告单的格式如表2-46所示。

表2-46 　　　　　　　　　　　　　**停工报告单**
　　　　　　　　　　　　　　　　　　　　年　月　日

部门		停工时间	
停工范围		原生产产品	
原因			
影响			
批示		采取措施	

厂长：　　　　　　车间主任：　　　　　现场主管：　　　　审核：

企业核算停工损失费用时，应先根据各种费用分配表归集停工期间发生、应该计入停工损失的各种费用，包括材料费用、折旧费用、电力费用以及其他一些费用，然后再扣减应取得赔偿的损失和应计入营业外支出的损失，即为企业实际的停工净损失费用，停工净损失的费用构成产品成本的一部分。

【例2-44】 深天工厂第一车间2024年9月由于设备大检修停工5天，停工期间应支付生产工人职工薪酬5 000元，应分摊制造费用2 000元。第二车间由于外部供电线路原因停工3天，停工期间损失材料费用30 000元，应支付生产工人职工薪酬9 000元，应分摊制造费用700元。要求：根据上述资料，计算停工损失（见表2-47和表2-48）。

表2-47 　　　　　　　　　　　　　**停工损失计算表**
车间：第一车间　　　　　　　　　　　　2024年9月　　　　　　　　　　　　　　单位：元

产品名称	停工原因	停工时间	费用项目			
			直接材料	直接人工	制造费用	费用合计
	待料	5天		5 000	2 000	7 000

表2-48 　　　　　　　　　　　　　**停工损失计算表**
车间：第二车间　　　　　　　　　　　　2024年9月　　　　　　　　　　　　　　单位：元

产品名称	停工原因	停工时间	费用项目			
			直接材料	直接人工	制造费用	费用合计
	外部供电线路原因	3天	30 000	9 000	700	39 700

编制停工损失相关账务，根据相关资料编制会计分录如下：

借：停工损失——第一车间　　　　　　　　　　　　　　　　7 000
　　　　　　——第二车间　　　　　　　　　　　　　　　　39 700
　　贷：原材料　　　　　　　　　　　　　　　　　　　　　30 000
　　　　应付职工薪酬——（明细科目略）　　　　　　　　　14 000

制造费用——第一车间	2 000
——第二车间	700

三、停工损失的分配

"停工损失"账户归集的停工损失,应当根据发生停工的原因分配和结转。季节性停工、修理期间等正常停工费用在产品成本核算范围内,应计入产品成本。非正常停工费用应计入企业当期损益。计入产品成本的停工损失,如果停工的生产单位只生产一种产品,可直接计入该产品生产成本明细账中单独设置的"停工损失"成本项目;如果停工的生产单位生产多种产品,可采用分配方法在各种产品之间进行分配以后,再分别计入各种产品生产成本明细账中的"停工损失"成本项目。

【例 2-45】 假设在例 2-40 中,深天工厂第一车间只生产舒化牛奶,过失人赔偿 2 000 元;第二车间的非正常停工损失 39 700 元,市供电局已同意赔偿 30 000 元。有关索赔和分配结转停工损失的会计分录如下:

借:其他应收款——小王	2 000
贷:停工损失——第一车间	2 000
借:其他应收款——市供电局	30 000
贷:停工损失——第二车间	30 000
借:生产成本——基本生产成本——第一车间(舒化牛奶)	5 000
营业外支出——非常损失	9 700
贷:停工损失——第一车间	5 000
——第二车间	9 700

四、登记相应的总账及明细账(略)

为了简化核算,企业也可以不设置"停工损失"总分类账户和"停工损失"成本项目。上述停工期间发生的属于停工损失的各种费用,应计入产品成本的,直接反映在"制造费用"("停工损失"费用项目)或"营业外支出"等科目中。辅助生产一般不单独核算停工损失。季节性生产企业在停工期间发生的制造费用,应当在开工期间进行合理分摊,连同开工期间发生的制造费用,一并计入产品的生产成本。但这种简化处理不利于停工损失的分析和控制。

任务8 完工产品成本的核算

正确计算期末在产品成本是正确计算本期完工产品成本的关键。企业应当根据期末在产品数量的多少、各期期末在产品数量变化的大小、在产品费用的投入程度、产品成本中各成本项目费用比重的大小、定额管理基础工作的好坏等具体情况，选择合理、简便的完工产品成本计算方法。

完工产品成本的计算方法（或称在产品计价方法、生产费用在完工产品和期末在产品之间分配的方法）比较多，常用的有：不计算在产品成本法、在产品按年初数固定计算法、在产品按所消耗直接材料费用计价法、约当产量比例法、在产品按完工产品成本计价法、定额比例法、在产品按定额成本计价法等。

一、不计算在产品成本法

采用这种方法，是指月末有在产品，但是不计算在产品成本。某种产品当月发生的生产费用，就是该产品本月完工产品成本。

这种方法适用于那些月末在产品数量很小，且各月月末在产品数量变动不大的产品。因为月末在产品数量很小，月末在产品应负担的费用也很小，月末在产品与月初在产品费用的差额很小。这时，不计算在产品成本对完工成本的正确性影响很小，为了简化产品成本计算工作，可以不计算在产品成本。如煤炭企业，月末各种采煤工作面的煤，数量很小月末就可以不计算在产品成本。

【例2-46】 美菱工厂大量生产电热杯，因为电热杯生产周期较短，月末在产品数量很少，采用不计算在产品成本法。2024年9月产品成本计算单登记的生产费用总额为159 478元，其中，直接材料10 000元，直接人工37 848元，制造费用111 630元。本月完工入库电热杯400件。根据本月发生生产费用资料，本月完工产品实际总成本和单位成本的计算如表2-49所示。

表2-49　　　　　　　　　美菱工厂产品成本计算单

产品：电热杯　　产量：400件　　　　2024年9月　　　　　　　　　　单位：元

摘要	直接材料	直接人工	制造费用	合计
本月生产费用	10 000	37 848	111 630	159 478
本月完工产品总成本	10 000	37 848	111 630	159 478
本月完工产品单位成本	25	94.62	279.08	398.70

根据成本计算结果，编制结转本月完工入库产品成本的会计分录如下：

借：库存商品——电热杯　　　　　　　　　　　　　　159 478
　　贷：生产成本——基本生产成本——电热杯　　　　　　　159 478

二、在产品按年初数固定计算法

采用在产品按年初数固定计算法，1～11月各月月末在产品成本按年初在产品成本固定不变，某种产品当月发生的生产费用，就是该种产品本月完工产品的总成本。但是在年末，不论年末在产品数量变动与否，都应对年末在产品进行实地盘点，并以实际盘存数量为基础，重新计算确定年末在产品成本和12月的完工产品总成本。

这种方法适用于那些月末在产品数量较大，但各月月末在产品数量比较稳定的产品。如冶炼企业的炉内溶液、化工企业输送带和管道内的在产品等，数量都比较稳定，可以采用这种固定在产品成本的方法。年度1～11月的月末在产品成本是固定的，简化了产品成本计算工作；12月的在产品成本是通过实地盘点后重新计算的，从全年来看，完工产品的时间总成本的计算也是正确的。同时，12月计算的月末在产品成本，又可以作为下一年度1～11月固定的月末在产品成本。

【例2-47】通和工厂生产通信产品，月末在产品比较稳定，采用在产品按年初数固定计算法。2024年年初该产品在产品成本为24 000元，其中，直接材料4 000元，直接人工3 000元，制造费用17 000元。2024年2月发生生产费用168 030元，其中，直接材料费用54 000元，直接人工费用78 600元，制造费用35 430元。本月完工入库产品2 500件。根据年初在产品成本和本月发生生产费用资料，计算本月完工产品总成本和单位成本，如表2-50所示。

表2-50　　　　　　　　　通和工厂产品成本计算单

产品：通信产品　　产量：2 500件　　　2024年2月　　　　　　　　　　单位：元

摘要	直接材料	直接人工	制造费用	合计
月初在产品成本	4 000	3 000	17 000	24 000
本月生产费用	54 000	78 600	35 430	168 030
生产费用合计	58 000	81 600	52 430	192 030
本月完工产品总成本	54 000	78 600	35 430	168 030
本月完工产品单位成本	21.6	31.44	14.172	67.212
月末在产品成本	4 000	3 000	17 000	24 000

根据产品成本计算结果，编制结转本月完工入库产品成本的会计分录如下：

借：库存商品——通信产品　　　　　　　　　　　　　　　　168 030
　　贷：生产成本——基本生产成本——通信产品　　　　　　　　168 030

三、在产品按所消耗直接材料费用计价法

采用这种方法，月末在产品成本只计算其所耗用的直接材料费用，当月发生的直接人工费用和制造费用全部由本月完工产品成本负担。

这种方法适用于那些月末在产品数量比较大，各月月末在产品数量变化也比较大，但直接材料费用占产品成本总额比重较大的产品。如酿酒、造纸等企业的产品，直接材料费用占产品成本的比重在70%以上。在这种情况下，月末在产品只计算其直接材料费用的成

本，所占比重不大的直接人工和制造费用全部由完工产品成本负担，对完工产品成本计算的正确性影响不大，且可以简化产品成本计算工作。

【例2-48】 开元工厂生产的产品为机械配件，该产品直接材料费用占产品成本的比重大，采用在产品按所耗直接材料费用计价法。该产品2024年9月月初在产品成本为10 000元；本月发生生产费用599 826元，其中，直接材料费用550 000元，直接人工费用12 616元，制造费用37 210元。本月完工入库机械配件20 000件，月末在产品5 000件。原材料在生产开始时一次投料。根据资料，本月完工产品和月末在产品成本计算如下：

直接材料费用分配率 =（10 000 + 550 000）÷（20 000 + 5 000）= 22.4（元/件）

月末在产品直接材料费用 = 22.4 × 5 000 = 112 000（元）

本月完工产品直接材料费用 = 22.4 × 20 000 = 448 000（元）

本月完工产品总成本 = 448 000 + 12 616 + 37 210 = 497 826（元）

本月完工产品单位成本 = 22.4 + 0.63 + 1.86 = 24.89（元/件）

根据产品成本计算结果，编制结转本月完工入库产品成本的会计分录如下：

借：库存商品——机械配件　　　　　　　　　　　　　　　497 826
　　贷：生产成本——基本生产成本——机械配件　　　　　　　497 826

上述分配计算结果在产品生产成本明细账中的登记如表2-51所示。

表2-51　　　　　　　　　　开元工厂产品成本计算单

产品：机械配件　　产量：20 000件　　2024年9月　　　　　　　单位：元

摘要	直接材料	直接人工	制造费用	合计
月初在产品成本	10 000			10 000
本月生产费用	550 000	12 616	37 210	599 826
生产费用合计	560 000	12 616	37 210	609 826
本月完工产品总成本	448 000	12 616	37 210	497 826
本月完工产品单位成本	22.4	0.63	1.86	24.89
月末在产品成本	112 000			112 000

四、约当产量比例法

采用这种方法，是根据月末在产品约当产量和本月完工产品产量的比例来分配生产费用，以确定月末在产品成本和本月完工产品成本。月末在产品约当产量是指按照月末在产品盘存数量和完工程度折算的相当于完工产品的产量。

这种方法适用范围比较广泛，特别是那些月末在产品数量比较大，各月在产品数量的变化也比较大，直接材料费用占产品成本总额的比重与直接人工、制造费用的比重也相差不多的产品，不宜采用前面所讲的三种方法时，采用约当产量比例法比较好。

采用约当产量比例法计算月末在产品成本，或者说生产费用按照约当产量比例法在本

月完工产品和月末在产品之间进行分配,一般可以分为以下步骤:

(一)计算月末在产品约当产量

在产品约当产量是按照月末在产品数量和完工程度折算的相当于完工产品的产量,用公式表示:

$$月末在产品约当产量 = 月末在产品数量 \times 在产品完工程度$$

上述公式中,月末在产品数量,可以根据"在产品台账"并通过实地盘点确定,在产品完工程度则应当根据月末在产品费用的实际发生情况,采用一定方法测定。

在产品生产过程中,在产品的直接材料费用与直接人工费用和制造费用的发生情况是不相同的。因此,月末在产品完工程度应当分成本项目确定。当原材料是在生产开始一次性投入时,直接材料成本项目的在产品完工程度(投料率)为100%,即一件在产品应与一件完工产品同等分配原材料费用,月末在产品约当产量等于月末在产品数量;工资和制造费用一般是在生产过程中陆续发生的,当工资和制造费用的发生比较均衡时,直接人工和制造费用两个成本项目的在产品完工程度(完工率)可以定为50%,即月末在产品约当产量等于在产品数量乘以50%。如果产品生产过程中原材料不是在生产开始时一次性投入,工资和制造费用不是比价均衡地发生的,则要分别计算在产品的投料率和完工率。

1. 在产品投料率。在产品投料率是在产品累计已投入的直接材料费用占完工产品应投入的直接材料费用的比重,各生产工序在产品的投料率可以用公式表示如下:

$$某工序在产品投料率 = \frac{该工序单位在产品已投入材料费用}{单位完工产品应投入材料费用} \times 100\%$$

【例2-49】汇通工厂生产交通信号灯,顺序经过第一、第二、第三这三道工序进行加工。单位产品原材料消耗定额为1 000元,其中,第一工序投料定额为300元,第二工序投料定额为200元,第三工序投料定额为500元。原材料分别在各个工序生产开始时一次性投入。该厂2024年9月盘点确定的交通信号灯月末在产品数量为400件,其中,第一工序100件,第二工序200件,第三工序100件。根据上述资料,该产品在各工序的投料率和月末在产品约当产量计算如下:

各个工序月末在产品的投料率:

第一工序:300÷1 000×100% =30%

第二工序:(300 +200)÷1 000×100% =50%

第三工序:(300 +200 +500)÷1 000×100% =100%

各工序月末在产品约当产量(直接材料项目):

第一工序:100×30% =30(件)

第二工序:200×50% =100(件)

第三工序:100×100% =100(件)

该产品月末在产品约当产量(直接材料项目):30 +100 +100 =230(件)

根据上述计算结果编制的"在产品投料率及约当产量计算表"如表2-52所示。

表 2－52　　　　　汇通工厂在产品投料率及约当产量计算表
产品：交通信号灯　　　　　　　2024 年 9 月

工序	月末在产品数量（件）	单位产品投料定额（件）	在产品投料率（%）	月末在产品约当产量（件）
一	100	300	30	30
二	200	200	50	100
三	100	500	100	100
合计	400	1 000	—	230

2. 在产品完工率。直接人工和制造费用两个成本项目可以按照同一完工率来计算月末在产品成本。在产品完工率不能按平均完工率50%计算时，一般可以根据各个工序的工时定额计算各工序完工率。其计算公式为：

$$某工序在产品完工率 = \frac{该工序单位在产品累计已完成的定额工时}{单位完工产品的定额工时} \times 100\%$$

【例 2－50】假设汇通工厂生产的交通信号灯单位产品工时消耗定额为 500 小时，其中，第一工序 150 小时，第二工序 150 工时，第三工序 200 小时；各工序在产品在本工序的完工程度均为 50%。该产品在各工序的完工率和月末在产品约当产量计算如下：

各工序月末在产品的完工率：
第一工序：(150 × 50%) ÷ 500 × 100% = 15%
第二工序：(150 + 150 × 50%) ÷ 500 × 100% = 45%
第三工序：(150 + 150 + 200 × 50%) ÷ 500 × 100% = 80%

各工序月末在产品约当产量（直接人工和制造费用项目）：
第一工序：100 × 15% = 15（件）
第二工序：200 × 45% = 90（件）
第三工序：100 × 80% = 80（件）
该产品月末在产品约当产量：15 + 90 + 80 = 185（件）

根据上述计算结果编制的"在产品完工率及约当产量计算表"如表 2－53 所示。

表 2－53　　　　　汇通工厂在产品完工率及约当产量计算表
产品：交通信号灯　　　　　　　2024 年 9 月

工序	月末在产品数量（件）	单位产品工时定额（件）	在产品完工率（%）	月末在产品约当产量（件）
一	100	150	15	15
二	200	150	45	90
三	100	200	80	80
合计	400	500	—	185

（二）计算费用分配率

采用约当产量比例法，生产费用在本月完工产品和月末在产品之间分配的分配标准是折合的生产总量，即本月完工产品数量与月末在产品约当产量之和。由于各个成本项目月末在产品费用的发生情况不同，费用分配率应当按成本项目分别计算。其计算公式为：

$$某成本项目费用分配率 = \frac{该成本项目生产费用合计}{本月完工产品数量 + 月末在产品约当产量}$$

采用约当产量比例法，上述各成本项目的费用分配率，就是完工产品在该成本项目的单位成本。

【例2-51】 汇通工厂"产品交库单"的统计表明，本月完工验收入库的交通信号灯为770件；该产品生产成本明细账归集的生产费用表明，月初在产品成本为100 000元，其中，直接材料50 000元，直接人工40 000，制造费用10 000元；该产品本月发生的生产费用为159 478元，其中，直接材料为10 000元，直接人工为37 848元，制造费用为111 630元。根据上述资料和前例提供的本月甲产品完工数量和月末在产品约当产量（见《例2-49》和《例2-50》）的资料，各成本项目的费用分配率计算如下：

直接材料项目：（50 000＋10 000）÷（770＋230）＝60（元/件）

直接人工项目：（40 000＋37 848）÷（770＋185）＝81.5162（元/件）

制造费用项目：（10 000＋111 630）÷（770＋185）＝127.3613（元/件）

该产品完工产品单位成本合计：60＋81.5162＋127.3613＝268.8775（元/件）

（三）计算月末在产品成本和本月完工产品总成本

采用约当产量比例法，月末在产品成本和本月完工产品成本的计算公式分别为：

$$月末在产品成本 = 月末在产品约当产量 \times 费用分配率（完工产品单位成本）$$

或　　　　　　＝月初在产品成本＋本月发生生产费用－本月完工产品成本

$$本月完工产品成本 = 本月完工产品数量 \times 费用分配率（完工产品单位成本）$$

或　　　　　　＝月初在产品成本＋本月发生生产费用－月末在产品成本

【例2-52】 根据《例2-51》计算的费用分配率和《例2-49》～《例2-51》提供的本月完工产品数量与月末在产品约当产量的资料，汇通工厂产品成本计算如下：

月末在产品400件的成本：

直接材料项目：60×230＝13 800（元）

直接人工项目：81.5162×185＝15 080.50（元）

制造费用项目：127.3613×185＝23 561.84（元）

月末在产品总成本＝13 800＋15 080.50＋23 561.84＝52 442.34（元）

本月完工770件产品的成本：

直接材料项目：（50 000＋10 000）－13 800＝46 200（元）

直接人工项目：(40 000 + 37 848) − 15 080.50 = 62 767.5 (元)

制造费用项目：(10 000 + 111 630) − 23 561.84 = 98 068.16 (元)

本月完工产品总成本：46 200 + 62 767.5 + 98 068.16 = 207 035.66 (元)

根据成本计算结果，编制结转本月甲产品完工产品总成本的会计分录如下：

借：库存商品——交通信号灯　　　　　　　　　　　　　　207 035.66

　　贷：生产成本——基本生产成本——交通信号灯　　　　　207 035.66

根据计算结果，编制"成本计算单"如表 2-54 所示。

表 2-54　　　　　　　　汇通工厂产品成本计算单

产品：交通信号灯　　产量：770 件　　2024 年 9 月　　　　　　　　　单位：元

摘要	直接材料	直接人工	制造费用	合计
月初在产品成本	50 000	40 000	10 000	100 000
本月生产费用	10 000	37 848	111 630	159 478
生产费用合计	60 000	77 848	121 630	259 478
本月完工产品数量	770	770	770	770
月末在产品约当产量合计	230	185	185	—
生产量合计	1 000	955	955	—
费用分配率（完工产品单位成本）	60	81.5162	127.3613	268.8775
本月完工产品总成本	46 200	62 767.5	98 068.16	207 035.66
月末在产品成本	13 800	15 080.50	23 561.84	52 442.34

五、在产品按完工产品成本计价法

采用这种方法，是将月末在产品视同完工产品，根据月末在产品数量与本月完工产品产量的比例来分配生产费用，以确定月末在产品成本和本月完工产品成本。

这种方法简化了成本计算工作，但只适用于月末在产品已接近完工，或已经加工完成，但尚未包装或尚未验收入库的产品，否则，会影响本月完工产品成本计算的正确性。

【例 2-53】华茂工厂生产儿童鞋，该产品生产成本明细账归集的生产费用显示，月初在产品成本为 100 000 元，其中，直接材料 50 000 元，直接人工 40 000，制造费用 10 000 元；该产品本月发生的生产费用为 159 478 元，其中，直接材料为 10 000 元，直接人工为 37 848 元，制造费用为 111 630 元。本月完工产品 770 件；月末在产品 600 件，有 100 件已经接近完工，有 500 件已经完工尚未验收入库，月末在产品 600 件均按完工产品计算成本。要求：计算完工产品成本，编制"成本计算单"（见表 2-55）。

表2-55 华茂工厂产品成本计算单

产品：儿童鞋　　产量：770件　　2024年9月　　　　　　　　　　　　　　单位：元

摘要	直接材料	直接人工	制造费用	合计
月初在产品成本	50 000	40 000	10 000	100 000
本月生产费用	10 000	37 848	111 630	159 478
生产费用合计	60 000	77 848	121 630	259 478
本月完工产品数量	770	770	770	770
月末在产品约当产量合计	600	600	600	600
生产量合计	1 370	1 370	1 370	1 370
费用分配率（完工产品单位成本）	43.7956	56.8234	88.7810	189.4
本月完工产品总成本	33 722.64	43 753.96	68 361.4	145 838
月末在产品成本	26 277.36	34 094.04	53 268.6	113 640

根据上述计算结果，编制结转本月完工产品成本的会计分录如下：

借：库存商品——儿童鞋　　　　　　　　　　　　　　　　145 838
　　贷：生产成本——基本生产成本——儿童鞋　　　　　　　　145 838

六、定额比例法

采用这种方法，是根据月末在产品定额耗用量（或定额费用）和本月完工产品定额耗用量（或定额费用）的比例来分配生产费用，以确定月末在产品实际成本和完工产品实际成本。

这种方法适用于各项消耗定额资料比较完整、准确，生产工艺过程已经定型的产品。

采用定额比例法计算月末在产品成本和本月完工产品成本，一般可以分为以下步骤：

（一）计算月末在产品和本月完工产品的总定额（定额耗用总量或定额费用总额）

采用定额比例法，直接材料项目一般按照原材料消耗量定额或定额费用比例分配；直接人工费用和制造费用一般按照工时消耗定额或定额费用比例分配。因此，月末在产品和完工产品的总定额应当按成本项目分别计算，总定额包括原材料定额耗用总量或原材料定额总成本、定额工时消耗总量或直接人工定额总成本、制造费用定额总成本等。各成本项目的完工产品的总定额可以根据本月完工成品数量和单位完工产品定额消耗量（或定额费用）直接计算；月末在产品的总定额，应按各生产步骤（工序）在产品数量和单位在产品定额消耗量（或定额费用）分别计算以后，再汇总确定全部在产品的总定额。其计算公式如下：

本月完工产品总定额 = 本月完工产品数量 × 单位定额消耗量(或定额成本)

$$\text{月末在产品总定额} = \sum \left[\text{某工序月末在产品数量} \times \text{该工序单位在产品定额消耗量}（或定额成本） \right]$$

【例2-54】创元工厂生产的主要产品保健器材是定型产品，有比较健全的定额资料和定额管理制度。该产品单位产品原材料消耗定额为400元，工时消耗定额为100小时。2024年9月完工产品为1 000件。月末盘点停留在各工序的在产品为1 000件，其中，第一工序在产品为400件，单位在产品原材料消耗定额为100元，工时消耗定额为10小时；第二工序在产品为300件，单位在产品原材料消耗定额为200元，工时消耗定额为35小时；第三工序在产品为300件，单位在产品原材料消耗定额为400元，工时消耗定额为75小时。根据产品生产成本明细账提供的资料，该产品月初在产品成本为165 000元，其中，直接材料10 000元，直接人工59 000元，制造费用96 000元；本月发生生产费用为4 990 000元，其中，直接材料3 090 000元，直接人工900 000元，制造费用1 000 000元。根据上述资料9月完工产品和月末在产品的总定额计算如下：

本月完工产品总定额：

原材料定额总成本 = 400 × 1 000 = 400 000（元）

工时消耗总定额 = 100 × 1 000 = 100 000（小时）

月末在产品总定额：

原材料定额总成本 = 400 × 100 + 300 × 200 + 300 × 400 = 220 000（元）

工时消耗总定额 = 400 × 10 + 300 × 35 + 300 × 75 = 37 000（小时）

（二）计算费用分配率

采用定额比例法，既可以按原材料定额消耗量、工时定额消耗量分配费用，又可以按各成本项目的定额成本（费用）分配费用。因此，费用分配率的计算公式可以有多种，但基本计算公式为：

$$某成本项目费用分配率 = \frac{该成本项目生产费用合计数}{本月完工产品总定额 + 月末在产品总定额}$$

各成本项目的费用分配率计算如下：

直接材料项目：(10 000 + 3 090 000) ÷ (400 000 + 220 000) = 5（元/小时）

直接人工项目：(59 000 + 900 000) ÷ (100 000 + 37 000) = 7（元/小时）

制造费用项目：(96 000 + 1 000 000) ÷ (100 000 + 37 000) = 8（元/小时）

直接人工费用制造费用分配率是按定额工时消耗总量计算的，它表明每一定额工时实际分配的直接人工费用为7元，制造费用8元。

（三）计算月末在产品成本和本月完工产品成本

费用分配率是按成本项目计算的，月末在产品和本月完工产品也按成本项目分别计算。其计算公式如下：

$$月末在产品成本 = 月末在产品总定额 × 费用分配率$$

$$本月完工产品成本 = 本月完工产品总定额 × 费用分配率$$

或

$$= 月初产品成本 + 本月发生生产费用 - 月末在产品成本$$

根据资料，该产品月末在产品成本和本月完工产品成本计算如下：

月末在产品成本：

直接材料项目：220 000×5＝1 100 000（元）

直接人工项目：37 000×7＝259 000（元）

制造费用项目：37 000×8＝296 000（元）

月末在产品总成本 ＝1 100 000＋259 000＋296 000＝1 655 000（元）

完工产品成本：

直接材料项目：400 000×5＝2 000 000（元）

直接人工项目：100 000×7＝700 000（元）

制造费用项目：100 000×8＝800 000（元）

本月完工产品总成本＝2 000 000＋700 000＋800 000＝3 500 000（元）

本月完工产品单位成本＝3 500 000÷1 000＝3 500（元）

根据成本计算结果，编制结转本月完工入库乙产品总成本的会计分录如下：

借：库存商品——保健器材　　　　　　　　　　　　　　3 500 000

　　贷：生产成本——基本生产成本——保健器材　　　　　　3 500 000

上述成本计算过程在成本计算单中的登记如表2－56所示。

表2－56　　　　　　　　　创元工厂产品成本计算单

产品：保健器材　　产量：1 000件　　2024年9月　　　　　　　　单位：元

摘要	直接材料	直接人工	制造费用	合计
月初在产品成本	10 000	59 000	96 000	165 000
本月发生生产费用	3 090 000	900 000	1 000 000	4 990 000
生产费用合计	3 100 000	959 000	1 096 000	5 155 000
本月完工产品总定额	400 000	100 000	100 000	—
月末在产品总定额	220 000	37 000	37 000	—
定额合计	620 000	137 000	137 000	—
费用分配率	5	7	8	—
本月完工产品总成本	2 000 000	700 000	800 000	3 500 000
本月完工产品单位成本	2 000	700	800	3 500
月末在产品总成本	1 100 000	259 000	296 000	1 655 000

七、在产品按定额成本计价法

采用这种方法，是指月末在产品按预先制定的定额成本计算，生产费用脱离定额的差异，全部由完工产品成本负担。

这种方法简化了生产费用在月末在产品和本月完工产品之间的分配。但由于它将生产费用脱离定额的差异，全部计入了当月完工产品成本，因此只适用于各项消耗定额和费用定额比较准确、稳定，定额管理基础工作较好，并且各月在产品数量也比较稳定的产品。否则将影响本月完工成本计算的准确性，不利于产品成本的分析和考核。

有关计算公式如下：

月末在产品直接材料成本 = 月末在产品实际数量 × 单位在产品材料定额成本

月末在产品直接人工成本 = 月末在产品完成定额工时 × 单位工时定额工资

或 = 月末在产品实际数量 × 单位在产品定额工资

月末在产品制造费用 = 月末在产品完成定额工时 × 单位工时定额制造费用

或 = 月末在产品实际数量 × 单位在产品定额制造费用

本月完工产品实际总成本 = 月初在产品定额成本 + 本月发生生产成本 − 月末在产品定额成本

【例 2-55】创元工厂生产的主要产品保健器材是定型产品，有比较健全的定额资料和定额管理制度。2024 年 9 月月初在产品成本 165 000 元（按定额成本计价），其中，直接材料 10 000 元，直接人工 59 000 元，制造费用 96 000 元。本月实际发生生产费用 4 990 000 元，其中，直接材料 3 090 000 元，直接人工 900 000 元，制造费用 1 000 000 元。本月完工产品共 1 000 件，月末在产品 1 000 件，其中，第一工序 400 件，第二工序 300 件，第三工序 300 件。单位在产品材料费用定额第一工序为 100 元，第二工序为 200 元，第三工序为 400 元。单位在产品的定额工时第一工序 10 小时，第二工序 35 小时，第三工序 75 小时。该产品每一定额工时的直接人工费用定额为 7 元，制造费用定额为 8 元。该产品采用在产品按定额成本计价法，月末在产品成本和本月完工产品成本计算如下：

月末在产品定额成本：

在产品直接材料定额成本 = 400 × 100 + 300 × 200 + 300 × 400 = 220 000（元）

在产品完工的定额总工时 = 400 × 10 + 300 × 35 + 300 × 75 = 37 000（小时）

在产品直接人工定额成本 = 37 000 × 7 = 259 000（元）

在产品制造费用定额成本 = 37 000 × 8 = 296 000（元）

在产品定额总成本 = 220 000 + 259 000 + 296 000 = 775 000（元）

完工产品实际总成本：165 000 + 4 990 000 − 775 000 = 4 380 000（元）

根据成本计算结果，编制结转完工入库产品成本的会计分录如下：

借：库存商品——保健器材　　　　　　　　　　　　　　4 380 000

　　贷：生产成本——基本生产成本——保健器材　　　　　　4 380 000

上述成本计算过程在成本计算单中的登记如表 2-57 所示。

表 2-57   创元工厂产品成本计算单

产品：保健器材   产量：1 000 件   2024 年 9 月   单位：元

摘要	直接材料	直接人工	制造费用	合计
月初在产品成本	10 000	59 000	96 000	165 000
本月发生生产费用	3 090 000	900 000	1 000 000	4 990 000
生产费用合计	3 100 000	959 000	1 096 000	5 155 000
本月完工产品总成本	2 880 000	700 000	800 000	4 380 000
本月完工产品单位成本	2 880	700	800	4 380
月末在产品总成本	220 000	259 000	296 000	775 000

从表 2-57 可以看出，该产品月初在产品成本为 165 000 元，月末在产品成本为 775 000 元，说明在产品成本数量变化较大，不宜采取定额成本法计算在产品成本，这一举例采用与例 2-51 相同的数据资料，主要是方便与定额比例法比较。

【项目小结】

本项目的知识框架如图 2-5 所示。

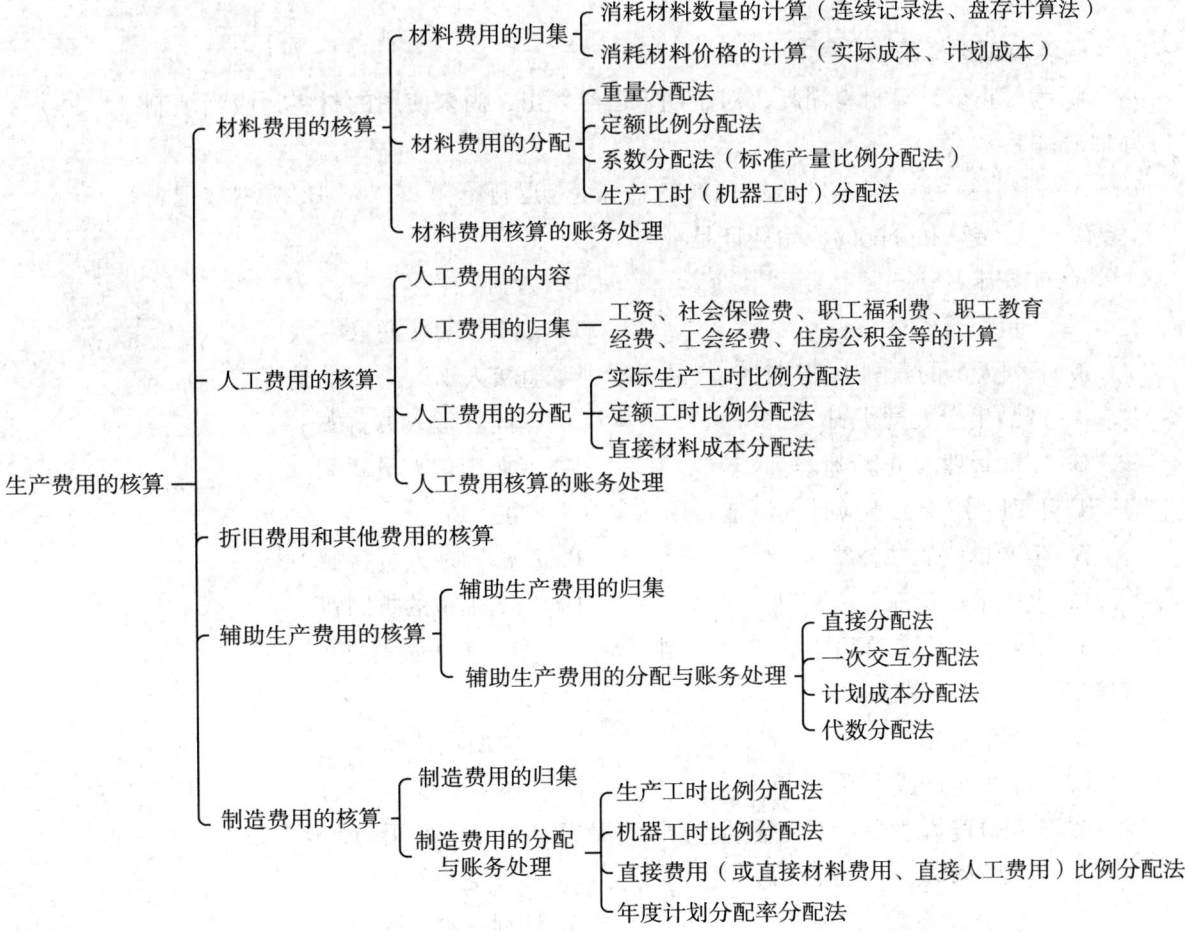

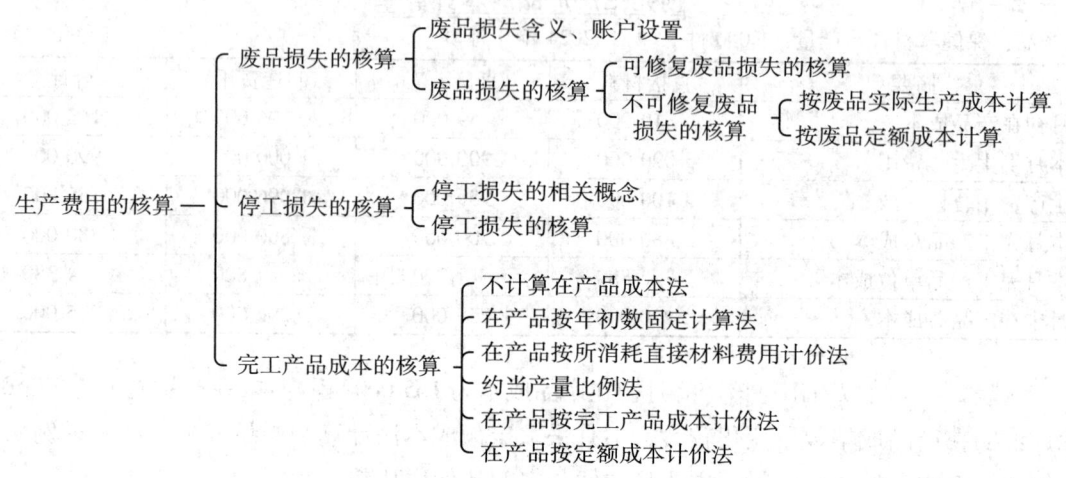

图 2-5 生产费用核算的知识框架

习题与实训

一、单项选择题

1. 为了正确计算材料消耗，对于期末已经领出，尚未使用的材料，应当填制（ ）办理退料手续。

   A. 领料单　　　　　B. 限额领料单　　　C. 退料单　　　　D. 领料登记表

2. 工资结算和分配的原始凭证是（ ）。

   A. 工资卡片　　　　　　　　　　　　B. 考勤记录
   C. 产量记录　　　　　　　　　　　　D. 工资结算汇总表

3. 下列人员的薪酬中，应计入产品成本中"直接人工"项目的是（ ）。

   A. 产品生产人员薪酬　　　　　　　　B. 车间管理人员薪酬
   C. 厂部管理人员薪酬　　　　　　　　D. 专职销售人员薪酬

4. 下列费用中，不应计入制造费用的是（ ）。

   A. 生产单位的办公费　　　　　　　　B. 厂部管理人员薪酬
   C. 生产单位管理人员薪酬　　　　　　D. 生产单位的折旧费

5. 如果辅助生产车间规模不大，制造费用不多，为了简化核算工作，其制造费用可直接记入（ ）账户。

   A. "制造费用"　　　　　　　　　　B. "辅助生产成本"
   C. "基本生产成本"　　　　　　　　D. "本年利润"

6. 下列分配方法中，不在辅助生产单位之间相互分配费用的方法是（ ）。

   A. 直接分配法　　　　　　　　　　　B. 一次交互分配法
   C. 代数分配法　　　　　　　　　　　D. 计划成本分配法

7. 采用计划成本分配法进行辅助生产费用的分配，辅助生产实际成本应根据辅助生成车间按计划成本分配前的费用（　　）计算。

A. 加上按计划成本分配转入的费用

B. 减去按计划成本分配转出的费用

C. 加上按计划成本分配转入的费用，减去按计划成本分配转出的费用

D. 直接加上计划成本

8. 确定各类机器的工时系数，并以按系数换算的标准工时作为分配制造费用的依据，是因为（　　）。

A. 不同机器设备的工作时间

B. 不同机器设备在同一时间内的折旧费用

C. 不同产品的定额工时

D. 不同产品的实际机器工时

9. 下列损失性支出，不应计入产品制造成本的是（　　）。

A. 可修复废品的修复费用

B. 机器设备大修理造成的停工损失

C. 除季节性生产和大修理以外的其他停工损失

D. 不可修复废品的生产成本扣除残料价值后的净损失

10. 机器工时分配法适用对象是（　　）。

A. 该生产单位制造费用中折旧费比重较小

B. 该生产单位制造费用中折旧费比重较大

C. 该生产单位制造费用中管理人员薪酬比重较小

D. 该生产单位制造费用中管理人员薪酬比重较大

11. 某工业企业产品在生产过程中发现不可修复废品一批，该批废品的成本构成为：直接材料3 200元，直接人工4 000元，制造费用2 000元。废品残料计价500元已回收入库，应收过失人赔偿款1 000元。假定不考虑其他因素，该批废品的净损失为（　　）元。

A. 7 700　　　　B. 8 700　　　　C. 9 200　　　　D. 10 700

12. 某企业产品入库后发生可修复废品一批，生产成本14万元，返修过程中发生材料费1万元、人工费用2万元、制造费用3万元，废品残料作价0.5万元已回收入库。假定不考虑其他因素，该批可修复废品的净损失为（　　）万元。

A. 19.5　　　　B. 13.5　　　　C. 5.5　　　　D. 20

13. 为了组织在产品数量的日常核算，可以设置（　　）。

A. "原材料"账户　　　　　　　　B. "在产品"台账

C. "在产品"账户　　　　　　　　D. "库存商品"账户

14. 计算月末在产品约当量的依据是（　　）。

A. 月末在产品数量　　　　　　　B. 本月完工产品数量

C. 月末在产品数量和完工程度 D. 月末在产品定额成本和定额工时

15. 在产品只计算材料成本，主要适合于（　　）的产品。

　　A. 月末在产品数量较大，但各月大体相同

　　B. 定额资料比较完整

　　C. 直接材料费用在产品成本中所占比重较大

　　D. 工资和其他费用发生比较均衡

16. 采用在产品按年初数固定计算法，1～11月各月完工产品成本等于（　　）。

　　A. 月初在产品成本　　　　　　　B. 本月发生生产费用

　　C. 生产费用合计数　　　　　　　D. 生产费用累计数

17. 采用约当产量法，如果产品生产过程中直接人工费用和制造费用的发生都比较均衡，在产品完工程度可按（　　）计算。

　　A. 25%　　　　B. 50%　　　　C. 60%　　　　D. 100%

18. 某厂生产的产品顺序经过第一、第二两道工序加工，原材料在第一工序生产开始时投入90%，第二工序生产开始时投入10%，则第二工序月末在产品的投料率为（　　）。

　　A. 10%　　　　B. 90%　　　　C. 5%　　　　D. 100%

19. 某厂生产的甲产品顺序经过第一、第二两道工序加工，单位产品定额工时为100小时，其中第一工序为60小时，第二工序为40小时，各工序加工费用发生比较均衡，则第二工序在产品的完工率是（　　）。

　　A. 20%　　　　B. 40%　　　　C. 80%　　　　D. 100%

20. 月末在产品数量较大，且各月末在产品数量变化较大，产品中各成本项目费用的比重相差不多的产品，其在产品成本计算应采用（　　）。

　　A. 定额成本法　　　　　　　　　B. 定额比例法

　　C. 约当产量法　　　　　　　　　D. 固定成本法

21. 定额基础管理较好，各种产品有健全、正确的定额资料的企业，月末在产品数量变化较大的产品，在产品成本的计算应采用（　　）。

　　A. 定额成本法　　　　　　　　　B. 定额比例法

　　C. 约当产量法　　　　　　　　　D. 固定成本法

22. 在定额管理基础较好，消耗定额准确、稳定，而且月初、月末在产品数量变化不大的条件下，在产品成本计算应采用（　　）。

　　A. 定额成本法　　　　　　　　　B. 定额比例法

　　C. 约当产量法　　　　　　　　　D. 固定成本法

二、多项选择题

1. 记录生产过程中材料消耗的原始凭证有（　　）。

　　A. 领料单　　　　　　　　　　　B. 限额领料单

　　C. 退料单　　　　　　　　　　　D. 领料登记簿

2. 计算消耗材料实际价格的方法有（　　）。

A. 先进先出法 B. 后进先出法
C. 加权平均法 D. 个别计价法

3. 下列各项中，应列作制造费用的有（　　）。
A. 生产单位管理人员的薪酬 B. 各种损失性费用
C. 生产单位固定资产折旧费 D. 各种利息支出

4. 辅助生产费用的分配方法有（　　）。
A. 一次交互分配法 B. 直接分配法
C. 计划成本分配法 D. 代数分配法

5. 计入产品生产成本的损失性费用，主要有（　　）。
A. 废品损失 B. 大修理和季节性停工损失
C. 存货盘亏和毁损 D. 非常损失

6. 企业发生的损失性费用，应分不同情况，记入（　　）等账户。
A. "生产成本" B. "制造费用"
C. "营业外支出" D. "管理费用"

7. 发生辅助生产费用时，可能借记的科目有（　　）。
A. 制造费用 B. 管理费用
C. 基本生产成本 D. 辅助生产成本
E. 销售费用

8. 下列各项中，应计入废品损失的有（　　）。
A. 不需要返修、可降价出售的不合格产品成本
B. 库存产成品因保管不善而损坏变质的产品成本
C. 产品入库后发现的不可修复废品的生产成本
D. 生产过程中发生的不可修复废品的生产成本

9. 废品损失账户借方应该反映（　　）项目。
A. 可修复废品的生产成本 B. 不可修复废品的生产成本
C. 修复废品的人工费用 D. 修复废品的动力费用
E. 回收残料的价值

10. 下列各项损失中，不属于废品损失的有（　　）。
A. 产品入库以后发现的生产过程中造成的废品损失
B. 产品入库以后发现的由于保管不善发生的废品损失
C. 降价出售的不合格产品的降价损失
D. 产品销售后发现的由于包退发生的损失
E. 产品销售后发现的由于包换发生的损失

11. 计算本月完工成本时，要依据的成本资料主要有（　　）。
A. 月初在产品成本 B. 本月发生生产费用
C. 月末在产品成本 D. 上月完工产品成本

12. 采用品种法在月末计算产品成本时，如果（　　），也可以不计算在产品成本。

　　A. 没有在产品

　　B. 在产品数量很少，且成本数额不大

　　C. 在产品数量很少，但成本数额很大

　　D. 在产品数量很多，且成本数额很大

13. 下列费用分配方法中，属于计算在产品成本的方法有（　　）。

　　A. 代数分配法　　　　　　　　B. 计划成本分配法

　　C. 约当产量法　　　　　　　　D. 定额比例法

14. 本月发生的加工费用，不计入月末在产品成本的方法有（　　）。

　　A. 不计算在产品成本法　　　　B. 定额成本法

　　C. 在产品按所消耗直接材料费用计价法　D. 在产品按完工产品成本计算法

15. 在产品按完工产品成本计价法只适用于（　　）等情况。

　　A. 月末在产品已接近完工

　　B. 月末在产品已经完工，但尚未包装

　　C. 月末在产品已经完工，但尚未验收入库

　　D. 月末在产品已经完工，并且已经验收入库

16. 定额比例法的分配标准是指产品的（　　）。

　　A. 原材料计划总成本　　　　　B. 原材料标准总成本

　　C. 工时定额消耗总量　　　　　D. 定额总费用

17. 企业应根据（　　）的情况，考虑到管理的要求和条件，选择适当的方法计算月末在产品成本。

　　A. 在产品数量的多少　　　　　B. 各月在产品数量变化的大小

　　C. 各项费用在成本中占的比重　D. 定额管理基础的好坏

18. 采用约当产量比例法，必须正确计算在产品的约当产量，而在产品约当产量的计算正确与否取决于产品完工程度的测定，测定在产品完工程度的方法有（　　）。

　　A. 按50%平均计算各工序完工率　B. 分工序分别计算完工率

　　C. 按定额比例法计算　　　　　D. 以上三种方法均是

19. 分配计算完工产品和月末在产品的费用时，采用在产品按定额成本计价法所具备的条件有（　　）。

　　A. 各月末在产品数量较大　　　B. 产品的消耗定额比较稳定

　　C. 各月末在产品数量变化比较小　D. 产品的消耗定额比较准确

20. 约当产量比例法适用于分配（　　）。

　　A. 直接材料　　　　　　　　　B. 燃料及动力

　　C. 制造费用　　　　　　　　　D. 管理费用

　　E. 直接人工

三、判断题

1. 直接材料费用的分配，应当选用生产工时分配法、机器工时分配法等分配方法。（　）
2. 采用计件工资制时，直接人工费用是直接计入费用。（　）
3. 辅助生产费用分配中的代数分配法，其分配结果最准确。（　）
4. 由于在交互分配法下，各种辅助生产费用都要计算两个费用分配率，因而分配结果的正确性最高。（　）
5. 辅助生产的主要任务是，在为基本生产服务的同时，对外销售产品和提供劳务。（　）
6. 可修复废品由于能够修复，因此构成重要性，需要转生产成本进入废品损失账户借方。（　）
7. 某产品由于操作失误，均不符合生产要求，因此按次品处理，相关损失属于废品损失。（　）
8. 停工不满一个工作日，不计算停工损失。（　）
9. 停工损失期末均计入产品成本，并根据需要在不同成本对象间进行分配。（　）
10. 产品入库后发现的废品都属于废品损失的核算内容。（　）
11. 企业本月完工产品总成本，应当等于本月发生的全部生产费用。（　）
12. 在产品约当产量是指在产品折合为完工产品的数量。（　）
13. 为了简化核算，企业应当采用定额法来计算在产品成本。（　）
14. 不计算在产品成本法只适用于月末没有在产品的产品。（　）
15. 采用约当产量法计算月末在产品成本，原材料费用分配时必须考虑原材料的投料方式。（　）
16. 月末在产品按定额成本法计算，实际费用脱离定额的差异完全由完工产品负担。（　）
17. 采用定额比例法计算月末在产品成本必须具备较好的定额管理基础，而且月初、月末在产品数量变化不大的产品。（　）
18. 在产品在期末计入存货，所以影响资产水平。（　）
19. 约当产量比例法下，在完工产品和在产品之间分配直接材料时，应区分开始时一次性投料和陆续投料的情况。（　）
20. 约当产量比例法下，在完工产品和在产品之间分配直接人工时，应区分开始时一次性投料和陆续投料的情况。（　）

四、业务题

1. 练习定额费用比例分配法。

资料：宏运公司生产 H101、W101 两种产品，共同耗用甲种材料，其实际成本为 20 000 元。两种产品的单位产品原材料费用定额为：H101 产品 16 元，W101 产品 8 元；2024 年 2 月的实际产量为：H101 产品 1 200 件，W101 产品 1 600 件。

要求：采用定额费用比例法分配材料费用（见表2-58），并编写会计分录。

表2-58　　　　　宏运公司材料定额费用分配表

材料名称：甲材料　　　　　　　2024年2月

产品名称	投产量（件）	单位产品定额费用（元）	材料耗用总定额（元）	费用分配率	应分配材料费用（元）
H101产品					
W101产品					
合计					

会计分录：

2. 练习定额耗用量比例分配法。

资料：伟达工厂生产M101、M102、M103三种产品，2024年9月三种产品共同耗用食品添加剂原材料24 240千克，总金额为360 000元。三种产品投产量分别为480件、720件和960件，食品添加剂原材料消耗定额分别为10千克、20千克和30千克。

要求：采用定额用量比例分配法分配食品添加剂原材料费用，并将计算结果填入表2-59~表2-61中，并编写会计分录。

表2-59　　　　　伟达工厂材料定额耗用量计算表

材料名称：食品添加剂材料　　　　　　　2024年9月

产品名称	投产量（件）	单位产品消耗定额（千克）	材料消耗总定额（千克）
M101产品			
M102产品			
M103产品			
合计			

表2-60　　　　　伟达工厂材料费用分配表

材料名称：食品添加剂　　　　　　　2024年9月

产品名称	材料定额消耗总量（千克）	材料消耗量分配率	材料实际消耗总量（千克）	材料实际平均单价（元）	应分配材料费用（元）
M101产品					
M102产品					
M103产品					
合计					

表 2-61　　　　　　　　　　伟达工厂材料费用分配表

材料名称：食品添加剂　　　　　　2024 年 9 月

产品名称	材料定额消耗总量（千克）	材料费用分配率	应分配材料费用（元）
M101 产品			
M102 产品			
M103 产品			
合计			

会计分录：

3. 练习系数分配法。

资料：远达工厂生产 W01~W05 五种产品，五种产品 XOS 材料消耗定额分别为 48 元、44 元、40 元、32 元、28 元，2024 年 9 月实际产量分别为 400 件、500 件、1 000 件、200 件和 160 件；实际消耗 XOS 材料 47 880 元。

要求：以 W03 产品为标准产品，采用系数分配法分配 XOS 材料费用并将计算结果填入表 2-62~表 2-64 中。

表 2-62　　　　　　　　　　远达工厂产品系数计算表

2024 年度使用

产品名称	消耗定额（千克）	系数
W01 产品		
W02 产品		
W03 产品		
W04 产品		
W05 产品		

表 2-63　　　　　　　远达工厂产品总系数（标准总产量）计算表

2024 年 9 月

产品名称	实际产量（件）	系数	总系数（标准产量）
W01 产品			
W02 产品			
W03 产品			
W04 产品			
W05 产品			
合计			

表 2-64　　　　　　　　　**远达工厂材料费用分配表**
材料名称：A 材料　　　　　　　　　2024 年 9 月

产品名称	总系数（标准产量）	费用分配率	应分配材料费用（元）
W01 产品			
W02 产品			
W03 产品			
W04 产品			
W05 产品			
合计			

4. 练习生产工时分配法。

资料：宏达工厂 2024 年 7 月应付工资总额为 1 260 000 元，其中，基本生产车间产品生产工人 882 000 元，车间管理人员 13 500 元；辅助生产车间供电车间生产工人 130 000 元，车间管理人员 6 500 元，企业管理部门人员 120 000 元；专设销售机构人员 48 000 元；固定资产建造工程人员 60 000 元。该厂职工福利费提取比例为工资总额的 14%，医疗保险费、基本养老保险费、失业保险费、工伤保险费、生育保险费等社会保险费提取比例分别为工资总额的 8%、20%、2%、0.8%、0.8%，住房公积金提取比例为工资总额的 8%，工会经费和职工教育经费提取比例分别为工资总额的 2% 和 1.5%。该厂本月生产的 H101、H102、H103 三种产品，实际生产工时分别为 32 000 小时、24 000 小时和 44 000 小时。

要求：计算宏达工厂本月应付职工薪酬，采用生产工时分配法分配产品生产工人薪酬并填入表 2-65~表 2-68 中；根据上述资料及分配结果编制分配结转职工薪酬的会计分录。

表 2-65　　　　　　　　**宏达工厂社会保险费、住房公积金计算表**
　　　　　　　　　　　2024 年 7 月　　　　　　　　　　　　　单位：元

车间或部门 （人员类别）	工资总额	医疗保险费	养老保险费	失业保险费	工伤保险费	生育保险费	社会保险费合计	住房公积金
（计提比例）								
1. 基本生产车间								
产品生产工人								
车间管理人员								
2. 辅助生产车间（供电车间）								
生产工人								
车间管理人员								

续表

车间或部门 （人员类别）	工资总额	医疗保险费	养老保险费	失业保险费	工伤保险费	生育保险费	社会保险费合计	住房公积金
3. 企业管理部门人员								
4. 专设销售机构人员								
5. 固定资产建造工程人员								
合计								

表 2-66 **宏达工厂工会经费和职工教育经费计算表**

2024 年 7 月　　　　　　　　　　　　　　　　　　　　单位：元

车间或部门 （人员类别）	工资总额	应计提职工福利费	应计提工会经费	应计提职工教育经费
（计提比例）				
1. 基本生产车间				
产品生产工人				
车间管理人员				
2. 辅助生产车间（供电车间）				
生产工人				
车间管理人员				
3. 企业管理部门人员				
4. 专设销售机构人员				
5. 固定资产建造工程人员				
合计				

表 2-67 **宏达工厂职工薪酬汇总表**

2024 年 7 月　　　　　　　　　　　　　　　　　　　　单位：元

项目	基本生产车间工人	基本生产车间管理人员	供电车间工人	供电车间管理人员	企业管理部门人员	专设销售机构人员	固定资产建造工程人员	合计
工资								
医疗保险费								
养老保险费								
失业保险费								
工伤保险费								
生育保险费								

续表

项目	基本生产车间工人	基本生产车间管理人员	供电车间工人	供电车间管理人员	企业管理部门人员	专设销售机构人员	固定资产建造工程人员	合计
住房公积金								
职工福利费								
工会经费								
职工教育经费								
合计								

表 2-68　　　　　　　　　**宏达工厂人工费用分配表**

2024 年 7 月　　　　　　　　　　　　　　　　单位：元

应借科目		分配计入			直接计入	合计
		生产工时	费用分配率	分配金额		
生产成本	基本生产成本 H101 产品					
	基本生产成本 H102 产品					
	基本生产成本 H103 产品					
	小计					
	辅助生产成本 供电车间					
制造费用	基本生产车间					
管理费用	人工费					
销售费用	人工费					
在建工程	人工费					
合计						

会计分录：

5. 练习辅助生产费用分配的核算。

资料：伟达工厂设有供电和供气两个辅助生产车间，在交互分配前，2024 年 8 月供电车间生产费用为 72 800 元，供气车间生产费用为 67 200 元。供电车间供电 220 000 度，其中，供气车间耗用 20 000 度，产品生产耗用 160 000 度，基本生产车间照明耗用 16 000 度，厂部管理部门耗用 24 000 度。供气车间供气量为 21 200 立方米，其中，供电车间 1 200 立方米，基本生产车间一般耗用 14 000 立方米，厂部管理部门 6 000 立方米。伟达工厂每度电计划成本为0.35元,每立方米气计划成本为3.5元,成本差异计入管理费用。

要求:根据资料分别采用直接分配法、一次交互分配法、代数分配法和计划成本分配法分配辅助生产费用,将分配结果分别填入表2-69~表2-72中;并据以编制会计分录。

表2-69　　伟达工厂辅助生产费用分配表(直接分配法)
2024年8月

项目	分配电费		分配气费		对外分配金额合计(元)
	数量(度)	金额(元)	数量(立方米)	金额(元)	
待分配费用					
劳务供应总量					
其中:辅助生产以外单位					
费用分配率(单位成本)					
受益对象:					
1. 供电车间					
2. 供气车间					
3. 基本生产车间					
产品生产					
一般消耗					
4. 厂部管理部门					
合计					

会计分录:

表2-70　　伟达工厂辅助生产费用分配表(一次交互分配法)
2024年8月

项目	交互分配				对外分配				对外分配金额合计(元)
	分配电费		分配气费		分配电费		分配气费		
	数量(度)	金额(元)	数量(度)	金额(元)	数量(度)	金额(元)	数量(度)	金额(元)	
待分配费用									
劳务供应总量									
费用分配率(单位成本)									
受益对象:									

续表

项目	交互分配				对外分配				对外分配金额合计（元）
	分配电费		分配气费		分配电费		分配气费		
	数量（度）	金额（元）	数量（度）	金额（元）	数量（度）	金额（元）	数量（度）	金额（元）	
1. 供电车间									
2. 供气车间									
3. 基本生产车间									
产品生产									
一般消耗									
4. 厂部管理部门									
合计									

会计分录：

表 2−71　　伟达工厂辅助生产费用分配表（计划成本分配法）

2024 年 8 月

项目	按计划成本分配				成本差异分配		对外分配金额合计（元）
	分配电费		分配气费		供电车间	供气车间	
	数量（度）	金额（元）	数量（度）	金额（元）			
待分配费用							
劳务供应总量							
计划单位成本（费用分配率）							
受益对象：							
1. 供电车间							
2. 供气车间							
3. 基本生产车间							
产品生产							
一般消耗							
4. 厂部管理部门							
合计							

会计分录：

表2-72　　　　　**伟达工厂辅助生产费用分配表（代数分配法）**
2024 年 8 月

项目	分配电费		分配气费		对外分配金额合计（元）
	数量（度）	金额（元）	数量（度）	金额（元）	
待分配费用					
劳务供应总量					
费用分配率（单位成本）					
受益对象：					
1. 供电车间					
2. 供气车间					
3. 基本生产车间					
产品生产					
一般消耗					
4. 厂部管理部门					
合计					

会计分录：

6. 练习制造费用分配。

资料：春阳工厂第一车间生产 W11、W12、W13 三种产品，2024 年 8 月 O 类设备三种产品加工工时分别为 16 000 小时、14 000 小时和 20 000 小时，P 类设备三种产品加工工时分别为 6 000 小时、20 000 小时和 4 000 小时；根据设备折旧费用和维修费用发生情况，确定 O 类设备机器工时系数为 1，P 类设备为 1.5。本月第一车间制造费用总额为 68 800 元。

要求：考虑设备工时系数，采用机器工时分配法分配制造费用填入表 2-73 中，并编制会计分录。

表2-73　　　　　**春阳工厂制造费用分配表（标准机器工时比例分配法）**
生产单位：第一车间　　　　　　　　2024 年 8 月

产品名称	标准机器工时（小时）			费用分配率	分配金额（元）
	O 类设备（标准工时）	P 类设备（系数 1.5）		标准机器工时合计	
		实际工时	标准工时		
W11 产品					
W12 产品					
W13 产品					
合计					

会计分录：

7. 练习废品损失的核算。

资料：春阳工厂第二车间 2024 年 11 月完工入库合格 XH01 产品 4 700 件，生产中产生废品 300 件，本月 XH01 产品累计生产费用为 386 220 元，其中，直接材料为 180 000 元，直接人工为 117 840 元，制造费用 88 380 元；XH01 产品月初、月末没有在产品。废品生产成本的计算中，直接材料项目按合格品同等负担，直接人工和制造费用可折算为 210 件合格品。废品残料处理回收现金 2 400 元，由过失人赔偿损失 1 000 元。

要求：计算废品生产成本和净损失并编制有关会计分录。

（1）计算并结转不可修复废品生产成本。

（2）登记回收废品残料价值。

（3）登记过失人应赔偿款。

（4）计算并结转废品净损失。

8. 练习在产品成本的计算（约当产量法）。

资料：春阳工厂生产的 W01 产品原材料在生产开始时一次投入，直接人工和制造费用的发出比较均衡，月末在产品完工程度可按 50% 计算。2024 年 9 月完工入库甲产品 800 件，月末盘存 W01 产品在产品为 200 件。根据产品成本计算单提供的资料，W01 产品月初在产品成本为 160 000 元，其中，直接材料 96 000 元，直接人工 40 000 元，制造费用 24 000 元；本月发生生产费用为 800 000 元，其中，直接材料 420 200 元，直接人工 243 500 元，制造费用 136 300 元。

要求：根据资料采用约当产量法计算甲产品本月完工产品成本和月末在产品成本，将计算结果填入产品成本计算单（见表 2-74），并编制会计分录。

表2-74　　　　　　　　　　　**春阳工厂产品成本计算单**

产品：W01 产品
产量：800 件　　　　　　　　　　2024 年 9 月　　　　　　　　　　单位：元

摘要	直接材料	直接人工	制造费用	合计
月初在产品成本				
本月生产费用				
生产费用合计				
本月完工产品数量				
月末在产品约当量				
生产量合计				
费用分配率（完工产品单位成本）				
本月完工产品总成本				
月末在产品成本				

会计分录：

9. 练习分工序计算在产品约当产量。

（1）春阳工厂生产的 W001 产品顺序经过第一、第二、第三共三道工序加工，原材料分别在各工序生产开始时投入，各工序在产品在本工序的加工程度为 50%。该产品本年 5 月单位产品原材料消耗定额为 2 000 元，其中，第一工序 1 400 元，第二工序 400 元，第三工序 200 元；单位产品工时消耗定额为 200 小时，其中，第一工序 80 小时，第二工序 80 小时，第三工序 40 小时。本月月末 W001 产品盘存在产品 1 000 件，其中，第一工序 400 件，第二工序 400 件，第三工序 200 件。

要求：根据资料分成本项目计算 W001 产品月末在产品约当量，并填入表 2-75 中。

表2-75　　　　　　　　**春阳工厂在产品完工程度及约当产量计算表**

产品：W001 产品　　　　　　　　2024 年 5 月　　　　　　　　　　单位：件

工序	在产品数量	直接产量项目			加工费用项目		
		投料定额	在产品投料率	在产品约当产量	工时定额	在产品完工率	在产品约当产量
一							
二							
三							
合计							

(2) 资料同题(1),只是材料的投入方式为各工序内陆续投入,计算乙产品月末在产品约当量,并填入表2-76中。

表2-76　　　　　　　**春阳工厂在产品完工程度及约当产量计算表**

产品：W001产品　　　　　　　　　　　2024年5月　　　　　　　　　　　　单位：件

工序	在产品数量	直接产量项目			加工费用项目		
		投料定额	在产品投料率	在产品约当产量	工时定额	在产品完工率	在产品约当产量
一							
二							
三							
合计							

10. 练习在产品成本的计算方法（定额比例法）。

资料：鸿运工厂生产的W201产品,其2024年9月单位产品原材料消耗定额为200元,工时消耗定额为90小时。本月完工入库W201产品5 000件,月末在产品2 000件。月末在产品中,第一道工序750件,单位在产品原材料消耗定额为50元,工时消耗定额为10小时；第二道工序700件,单位在产品原材料消耗定额为120元,工时消耗为45小时；第三道工序550件,单位在产品原材料消耗定额为160元,工时消耗定额为80小时。产品月初在产品成本为360 600元,其中,直接材料258 240元,直接人工63 960元,制造费用38 400元；本月发生生产费用3 501 000元,其中,直接材料2 324 160元,直接人工735 540元,制造费用441 300元。

要求：根据资料采用定额比例法计算W201产品本月完工产品成本和月末在产品成本,将计算结果填入产品成本计算单(见表2-77),并编制会计分录。

表2-77　　　　　　　**鸿运工厂产品成本计算单**

产品：W201产品

产量：　件　　　　　　　　　　　　　2024年9月　　　　　　　　　　　　单位：元

摘要	直接材料	直接人工	制造费用	合计
月初在产品成本				
本月发生生产费用				
生产费用合计				
本月完工产品总定额				
月末在产品总定额				

续表

摘要	直接材料	直接人工	制造费用	合计
定额合计				
费用分配率				
本月完工产品总成本				
本月完工产品单位成本				
月末在产品总成本				

会计分录：

项目三　品种法成本核算

【学习目标】

知识目标：理解品种法的特点和适用环境，掌握各要素费用项目分配核算方法。

能力目标：能按照品种法的核算流程进行各要素费用的归集和分配，能正确编制记账凭证，登记相关账户，完成品种法下产品成本的计算。

【课程思政专栏】

中国智造，引领世界

【课程思政关键词】　中国智造　科技创新　精益求精　绿色发展

【案例】福耀玻璃工业集团股份有限公司（简称"福耀集团"），1987年在中国福州注册成立，是一家生产汽车安全玻璃和工业技术玻璃的中外合资企业。福耀集团是国内最具规模、技术水平较高、出口量最大的汽车玻璃生产供应商，产品"FY"商标是中国汽车玻璃行业迄今为止唯一的"中国驰名商标"。

1. 质量至上，精益管理。福耀集团以"四品一体双驱动"质量管理模式荣膺第四届中国质量奖。"四品一体双驱动"质量管理模式是以"产品、人品、品质、品位"的四品一体作为体系核心，以"福耀卓越管理系统"为保障，通过"创造需求、稳健研发协同供应、精益智造、敏捷服务"的价值创造，以人文驱动人品终身提升、创新驱动产品持续迭代，推动企业发展，树立行业典范，实现极致品质，满足人们对高品位生活的需求。

目前，"四品一体双驱动"质量管理模式在全球11个国家及中国16个省区市的57个产销研基地成功复刻，综合运行效率和综合绩效远超同地区企业平均水平，呈现出具有跨文化背景、普适性强、复刻快捷、低耗高效的优势特点。依托该模式，福耀集团实现了"高性能、高稳健、高绩效"的"三高"质量目标，核心技术100%自主可控，产品及服务得到宾利、奔驰、宝马、奥迪等全球知名汽车制造企业及主要汽车厂商的认证和选用。截至2021年，福耀集团产品国内市占率超68%、国际市占率超28%，创造了以福耀玻璃为引领的全球汽车玻璃行业新格局。

2. 科技缔造，引领全球。近年来，福耀集团持续加大科技创新力度，先后组建国家认定企业技术中心、院士工作站、博士后科研工作站、国家CNAS检测实验中心等九大国家级科研平台，通过分布全球的六大研发中心，整合全球创新资源，形成了覆盖汽车玻璃全产业链的自主创新能力。

福耀集团先后主持或参与编制国内外标准23项,成功解决了国内13项"卡脖子"技术难题,在汽车玻璃关键成型工艺和设备、玻璃天线、镀膜、光电等核心技术领域均实现技术突破,自主研发出满足汽车"新四化"需求的轻量化超薄玻璃、镀膜可加热隔热玻璃、AR-HUD玻璃、带网联天线的ETC RFID 5G玻璃、智能全景天幕玻璃、集成化智能立柱等各类玻璃,这些产品不仅成为福耀集团业绩增长的有力支撑,更为广大用户带来了全新绿色智能、安全舒适的驾乘体验。

3. 柔性智造,控制成本。福耀玻璃具备成熟的柔性制造能力和智能工厂,包含对制造流程、库存和成本结构的智能控制,以先进管理理念和技术、人才作为支撑。福耀的柔性制造采用JIT准时制和可视化看板系统进行管理,从传统的"以产定销"迈入"以需定产"。后工序部门只向前工序部门下达必要数量的零件生产指令,前工序部门按计划精准生产。不允许前工序部门输出不符合质量标准或客户要求的半成品,后工序一旦收到次品立即退回。通过双向制衡,产品生产和质量监督同时有序进行。在人、机、物互联基础上,福耀智慧工厂具备了生产过程数据自动采集、实时检查反馈的全能型特点,塑造了其全价值链端到端的集成架构。在客源密集区就近设厂,降低仓储和物流成本。

4. 科学规划,降低成本。发展三十余年,福耀已在中国16个省市以及美、俄、德、日、韩等11个国家和地区建立现代化生产基地、商务机构或设计中心,全球雇员约2.7万人。福耀的海外扩张遵循低要素成本和靠近市场两大原则。首先,美俄等地油气资源充裕、化石能源价格低廉,燃料费用低;两国对于引进外商投资新建厂房均有税收优惠,可以降低绿地投资成本。其次,在俄罗斯卡卢加、德国海尔布隆等地区设厂,使福耀能够直面市场需求;缩短销售周期、实现快速供货。福耀还合理运用对冲策略降低外汇风险,减少股票收益和现金流波动造成的公司价值损失。注重跨文化混合管理,适应不同法律和政策。持续巩固战略联盟并推动知识转移,向海外产业链上下游企业尤其是丰田、大众、福特、通用、奥迪等大客户学习流程管理能力,最终形成最严苛的成本控制管理流程并一以贯之。

5. 绿色制造,和谐发展。在实现企业高质量发展的同时,福耀集团始终以绿色发展为目标,打造资源节约的环境友好型企业。近年来,通过设备改造、工艺升级、绿色研发等创新手段,持续优化全流程、全链条、全周期的能源利用、废物处理,实现了电、气、光、热、可再生能源的"多能互补",年减少用电量1.15亿千瓦时,节省标准煤68万吨,减少二氧化碳排放15.2万吨。

资料来源:改编自:百度百科"福耀玻璃工业集团股份有限公司"[OL]. 2025-06-29. 雪山. 福耀玻璃:中国质量之光[J]. 海峡通讯, 2022 (01): 28-29; 金永健, 霍嘉铭. 低成本经营制造业高质量发展路径研究——以福耀玻璃为例[J]. 营销界, 2021 (11): 55-56; 戴正宗. 从"制造大国"迈向"制造强国"[N]. 中国财经报, 2022-06-23 (005).

【启示】制造业是立国之本、强国之基,制造业高质量发展,是我国经济高质量发展的重中之重。党的十八大以来,我国新型工业化步伐显著加快,迎来了从"制造大国"向

"制造强国"的历史性跨越。福耀集团以其高性能、高稳健、高绩效的质量目标引领了中国智造和精益管理，是我们民族的骄傲。

【知识准备】

一、品种法的含义

产品成本计算的品种法亦称简单法、单步法，是以产品的品种作为成本计算对象，开设生产成本明细账、归集生产费用、计算产品成本的一种方法。采用这种方法，既不要求按照产品批别计算成本，也不要求按照产品生产步骤计算成本。

二、品种法的成本计算程序

按照产品的品种计算成本，是成本管理对成本计算最一般的要求，成本计算的一般程序也就是品种法的计算程序。

具体可按以下程序进行：开设成本明细账→核算各种要素费用→核算辅助生产费用→核算制造费用→核算损失性费用→分配计算各种完工产品和在产品成本，并结转产成品的成本。

三、品种法的特点

（一）成本计算对象

品种法的成本计算对象是产品的品种。如果企业只生产一种产品，全部的生产费用都是直接计入费用，可直接计入该产品成本明细账的有关成本项目中，不存在各种成本计算对象之间分配费用的问题。如果生产多种产品，间接计入费用则要采用适当的方法，在各成本计算对象之间进行分配。

（二）成本计算期

品种法下一般定期（每月月末）计算产品成本。因此，品种法的成本计算期与会计报告期一致，与产品的生产周期不一致。

（三）月末在产品的成本计算

如果企业月末有在产品存在，则需要将该产品成本明细账中归集的生产费用，采用适当的方法在完工产品和在产品之间进行分配，计算出完工产品成本和月末在产品成本。

四、品种法的适用条件

品种法主要适用于大量大批、单步骤生产的企业，如发电等企业；在大量大批、多步骤生产的企业，如果成本管理上不要求按生产步骤计算成本，也可以采用品种法。

【项目描述】

一、模拟企业描述

四川峰泉饮品有限公司（以下简称峰泉公司）是一家专业生产及销售美乐牌草莓汁和苹果汁的企业，其注册地是四川省绵阳市涪江路188号，注册资金500万元，法人代表为金津湘，财务负责人是孙晓菲，会计有李玲、袁梅、杨芳，出纳是张帆。该企业为增值税一般纳税人，税务登记号是430413873405776238，适用增值税税率为13%，适用企业所得税税率为25%。开户银行为中国银行涪城支行，账号是50813507346193。公司电话号码是0816-9174201。

二、模拟企业成本核算制度

（一）成本核算方法

企业生产组织及工艺流程：四川峰泉饮品有限公司共设有一个基本生产车间、两个辅助生产车间（供电车间和供气车间）。该公司基本生产车间生产美乐牌草莓汁和苹果汁两种产品。草莓汁和苹果汁的工艺流程：以草莓和苹果浓缩汁、纯净水、白砂糖、食用香精等为原料生产草莓汁和苹果汁成品，最后将听装的草莓汁和苹果汁装箱打包后送成品仓库。根据生产特点和成本管理要求，采用品种法计算美乐牌草莓汁和苹果汁产品的成本。

成本核算对象为美乐牌草莓汁和苹果汁。

（二）有关费用分配方法及相关规定

1. 该企业存货采用实际成本计价，原材料采用全月一次加权平均法，月末集中结转发出材料成本；包装物和低值易耗品均采用一次摊销法计入有关成本费用。为简化核算，假定本月无购进存货业务。

2. 固定资产采用平均年限法计提折旧，月折旧率分别为：房屋建筑物0.3%，机器设备1.5%，管理设备0.8%。假定不考虑净残值因素。

3. 职工薪酬有关计提比例：职工福利费计提比例为14%；工会经费计提比例为2%；职工教育经费计提比例为1.5%；社会保险费的计提比例分别为：基本养老保险费20%，基本医疗保险费8%，失业保险费2%，工伤保险费0.8%，生育保险费0.8%；住房公积金计提比例12%。

4. 两种饮料生产共同耗用的纯净水费用按定额费用比例分配，人工费用按实际生产工时比例分配，制造费用按实际机器工时比例分配。

5. 辅助生产车间发生的各项费用直接记入"生产成本——辅助生产成本"账户，不通过"制造费用"账户核算。辅助生产费用月末根据各受益对象接受的劳务量，采用"一次交互分配法"进行分配。

6. 两种饮料生产所需的原材料在生产开始时一次性全部投入，月末有在产品时，生产成本在完工产品与月末在产品之间的费用分配，采用的方法为在产品按年初数固定计算法。

7. 各项费用分配率保留4位小数，金额计算结果保留2位小数。

三、模拟企业成本核算资料

（一）产量及工时资料

1. 产量及定额资料情况。

（1）美乐牌草莓汁生产情况：2024年1月初有在产品400件，本月投产5 000件，完工5 050件，月末在产品350件。单位产品定额资料：在产品和完工产品耗用纯净水费用定额均为0.2元，在产品工时定额为0.5小时，完工产品工时定额为1.5小时。

（2）美乐牌苹果汁生产情况：2024年1月初有在产品200件，本月投产3 500件，完工3 490件，月末在产品210件。单位产品定额资料：在产品和完工产品耗用纯净水费用定额均为0.25元，在产品工时定额为1小时，完工产品工时定额为2小时。

2. 工时情况。美乐牌草莓汁本月共投入生产工时5 200小时，机器工时6 800小时；美乐牌苹果汁本月共投入生产工时4 800小时，机器工时4 200小时。

（二）期初资料

四川峰泉饮品有限公司2023年12月31日有关账户余额：

1. 原材料、库存商品明细账户余额（见表3-1）。

表3-1　　　　　　　　原材料、库存商品明细账户余额

账户名称	数量	单位	单价	金额（元）
原材料——草莓浓缩汁	25 000	千克	20.00	500 000
原材料——苹果浓缩汁	20 000	千克	25.00	500 000
原材料——白砂糖	3 500	千克	4.00	14 000
原材料——纯净水	200	吨	20.00	4 000
原材料——乳化剂	1 000	千克	11.00	11 000
原材料——食用香精	2 500	千克	60.00	150 000
原材料——商标纸	140 000	张	0.10	14 000
原材料——优质燃煤	200	吨	140.00	28 000
原材料——润滑油	60	千克	3.00	180
周转材料——易拉罐	150 000	套	0.25	37 500
周转材料——纸箱	10 500	个	3.00	31 500
库存商品——峰泉草莓汁	400	件	43.00	17 200
库存商品——峰泉苹果汁	200	件	35.00	7 000

2. "生产成本——基本生产成本"明细账户余额（见表 3-2）。

表 3-2　　　　　　"生产成本——基本生产成本"明细账户余额　　　　　单位：元

项目	直接材料	直接人工	制造费用	合计
美乐牌草莓汁	10 000	4 000	2 000	16 000
美乐牌苹果汁	4 000	1 500	850	6 350

3. 固定资产情况表（见表 3-3）。

表 3-3　　　　　　　　　　　　**固定资产情况表**
　　　　　　　　　　　　　　　　2023 年 12 月 31 日

部门	固定资产名称	原值（元）	月折旧率（%）	月折旧额（元）
基本生产车间	房屋	1 000 000	0.3	3 000
	一号生产线	300 000	1.5	4 500
	二号生产线	200 000	1.5	3 000
供电车间	房屋	800 000	0.3	2 400
	机器设备	250 000	1.5	3 750
供气车间	房屋	750 000	0.3	2 250
	机器设备	100 000	1.5	1 500
行政管理部门	房屋	2 000 000	0.3	6 000
	管理设备	400 000	0.8	3 200

（三）本期发生业务资料

1. 四川峰泉饮品有限公司使用通用记账凭证和科目汇总表会计分录程序进行日常会计处理，并采用账结法计算利润。原材料、库存商品采用实际成本计价核算，并采用全月一次加权平均法计算发出存货的成本。该公司对所有固定资产均采用直线折旧法计提折旧。2023 年 12 月计提的折旧额为 29 600 元（其中，生产车间用固定资产折旧额为 10 500 元，供电车间用固定资产折旧额为 6 150 元，供气车间用固定资产折旧额为 3 750 元，管理部门用固定资产折旧额 9 200 元），2024 年 1 月没有发生固定资产增减业务。

2. 2024 年 1 月该公司的人员数量、结构以及工资水平与上月完全一致。

3. 四川峰泉饮品有限公司 2024 年 1 月发生如下交易或事项，其相关原始凭证如表 3-4~表 3-19，图 3-1~图 3-5 所示。

表 3-4　　　　　　　　　　　　　领料单

领料部门：基本生产车间　　　　2024 年 1 月 4 日　　　　　　　　　No：002170

材料名称	编号	规格	单位	数量		单价	金额	记账
				请领	实发			
草莓浓缩汁			千克	3 000	3 000			
食用香精			千克	0.25	0.25			
白砂糖			千克	120	120			
乳化剂			千克	1	1			
工作单号			用途	用于美乐牌草莓汁生产				
工作项目								

审批：李巧巧　　　　记账：李玲　　　　发料人：彭敏姣　　　　领料人：张斌

第二联 会计部门记账

表 3-5　　　　　　　　　　　　　领料单

领料部门：基本生产车间　　　　2024 年 1 月 4 日　　　　　　　　　No：002171

材料名称	编号	规格	单位	数量		单价	金额	记账
				请领	实发			
苹果浓缩汁			千克	1 200	1 200			
食用香精			千克	0.15	0.15			
白砂糖			千克	80	80			
乳化剂			千克	1	1			
工作单号			用途	用于美乐牌苹果汁生产				
工作项目								

审批：李巧巧　　　　记账：李玲　　　　发料人：彭敏姣　　　　领料人：张斌

第二联 会计部门记账

表 3-6　　　　　　　　　　　　　领料单

领料部门：基本生产车间　　　　2024 年 1 月 4 日　　　　　　　　　No：002172

材料名称	编号	规格	单位	数量		单价	金额	记账
				请领	实发			
纯净水			吨	55	55			
工作单号			用途	用于美乐牌草莓汁、苹果汁生产				
工作项目								

审批：李巧巧　　　　记账：李玲　　　　发料人：彭敏姣　　　　领料人：张斌

第二联 会计部门记账

表 3-7　　　　　　　　　　　　　　　　领料单

领料部门：供电车间　　　　　　　2024 年 1 月 4 日　　　　　　　　　No：002173

材料名称	编号	规格	单位	数量		单价	金额	记账
				请领	实发			
优质燃煤			吨	15	15			
工作单号			用途	用于发电				
工作项目								

审批：李巧巧　　　　　记账：李玲　　　　　发料人：彭敏姣　　　　　领料人：张斌

第二联 会计部门记账

表 3-8　　　　　　　　　　　　　　　　领料单

领料部门：供气车间　　　　　　　2024 年 1 月 4 日　　　　　　　　　No：002174

材料名称	编号	规格	单位	数量		单价	金额	记账
				请领	实发			
润滑油			千克	50	50			
工作单号			用途	用于供气车间机器设备维护				
工作项目								

审批：李巧巧　　　　　记账：李玲　　　　　发料人：彭敏姣　　　　　领料人：张斌

第二联 会计部门记账

表 3-9　　　　　　　　　　　　　　　　产品入库单　　　　　　　　　　　　编号：1280493

车间：基本生产车间　　　　　　　2024 年 1 月 10 日　　　　　　　　　仓库：1 号

产品名称	编号	规格	单位	数量	金额							
					百	十	万	千	百	十	元	角	分
美乐牌草莓汁			件	1 500								
美乐牌苹果汁			件	1 500								
合计												

验收：文虎　　　　　保管员：李乐　　　　　车间：李利　　　　　记账：李玲

第二联 会计部门记账

表 3-10 领料单

领料部门：基本生产车间　　　　2024 年 1 月 14 日　　　　　　　　No：002175

材料名称	编号	规格	单位	数量 请领	数量 实发	单价	金额	记账
草莓浓缩汁			千克	3 000	3 000			
食用香精			千克	0.25	0.25			
白砂糖			千克	120	120			
乳化剂			千克	1	1			
工作单号			用途	用于美乐牌草莓汁生产				
工作项目								

审批：李巧巧　　　记账：李玲　　　发料人：彭敏姣　　　领料人：张斌

第二联 会计部门记账

表 3-11 领料单

领料部门：基本生产车间　　　　2024 年 1 月 14 日　　　　　　　　No：002176

材料名称	编号	规格	单位	数量 请领	数量 实发	单价	金额	记账
苹果浓缩汁			千克	1 200	1 200			
食用香精			千克	0.15	0.15			
白砂糖			千克	80	80			
乳化剂			千克	1	1			
工作单号			用途	用于美乐牌苹果汁生产				
工作项目								

审批：李巧巧　　　记账：李玲　　　发料人：彭敏姣　　　领料人：张斌

第二联 会计部门记账

表 3-12 领料单

领料部门：基本生产车间　　　　2024 年 1 月 14 日　　　　　　　　No：002177

材料名称	编号	规格	单位	数量 请领	数量 实发	单价	金额	记账
纯净水			吨	50	50			
工作单号			用途	用于美乐牌草莓汁、苹果汁生产				
工作项目								

审批：李巧巧　　　记账：李玲　　　发料人：彭敏姣　　　领料人：张斌

第二联 会计部门记账

表 3-13　　　　　　　　　　　　　　　　**领料单**

领料部门：基本生产车间　　　　　　　2024 年 1 月 14 日　　　　　　　　　　No：002178

材料名称	编号	规格	单位	数量 请领	数量 实发	单价	金额	记账
易拉罐			套	51 000	51 000			
商标纸			张	51 000	51 000			
纸　箱			个	8 500	8 500			
工作单号			用途	其中：生产美乐牌草莓汁领用易拉罐 30 000 套、商标纸 30 000 张、纸箱 5 000 个；生产美乐牌苹果汁领用易拉罐 21 000 套、商标纸 21 000 张、纸箱 3 500 个				
工作项目								

审批：李巧巧　　　　　记账：李玲　　　　　发料人：彭敏姣　　　　　领料人：张斌

第二联 会计部门记账

表 3-14　　　　　　　　　　　　　　　　**产品入库单**　　　　　　　　　　　　　　编号：1280494

车间：基本生产车间　　　　　　　2024 年 1 月 20 日　　　　　　　　　　仓库：1 号

产品名称	编号	规格	单位	数量	金额 百	十	万	千	百	十	元	角	分
美乐牌草莓汁			件	1 500									
美乐牌苹果汁			件	1 000									
合计													

验收：文虎　　　　　保管员：李乐　　　　　车间：李利　　　　　记账：李玲

第二联 会计部门记账

成本核算与分析

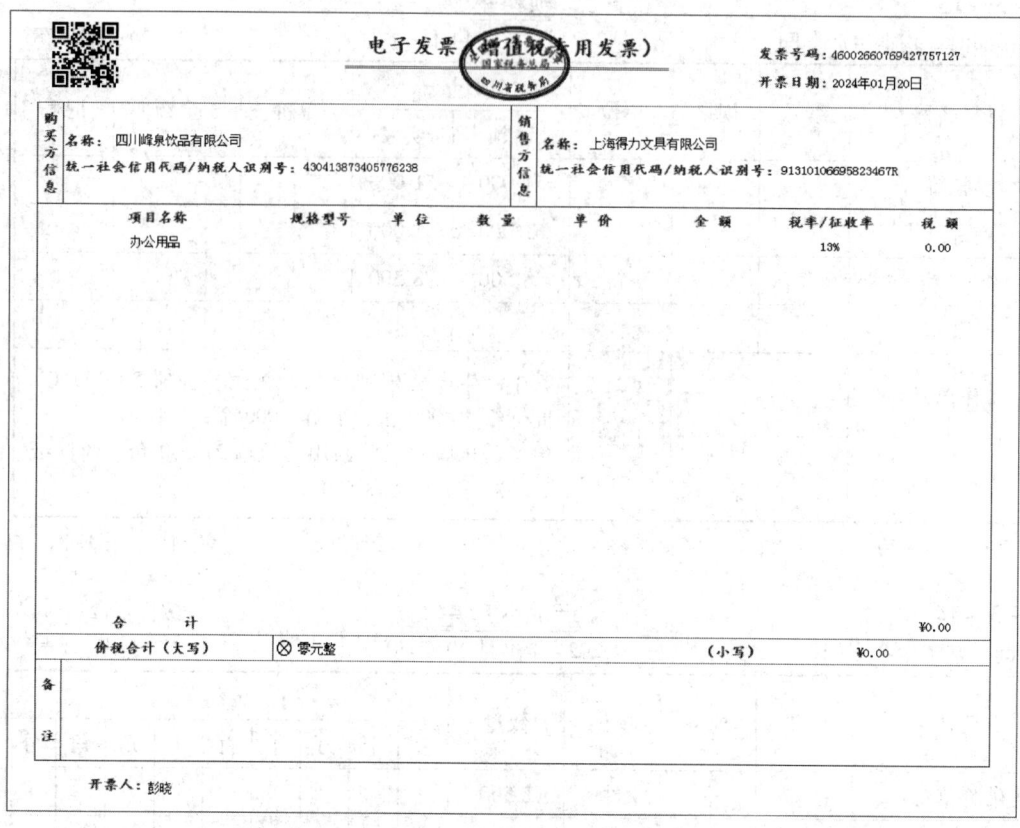

图3-1 增值税专用发票

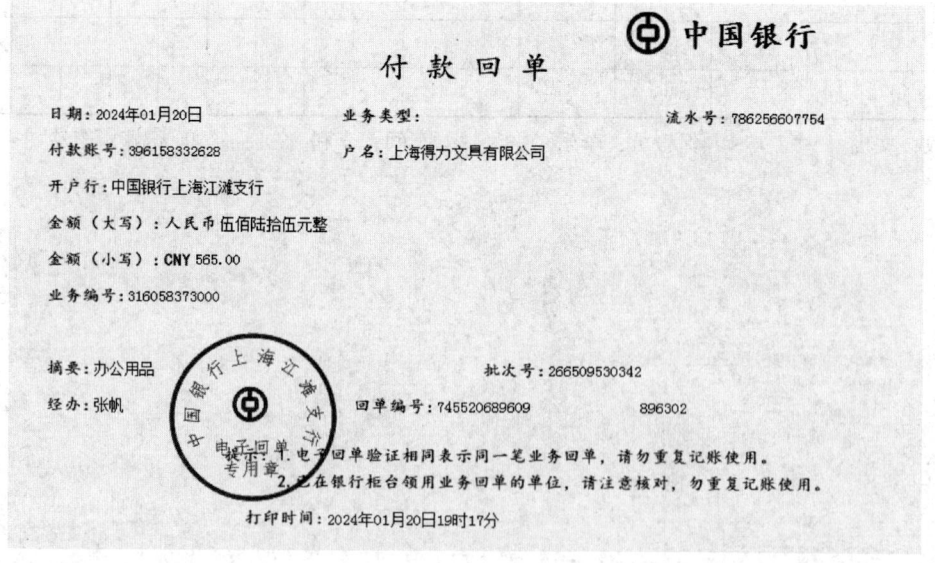

图3-2 付款回单

发货清单

客户名称	四川峰泉饮品有限公司							收货地址		
合同编号								联系人		
备注								电话		
序号	产品名称	规格型号	单位	数量	单价	税率	税额	价税合计	发货时间	备注
1	计算器		个	3	80.00	13%	31.20	271.20	2024-01-20	
2	中性笔		只	50	1.00	13%	6.50	56.50	2024-01-20	
3	文件盒		个	10	8.00	13%	10.40	90.40	2024-01-20	
4	订书机		个	2	15.00	13%	3.90	33.90	2024-01-20	
5	票 夹		个	50	2.00	13%	13.00	113.00	2024-01-20	
合计								565.00		

发货单位（签字盖章）：上海得力文具有限公司　　　收货单位（签字盖章）：
发货日期：2024-01-20　　　收货日期：

图 3-3　发货清单

表 3-15　　　　　　　　　　　**办公用品领用清单**
领用部门：基本生产车间　　　　2024 年 1 月 23 日

用品名称	规格	单位	数量	单价（元）	金额（元）
计算器		个	3	80	240
中性笔		只	30	1	30
票 夹		个	20	2	40
合计					310

审批：金津湘　　　　　　经手人：刘额　　　　　　领用部门（人）：李玲

表 3-16　　　　　　　　　　　**办公用品领用清单**
领料部门：财务科　　　　　　　2024 年 1 月 23 日

用品名称	规格	单位	数量	单价（元）	金额（元）
文件盒		个	10	8	80
中性笔		只	20	1	20
订书机		个	2	15	30
票 夹		个	30	2	60
合计					190

审批：金津湘　　　　　　经手人：刘额　　　　　　领用部门（人）：李玲

表 3-17

工资结算汇总表

2024 年 1 月 31 日　　　　　　　　　　　　　　　　　　　单位：元

车间、部门		基本工资	奖金	津贴	应付工资合计
基本生产车间	生产工人	40 000	28 000	2 000	70 000
	管理人员	8 000	5 000	600	13 600
供电车间	生产工人	5 000	300	200	5 500
	管理人员	2 000	400	100	2 500
供气车间	生产工人	6 000	800	600	7 400
	管理人员	2 000	400	200	2 600
管理部门	行政管理人员	15 000	10 000	500	25 500
合计		78 000	44 900	4 200	127 100

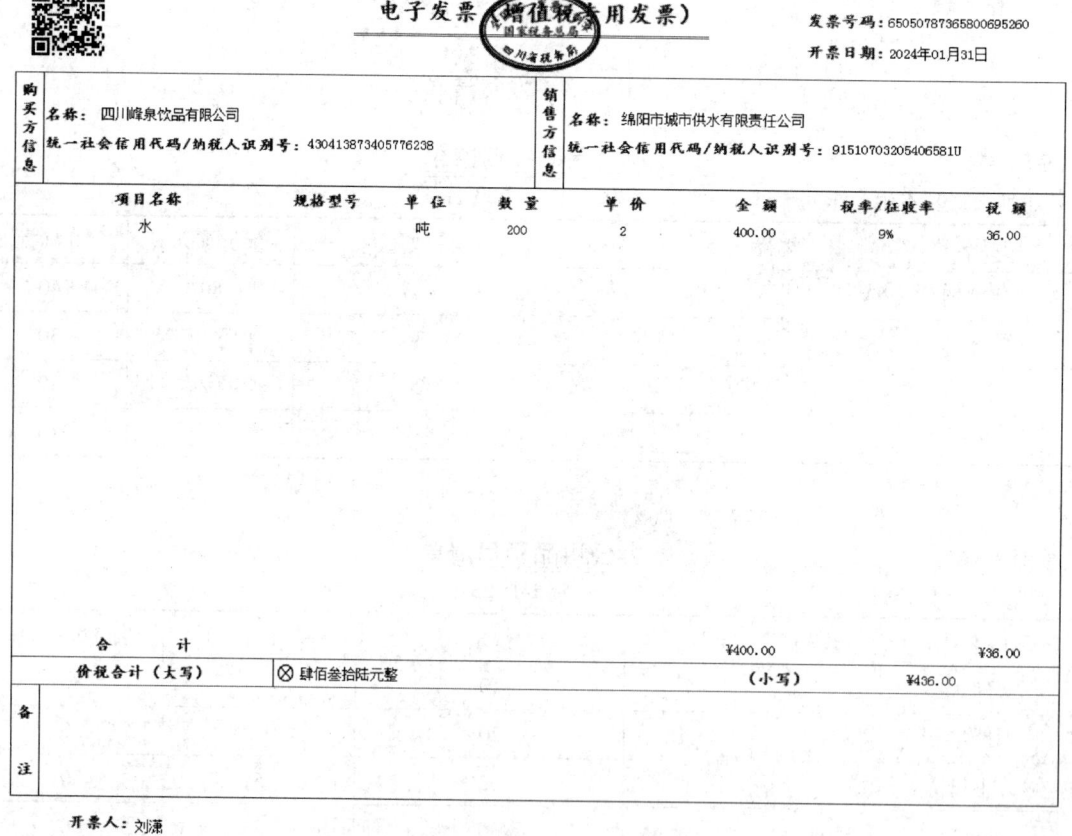

图 3-4　增值税专用发票

```
                                                    中国银行
              付 款 回 单
     日期：2024年01月31日      业务类型：              流水号：131676915124
     付款账号：100382128792    户名：绵阳市供水有限责任公司
     开户行：中国银行中山支行
     金额（大写）：人民币 肆佰叁拾陆元整
     金额（小写）：CNY 436.00
     业务编号：032999780355

     摘要：水费                批次号：611919748712
     经办：张帆                回单编号：190930806089       141712

     注：1.电子回单验证相同表示同一笔业务回单，请勿重复记账使用。
        2.凡在银行柜台领用业务回单的单位，请注意核对，勿重复记账使用。
     专用章印时间：2024年01月31日19时21分
```

图 3-5　付款回单

表 3-18　　　　　　　　　　外购水使用情况统计表
2024 年 1 月 31 日

部门		分配标准（吨）
基本生产车间	一般耗用	50
供电车间	生产用	30
	一般耗用	10
供气车间	生产用	50
	一般耗用	10
行政管理部门		50
合计		200

复核：李华　　　　　　　　　　　　　　　　　　　制单：张丹

表 3-19　　　　　　　　　　　　产品入库单　　　　　　　　编号：1280495
车间：基本生产车间　　　　　　　2024 年 1 月 31 日　　　　　　　仓库：1 号

产品名称	编号	规格	单位	数量	金额							
					百	十	万	千	百	十	元	角	分
美乐牌草莓汁			件	2 050									
美乐牌苹果汁			件	990									
合计													

第二联 会计部门记账

验收：文虎　　　保管员：李乐　　　车间：李利　　　记账：李玲

任务 1　账户设置

【任务演练】

为简化核算，峰泉公司根据 2024 年 1 月业务仅设置与成本核算相关的账户，只登记与成本核算相关的明细账户。账户设置如下：

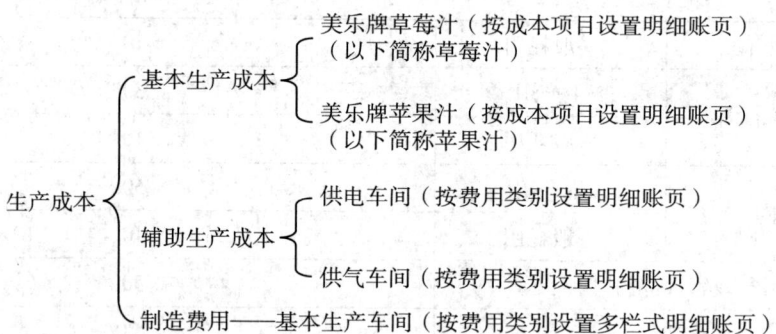

步骤一：开设生产成本明细账。

1. 开设基本生产成本明细账。根据峰泉公司的期初资料开设生产成本明细账，并登记期初余额（见表 3-20 和表 3-21）。

表 3-20　　　　　　　　　　　　**基本生产成本明细账**

产品：美乐牌草莓汁　　　　　　　　2024 年 1 月　　　　　　　　　　　单位：元

2024 年		摘要	直接材料	直接人工	制造费用	合计
月	日					
1	1	期初在产品	10 000	4 000	2 000	16 000
…						

表 3-21　　　　　　　　　　　　**基本生产成本明细账**

产品：美乐牌苹果汁　　　　　　　　2024 年 1 月　　　　　　　　　　　单位：元

2024 年		摘要	直接材料	直接人工	制造费用	合计
月	日					
1	1	期初在产品	4 000	1 500	850	6 350
…						

2. 开设辅助生产成本明细账。根据峰泉公司辅助生产车间具体情况开设辅助生产成本明细账（见表 3-22 和表 3-23）。

表 3-22　　　　　　　　　　　　**辅助生产成本明细账**

辅助生产车间：供电车间　　　　　　2024 年 1 月　　　　　　　　　　　单位：元

2024 年		摘要	材料费用	职工薪酬	折旧费	水费	其他费用	合计
月	日							
…								

表 3-23　　　　　　　　　　　　**辅助生产成本明细账**

辅助生产车间：供气车间　　　　　　2024 年 1 月　　　　　　　　　　　单位：元

2024 年		摘要	材料费用	职工薪酬	折旧费	水费	其他费用	合计
月	日							

步骤二：开设制造费用明细账（见表 3-24）。

表 3-24　　　　　　　　　　　　**制造费用明细账**

车间名称：基本生产车间　　　　　　2024 年 1 月　　　　　　　　　　　单位：元

2024 年		摘要	机物料消耗	职工薪酬	折旧费	外购水费	办公费	电费	气费	其他	合计
月	日										

任务2 要素费用的核算

一、材料费用的核算

步骤一：材料费用的归集。

峰泉公司2024年1月材料领用情况汇总如表3-25所示。

表3-25　　　　　　　　　　　**材料发料凭证汇总表**
2024年1月

领料单位	材料名称	用途	单位	数量	单价（元）	金额（元）
基本生产车间	浓缩草莓汁	生产草莓汁	千克	6 000	20	120 000
基本生产车间	浓缩苹果汁	生产苹果汁	千克	2 400	25	60 000
基本生产车间	纯净水	生产草莓汁、苹果汁	吨	105	20	2 100
基本生产车间	食用香精	生产草莓汁	千克	0.5	60	30
基本生产车间	食用香精	生产苹果汁	千克	0.3	60	18
基本生产车间	白砂糖	生产草莓汁	千克	240	4	960
基本生产车间	白砂糖	生产苹果汁	千克	160	4	640
基本生产车间	乳化剂	生产草莓汁	千克	2	11	22
基本生产车间	乳化剂	生产苹果汁	千克	2	11	22
基本生产车间	易拉罐	生产草莓汁	套	30 000	0.25	7 500
基本生产车间	易拉罐	生产苹果汁	套	21 000	0.25	5 250
基本生产车间	商标纸	生产草莓汁	张	30 000	0.10	3 000
基本生产车间	商标纸	生产苹果汁	张	21 000	0.10	2 100
基本生产车间	纸箱	生产草莓汁	个	5 000	3	15 000
基本生产车间	纸箱	生产苹果汁	个	3 500	3	10 500
供电车间	优质燃煤	生产用	吨	15	140	2 100
供气车间	润滑油	生产用	千克	50	3	150
合计						229 392

步骤二：材料费用的分配（见表3-26）。

峰泉公司材料费用的分配采用定额费用比例分配法。

表 3–26 材料费用分配表

2024 年 1 月　　　　　　　　　　　　　　　　　　　　　　　单位：元

应借科目		明细科目	直接计入	分配计入			合计
				分配标准（定额费用）	分配率	分配金额	
生产成本	基本生产成本	美乐牌草莓汁	146 512	1 000	1.12	1 120	147 632
		美乐牌苹果汁	78 530	875	1.12	980	79 510
		小计	225 042	1 875	1.12	2 100	227 142
	辅助生产成本	供电车间	2 100				2 100
		供气车间	150				150
		小计	2 250				2 250
制造费用	基本生产车间						
销售费用							
管理费用							
合计			227 292			2 100	229 392

表 3–26 中主要数据的计算过程如下：

美乐牌草莓汁材料费用直接计入金额
= 120 000 + 30 + 960 + 22 + 7 500 + 3 000 + 15 000 = 146 512（元）

美乐牌苹果汁材料费用直接计入金额
= 60 000 + 18 + 640 + 22 + 5 250 + 2 100 + 10 500 = 78 530（元）

美乐牌草莓汁材料定额费用 = 5 000 × 0.2 = 1 000（元）

美乐牌苹果汁材料定额费用 = 3 500 × 0.25 = 875（元）

材料费用分配率 = 2 100 ÷ (1 000 + 875) = 1.12

美乐牌草莓汁应分配的材料费用 = 1 000 × 1.12 = 1 120（元）

美乐牌苹果汁应分配的材料费用 = 875 × 1.12 = 980（元）

步骤三：编制记账凭证并进行审核。

直接材料费用项目中，耗用的材料和燃料费用，应当将直接计入和分配计入的费用合计，编制会计分录。因此，进行会计分录的依据是"材料发料凭证汇总表（见表 3–25）"汇集的全部材料费用和"材料费用分配表（见表 3–26）"的材料费用分配结果，据此编制分配结转本月材料费用的记账凭证（见表 3–27、表 3–28）并进行审核。

表 3-27

记账凭证

2024 年 1 月 31 日   记字第 1 $\frac{1}{2}$ 号

摘要	会计科目		借方									贷方								
	一级	二级或明细	百	十	万	千	百	十	元	角	分	百	十	万	千	百	十	元	角	分
分配材料费用	生产成本	基本生产成本——草莓汁		1	4	7	6	3	2	0	0									
		基本生产成本——苹果汁			7	9	5	1	0	0	0									
		辅助生产成本——供电车间				2	1	0	0	0	0									
		辅助生产成本——供气车间					1	5	0	0	0									
	原材料	浓缩草莓汁											1	2	0	0	0	0	0	0
		浓缩苹果汁												6	0	0	0	0	0	0
		纯净水													2	1	0	0	0	0
		食用香精															4	8	0	0
		白砂糖													1	6	0	0	0	0
合计																				

会计主管：孙晓菲　　　记账：李玲　　　稽核：袁梅　　　制单：杨芳

附单据 壹拾壹 张

表 3-28

记账凭证

2024 年 1 月 31 日   记字第 1 $\frac{2}{2}$ 号

摘要	会计科目		借方									贷方								
	一级	二级或明细	百	十	万	千	百	十	元	角	分	百	十	万	千	百	十	元	角	分
分配材料费用	原材料	乳化剂															4	4	0	0
		优质燃煤													2	1	0	0	0	0
		润滑油														1	5	0	0	0
		商标纸													5	1	0	0	0	0
	周转材料	易拉罐												1	2	7	5	0	0	0
		纸箱												2	5	5	0	0	0	0
合计			¥	2	2	9	3	9	2	0	0	¥	2	2	9	3	9	2	0	0

会计主管：孙晓菲　　　记账：李玲　　　稽核：袁梅　　　制单：杨芳

附单据 壹拾壹 张

步骤四：根据审核无误的会计凭证登记相应明细账。

1. 登记基本生产成本明细账（见表3-29和表3-30）。

表 3-29　　　　　　　　　基本生产成本明细账
产品：美乐牌草莓汁　　　　　　　2024 年 1 月　　　　　　　　　　　　单位：元

| 2024 年 | | 摘要 | 直接材料 | 直接人工 | 制造费用 | 合计 |
月	日					
1	1	期初在产品	10 000	4 000	2 000	16 000
	31	分配材料费用	147 632			147 632
…						

表 3-30　　　　　　　　　基本生产成本明细账
产品：美乐牌苹果汁　　　　　　　2024 年 1 月　　　　　　　　　　　　单位：元

| 2024 年 | | 摘要 | 直接材料 | 直接人工 | 制造费用 | 合计 |
月	日					
1	1	期初在产品	4 000	1 500	850	6 350
	31	分配材料费用	79 510			79 510
…						

2. 登记辅助生产成本明细账（见表3-31和表3-32）。

表 3-31　　　　　　　　　辅助生产成本明细账
辅助车间：供电车间　　　　　　　2024 年 1 月　　　　　　　　　　　　单位：元

| 2024 年 | | 摘要 | 材料费用 | 职工薪酬 | 折旧费 | 水费 | 其他费用 | 合计 |
月	日							
1	31	分配材料费用	2 100					2 100
…								

表 3-32　　　　　　　　　辅助生产成本明细账
辅助车间：供气车间　　　　　　　2024 年 1 月　　　　　　　　　　　　单位：元

| 2024 年 | | 摘要 | 材料费用 | 职工薪酬 | 折旧费 | 水费 | 其他费用 | 合计 |
月	日							
1	31	分配材料费用	150					150
…								

二、人工费用的核算

步骤一：人工费用的归集。

根据峰泉公司 2024 年 1 月的工资结算汇总表进行职工薪酬的计算（见表 3-33 ~ 表 3-38）。

表 3-33　　　　　　　　　　　　**工资结算汇总表**

2024 年 1 月 31 日　　　　　　　　　　　　　　　　　　　　单位：元

车间、部门		基本工资	奖金	津贴	应付工资合计
基本生产车间	生产工人	40 000	28 000	2 000	70 000
	管理人员	8 000	5 000	600	13 600
供电车间	生产工人	5 000	300	200	5 500
	管理人员	2 000	400	100	2 500
供气车间	生产工人	6 000	800	600	7 400
	管理人员	2 000	400	200	2 600
管理部门	行政管理人员	15 000	10 000	500	25 500
合计		78 000	44 900	4 200	127 100

表 3-34　　　　　　　　　　　　**工资分配汇总表**

2024 年 1 月 31 日　　　　　　　　　　　　　　　　　　　　单位：元

车间、部门	应借科目			
	生产成本	制造费用	管理费用	合计
基本生产车间	70 000	13 600		83 600
供电车间	8 000			8 000
供气车间	10 000			10 000
企业管理部门			25 500	25 500
合计	88 000	13 600	25 500	127 100

表 3-35　　　　　　　　　　　　**职工福利费计算表**

2024 年 1 月 31 日　　　　　　　　　　　　　　　　　　　　单位：元

车间、部门		应付工资总额	职工福利费（计提比例：14%）
基本生产车间	生产工人	70 000	9 800
	管理人员	13 600	1 904
供电车间		8 000	1 120
供气车间		10 000	1 400
行政管理部门		25 500	3 570
合计		127 100	17 794

表 3-36　　　　　　　　　　住房公积金计算表

2024 年 1 月 31 日　　　　　　　　　　　　　　　　　单位：元

车间、部门		应付工资总额	住房公积金（计提比例：12%）
基本生产车间	生产工人	70 000	8 400
	管理人员	13 600	1 632
供电车间		8 000	960
供气车间		10 000	1 200
行政管理部门		25 500	3 060
合计		127 100	15 252

表 3-37　　　　　　　　　工会经费及职工教育经费计算表

2024 年 1 月 31 日　　　　　　　　　　　　　　　　　单位：元

车间、部门		应付工资总额	工会经费（计提比例：2%）	职工教育经费（计提比例：1.5%）	合计
基本生产车间	生产工人	70 000	1 400	1 050	2 450
	管理人员	13 600	272	204	476
供电车间		8 000	160	120	280
供气车间		10 000	200	150	350
行政管理部门		25 500	510	382.5	892.5
合计		127 100	2 542	1 906.5	4 448.5

表 3-38　　　　　　　　　　社会保险费计算表

2024 年 1 月 31 日　　　　　　　　　　　　　　　　　单位：元

车间、部门		应付工资总额	基本养老保险（20%）	基本医疗保险（8%）	失业保险（2%）	工伤保险（0.8%）	生育保险（0.8%）	合计
基本生产车间	生产工人	70 000	14 000	5 600	1 400	560	560	22 120
	管理人员	13 600	2 720	1 088	272	108.8	108.8	4 297.6
供电车间		8 000	1 600	640	160	64	64	2 528
供气车间		10 000	2 000	800	200	80	80	3 160
行政管理部门		25 500	5 100	2 040	510	204	204	8 058
合计		127 100	25 420	10 168	2 542	1 016.8	1 016.8	40 163.6

步骤二：人工费用的分配。

峰泉公司的人工费用的分配采用实际生产工时比例分配法。

2024 年 1 月公司的工时统计资料如表 3-39 所示。

表 3-39　　　　　　　　　　　实际生产工时统计表
2024 年 1 月　　　　　　　　　　　　　　　　　单位：小时

产品名称	实际生产总工时
美乐牌草莓汁	5 200
美乐牌苹果汁	4 800
合计	10 000

根据已知资料编制人工费用分配表（见表 3-40）。

表 3-40　　　　　　　　　　　人工费用分配表
2024 年 1 月

应借科目		分配计入			直接计入（元）	合计（元）
		实际生产工时	分配率	分配金额（元）		
生产成本	基本生产成本	美乐牌草莓汁	5 200		58 640.4		58 640.4
		美乐牌苹果汁	4 800		54 129.6		54 129.6
		小计	10 000	11.277	112 770		112 770
	辅助生产成本	供电车间				12 888	12 888
		供气车间				16 110	16 110
制造费用		基本生产车间				21 909.6	21 909.6
管理费用		职工薪酬				41 080.5	41 080.5
合计					112 770	91 988.1	204 758.1

表 3-40 中主要数据的计算过程如下：

需要分配的人工费用为基本生产车间生产工人的职工薪酬
 = 7 0000（工资） + 9 800（职工福利费） + 8 400（工会经费） + 1 400（职工教育经费） + 1 050（住房公积金） + 2 2120（社会保险费） = 112 770（元）

人工费用分配率 = 112 770 ÷ (5 200 + 4 800) = 11.277

美乐牌草莓汁应分配的人工费用 = 5 200 × 11.277 = 58 640.4（元）

美乐牌苹果汁应分配的人工费用 = 4 800 × 11.277 = 54 129.6（元）

步骤三：编制记账凭证并进行审核。

产品生产工人的职工薪酬计入生产成本中基本生产成本的直接人工项目；基本生产车间和辅助生产车间管理人员的职工薪酬计入制造费用；辅助生产车间生产工人的职工薪酬计入生产成本中的辅助生产成本；企业管理人员的职工薪酬和企业因解除与职工的劳动关系给予的补偿计入管理费用；专设销售机构人员的职工薪酬计入销售费用；应由在建工程和无形资产负担的职工薪酬计入建造固定资产或无形资产成本。

根据一定的分配标准对直接人工费用进行分配,确定了各受益对象(成本核算对象)应负担的直接人工费用以后,应编制会计分录,将直接人工费用记入各成本核算对象的生产成本明细账。分配结转直接人工费用会计分录的依据是"工资结算汇总表""提取职工福利费及住房公积金计算表""社会保险费计算表""工会经费和职工教育经费计算表""非货币福利计算表"和"人工费用分配表"等。为简化核算,其会计分录应与计入其他有关成本费用中的职工薪酬合并编制。

根据峰泉公司 2024 年 1 月"工资结算汇总表"(见表 3 – 33)、"工资分配汇总表"(见表 3 – 34)、"职工福利费计算表"(见表 3 – 35)、"住房公积金计算表"(见表 3 – 36)、"工会经费和职工教育经费计算表"(见表 3 – 37)、"社会保险费计算表"(见表 3 – 38)、"实际生产工时统计表和"(见表 3 – 39)、"人工费用分配表"(见表 3 – 40),编制分配职工薪酬的记账凭证(见表 3 – 41、表 3 – 42)并进行审核。

表 3 – 41   记账凭证

2024 年 1 月 31 日   记字第 2 $\frac{1}{2}$ 号

摘要	会计科目		借方									贷方								
	一级	二级或明细	百	十	万	千	百	十	元	角	分	百	十	万	千	百	十	元	角	分
分配人工费用	生产成本	基本生产成本——草莓汁			5	8	6	4	0	4	0									
		基本生产成本——苹果汁			5	4	1	2	9	6	0									
		辅助生产成本——供电车间			1	2	8	8	8	0	0									
		辅助生产成本——供气车间			1	6	1	1	0	0	0									
	制造费用	基本生产车间			2	1	9	0	9	6	0									
	管理费用				4	1	0	8	0	5	0									
	应付职工薪酬	工资											1	2	7	1	0	0	0	0
		职工福利												1	7	7	9	4	0	0
		住房公积金												1	5	2	5	2	0	0
合计																				

会计主管:孙晓菲   记账:李玲   稽核:袁梅   制单:杨芳

附单据 柒 张

表 3-42　　　　　　　　　　　　　　　　记账凭证

2024 年 1 月 31 日　　　　　　　　　　记字第 2 2/2 号

摘要	会计科目		借方									贷方									
	一级	二级或明细	百	十万	千	百	十	元	角	分	百	十万	千	百	十	元	角	分			
分配人工费用	应付职工薪酬	工会经费											2	5	4	2	0	0			
		职工教育经费											1	9	0	6	5	0			
		基本养老保险										2	5	4	2	0	0	0			
		基本医疗保险										1	0	1	6	8	0	0			
		失业保险											2	5	4	2	0	0			
		工伤保险											1	0	1	6	8	0			
		生育保险											1	0	1	6	8	0			
合计			¥	2	0	4	7	5	8	1	0	¥	2	0	4	7	5	8	1	0	

附单据 柒 张

会计主管：孙晓菲　　　　记账：李玲　　　　稽核：袁梅　　　　制单：杨芳

步骤四：根据审核无误的会计凭证登记相应明细账。

1. 登记基本生产成本明细账（见表 3-43 和表 3-44）。

表 3-43　　　　　　　　　　　　　　**基本生产成本明细账**

产品：美乐牌草莓汁　　　　　　　2024 年 1 月　　　　　　　　　　单位：元

2024 年		摘要	直接材料	直接人工	制造费用	合计
月	日					
1	1	期初在产品	10 000	4 000	2 000	16 000
	31	分配材料费用	147 632			147 632
	31	分配人工费用		58 640.4		58 640.4

表 3-44　　　　　　　　　　　　　　**基本生产成本明细账**

产品：美乐牌苹果汁　　　　　　　2024 年 1 月　　　　　　　　　　单位：元

2024 年		摘要	直接材料	直接人工	制造费用	合计
月	日					
1	1	期初在产品	4 000	1 500	850	6 350
	31	分配材料费用	79 510			79 510
	31	分配人工费用		54 129.6		54 129.6

2. 登记辅助生产成本明细账（见表3-45和表3-46）。

表3-45　　　　　　　　　　　辅助生产成本明细账

辅助车间：供电车间　　　　　　2024年1月　　　　　　　　　　　　　单位：元

2024年		摘要	材料费用	职工薪酬	折旧费	水费	其他费用	合计
月	日							
1	31	分配材料费用	2 100					2 100
	31	分配人工费用		12 888				12 888

表3-46　　　　　　　　　　　辅助生产成本明细账

辅助车间：供气车间　　　　　　2024年1月　　　　　　　　　　　　　单位：元

2024年		摘要	材料费用	职工薪酬	折旧费	水费	其他费用	合计
月	日							
1	31	分配材料费用	150					150
	31	分配人工费用		16 110				16 110

3. 登记制造费用明细账（见表3-47）。

表3-47　　　　　　　　　　　制造费用明细账

车间名称：基本生产车间　　　　2024年1月　　　　　　　　　　　　　单位：元

2024年		摘要	机物料消耗	职工薪酬	折旧费	外购水费	办公费	电费	气费	其他	合计
月	日										
1	31	分配人工费用		21 909.6							21 909.6

三、折旧费用的核算

步骤一：计算并分配当期折旧费用。

计算并分配当期折旧费用：峰泉公司固定资产折旧费用计算与分配如表3-48所示。

表3-48　　　　　　　　　　　固定资产折旧计算明细表

2024年1月31日

部门	固定资产名称	原值（元）	月折旧率（%）	月折旧额（元）
基本生产车间	房屋	1 000 000	0.30	3 000
	一号生产线	300 000	1.50	4 500
	二号生产线	200 000	1.50	3 000

续表

部门	固定资产名称	原值（元）	月折旧率（%）	月折旧额（元）
供电车间	房屋	800 000	0.30	2 400
	机器设备	250 000	1.50	3 750
供气车间	房屋	750 000	0.30	2 250
	机器设备	100 000	1.50	1 500
行政管理部门	房屋	2 000 000	0.30	6 000
	管理设备	400 000	0.80	3 200
合计		5 800 000		29 600

步骤二：编制记账凭证（见表3-49）并进行审核。

表3-49 记账凭证

2024年1月31日 记字第3号

摘要	会计科目		借方	贷方	附单据壹张
	一级	二级或明细	百十万千百十元角分	百十万千百十元角分	
分配折旧费用	生产成本	辅助生产成本——供电车间	6 1 5 0 0 0		
		辅助生产成本——供气车间	3 7 5 0 0 0		
	制造费用	基本生产车间	1 0 5 0 0 0 0		
	管理费用		9 2 0 0 0 0		
	累计折旧			2 9 6 0 0 0 0	
合计			¥ 2 9 6 0 0 0 0	¥ 2 9 6 0 0 0 0	

会计主管：孙晓菲   记账：李玲   稽核：袁梅   制单：杨芳

步骤三：根据审核无误的会计凭证登记相应明细账。

1. 登记辅助生产成本明细账（见表3-50和表3-51）。

表 3-50   **辅助生产成本明细账**

辅助车间：供电车间   2024 年 1 月   单位：元

2024 年		摘要	材料费用	职工薪酬	折旧费	水费	其他费用	合计
月	日							
1	31	分配材料费用	2 100					2 100
	31	分配人工费用		12 888				12 888
	31	分配折旧费用			6 150			6 150
…								

表 3-51   **辅助生产成本明细账**

辅助车间：供气车间   2024 年 1 月   单位：元

2024 年		摘要	材料费用	职工薪酬	折旧费	水费	其他费用	合计
月	日							
1	31	分配材料费用	150					150
	31	分配人工费用		16 110				16 110
	31	分配折旧费用			3 750			3 750
…								

2. 登记制造费用明细账（见表 3-52）。

表 3-52   **制造费用明细账**

车间名称：基本生产车间   2024 年 1 月   单位：元

2024 年		摘要	机物料消耗	职工薪酬	折旧费	外购水费	办公费	电费	气费	其他	合计
月	日										
1	31	分配人工费用		21 909.6							21 909.6
	31	分配折旧费用			10 500						10 500
…											

四、其他费用的核算

步骤一：编制其他费用分配表，分配各种其他费用。

峰泉公司根据 1 月其他费用业务凭证资料汇总编制其他费用分配表，如表 3-53 和表 3-54 所示。

表 3－53

水费分配表

2024 年 1 月

部门		分配标准（吨）	分配率	分配金额（元）
基本生产车间	一般耗用	50	2	100
供电车间	生产用	30	2	60
	一般耗用	10	2	20
供气车间	生产用	50	2	100
	一般耗用	10	2	20
行政管理部门		50	2	100
合计		200	2	400

表 3－54

其他费用分配表

2024 年 1 月　　　　　　　　　　　　　　　单位：元

项目	办公费	差旅费	保险费	水费	合计
基本生产车间	310			100	410
供电车间				80	80
供气车间				120	120
行政管理部门	190			100	290
合计	500			400	900

步骤二：编制记账凭证（见表 3－55）并进行审核。

表 3－55

记账凭证

2024 年 1 月 31 日　　　　　　　　　　　　　记字第 4 号

摘要	会计科目		借方								贷方									
	一级	二级或明细	百	十	万	千	百	十	元	角	分	百	十	万	千	百	十	元	角	分
分配其他费用	生产成本	辅助生产成本——供电车间					8	0	0	0	0									
		辅助生产成本——供气车间				1	2	0	0	0	0									
	制造费用	基本生产车间				4	1	0	0	0	0									
	管理费用					2	9	0	0	0	0									
	应交税费	应交增值税（进项税额）				1	0	1	0	0	0									
	银行存款													1	0	0	1	0	0	0
合计			¥			1	0	0	1	0	0	¥			1	0	0	1	0	0

附单据 壹拾 张

会计主管：孙晓菲　　　　记账：李玲　　　　稽核：袁梅　　　　制单：杨芳

步骤三：根据审核无误的会计凭证登记明细账。

1. 登记辅助生产成本明细账（见表3-56和表3-57）。

表3-56　　　　　　　　　　　　　　　**辅助生产成本明细账**

辅助车间：供电车间　　　　　　　　　　　2024年1月　　　　　　　　　　　　　单位：元

2024年		摘要	材料费用	职工薪酬	折旧费	水费	其他费用	合计
月	日							
1	31	分配材料费用	2 100					2 100
	31	分配人工费用		12 888				12 888
	31	分配折旧费用			6 150			6 150
	31	分配其他费用				80		80
...								

表3-57　　　　　　　　　　　　　　　**辅助生产成本明细账**

辅助车间：供气车间　　　　　　　　　　　2024年1月　　　　　　　　　　　　　单位：元

2024年		摘要	材料费用	职工薪酬	折旧费	水费	其他费用	合计
月	日							
1	31	分配材料费用	150					150
	31	分配人工费用		16 110				16 110
	31	分配折旧费用			3 750			3 750
	31	分配其他费用				120		120
...								

2. 登记制造费用明细账（见表3-58）。

表3-58　　　　　　　　　　　　　　　**制造费用明细账**

车间名称：基本生产车间　　　　　　　　　2024年1月　　　　　　　　　　　　　单位：元

2024年		摘要	机物料消耗	职工薪酬	折旧费	外购水费	办公费	电费	气费	其他	合计
月	日										
1	31	分配人工费用		21 909.6							21 909.6
	31	分配折旧费用			10 500						10 500
	31	分配其他费用				100	310				410
...											

五、辅助生产费用的核算

步骤一：辅助生产费用的归集。

通过登记辅助生产成本明细账来归集辅助生产费用（见表3-59和表3-60）。

表3-59　　　　　　　　　　　　　**辅助生产成本明细账**

辅助车间：供电车间　　　　　　　　2024年1月　　　　　　　　　　　　　单位：元

2024年		摘要	材料费用	职工薪酬	折旧费	水费	其他费用	合计
月	日							
1	31	分配材料费用	2 100					2 100
	31	分配人工费用		12 888				12 888
	31	分配折旧费用			6 150			6 150
	31	分配其他费用					80	80
	31	生产费用小计	2 100	12 888	6 150		80	21 218
…								

表3-60　　　　　　　　　　　　　**辅助生产成本明细账**

辅助车间：供气车间　　　　　　　　2024年1月　　　　　　　　　　　　　单位：元

2024年		摘要	材料费用	职工薪酬	折旧费	水费	其他费用	合计
月	日							
1	31	分配材料费用	150					150
	31	分配人工费用		16 110				16 110
	31	分配折旧费用			3 750			3 750
	31	分配其他费用				120		120
	31	生产费用小计	150	16 110	3 750	120		20 130
…								

步骤二：辅助生产费用的分配（见表3-61）。

峰泉公司辅助生产费用的分配采用一次交互分配法。

表 3-61   辅助生产费用分配表（一次交互分配法）

2024 年 1 月

项目	交互分配				对外分配				对外分配金额合计金额（元）
	分配电费		分配气费		分配电费		分配气费		
	数量（度）	金额（元）	数量（立方米）	金额（元）	数量（度）	金额（元）	数量（立方米）	金额（元）	
待分配费用		21 218		20 130		22 013		19 335	41 348
劳务供应总量	53 045		4 000		50 000		3 600		
费用分配率（单位成本）		0.4		5.0325		0.4403		5.3708	
受益对象：									
1. 供电车间			400	2 013					
2. 供气车间	3 045	1 218							
3. 基本生产车间：					40 000	17 612	3 000	16 112.4	33 724.4
生产草莓汁					20 000	8 806			8 806
生产苹果汁					15 000	6 604.5			6 604.5
一般消耗					5 000	2 201.5	3 000	16 112.4	18 313.9
4. 厂部管理部门					10 000	4 401	600	3 222.6	7 623.6
合计	3 045	1 218	400	2 013	50 000	22 013	3 600	19 335	41 348

表 3-61 中主要数据的计算过程如下：

交互分配（内部分配）：

供电车间交互分配率 = 21 218 ÷ 53 045 = 0.4（元/度）

供气车间交互分配率 = 20 130 ÷ 4 000 = 5.0325（元/立方米）

供电车间应负担的气费 = 400 × 5.0325 = 2 013（元）

供气车间应负担的电费 = 3 045 × 0.4 = 1 218（元）

对外分配：

供电车间应对外分配的待分配费用 = 21 218 + 2 013 - 1 218 = 22 013（元）

供气车间应对外分配的待分配费用 = 20 130 + 1 218 - 2 013 = 19 335（元）

供电车间对外分配率 = $\dfrac{22\ 013}{53\ 045 - 3\ 045}$ ≈ 0.4403（元/度）

供气车间对外分配率 = $\dfrac{19\ 335}{4\ 000 - 400}$ = 5.3708（元/立方米）

步骤三：编制记账凭证（见表 3-62 和表 3-63）并进行审核。

交互分配时：

表 3-62

记账凭证

2024 年 1 月 31 日　　　　记字第 5 1/2 号

摘要	会计科目		借方	贷方
	一级	二级或明细	百十万千百十元角分	百十万千百十元角分
分配辅助生产费用（交互分配）	生产成本	辅助生产成本——供电车间	2 0 1 3 0 0	
	生产成本	辅助生产成本——供气车间	1 2 1 8 0 0	
	生产成本	辅助生产成本——供电车间		1 2 1 8 0 0
	生产成本	辅助生产成本——供气车间		2 0 1 3 0 0
合计			¥ 3 2 3 1 0 0	¥ 3 2 3 1 0 0

会计主管：孙晓菲　　记账：李玲　　稽核：袁梅　　制单：杨芳

附单据壹张

对外分配时：

表 3-63

记账凭证

2024 年 1 月 31 日　　　　记字第 5 2/2 号

摘要	会计科目		借方	贷方
	一级	二级或明细	百十万千百十元角分	百十万千百十元角分
分配辅助生产费用（对外分配）	生产成本	基本生产成本——草莓汁	8 8 0 6 0 0	
	生产成本	基本生产成本——苹果汁	6 6 0 4 5 0	
	制造费用	基本生产车间	1 8 3 1 3 9 0	
	管理费用		7 6 2 3 6 0	
	生产成本	辅助生产成本——供电车间		2 2 0 1 3 0 0
		辅助生产成本——供气车间		1 9 3 3 5 0 0
合计			¥ 4 1 3 4 8 0 0	¥ 4 1 3 4 8 0 0

会计主管：孙晓菲　　记账：李玲　　稽核：袁梅　　制单：杨芳

附单据壹张

步骤四：根据审核无误的会计凭证登记相应的明细账。

1. 登记基本生产成本明细账（见表 3-64 和表 3-65）。

表 3-64　　　　　　　　　　　　**基本生产成本明细账**

产品：美乐牌草莓汁　　　　　　2024 年 1 月　　　　　　　　　　　　单位：元

2024 年		摘要	直接材料	直接人工	制造费用	合计
月	日					
1	1	期初在产品	10 000	4 000	2 000	16 000
	31	分配材料费用	147 632			147 632
	31	分配人工费用		58 640.4		58 640.4
	31	分配辅助生产费用			8 806	8 806
…						

表 3-65　　　　　　　　　　　　**基本生产成本明细账**

产品：美乐牌苹果汁　　　　　　2024 年 1 月　　　　　　　　　　　　单位：元

2024 年		摘要	直接材料	直接人工	制造费用	合计
月	日					
1	1	期初在产品	4 000	1 500	850	6 350
	31	分配材料费用	79 510			79 510
	31	分配人工费用		54 129.6		54 129.6
	31	分配辅助生产费用			6 604.5	6 604.5
…						

2. 登记制造费用明细账（见表 3-66）。

表 3-66　　　　　　　　　　　　**制造费用明细账**

车间名称：基本生产车间　　　　2024 年 1 月　　　　　　　　　　　　单位：元

2024 年		摘要	机物料消耗	职工薪酬	折旧费	外购水费	办公费	电费	气费	其他	合计
月	日										
1	31	分配人工费用		21 909.6							21 909.6
	31	分配折旧费用			10 500						10 500
	31	分配其他费用				100	310				410
	31	分配辅助生产费用						2 201.5	16 112.4		18 313.9

3. 登记辅助生产成本明细账（见表 3-67 和表 3-68）。

表 3-67　　　　　　　　　　　　**辅助生产成本明细账**

辅助车间：供电车间　　　　　　　2024 年 1 月　　　　　　　　　　　　单位：元

2024 年		摘要	材料费用	职工薪酬	折旧费	水费	其他费用	合计
月	日							
1	31	分配材料费用	2 100					2 100
	31	分配人工费用		12 888				12 888
	31	分配折旧费用			6 150			6 150
	31	分配其他费用				80		80
	31	生产费用小计	2 100	12 888	6 150	80		21 218
	31	交互分配转出					-1 218	-1 218
	31	交互分配转入					2 013	2 013
	31	重新归集费用	2 100	12 888	6 150	80	795	22 013
	31	对外分配转出	-2 100	-12 888	-6 150	-80	-795	-22 013

表 3-68　　　　　　　　　　　　**辅助生产成本明细账**

辅助车间：供气车间　　　　　　　2024 年 1 月　　　　　　　　　　　　单位：元

2024 年		摘要	材料费用	职工薪酬	折旧费	水费	其他费用	合计
月	日							
1	31	分配材料费用	150					150
	31	分配人工费用		16 110				16 110
	31	分配折旧费用			3 750			3 750
	31	分配其他费用				120		120
	31	生产费用小计	150	16 110	3 750	120		20 130
	31	交互分配转出					-2 013	-2 013
	31	交互分配转入					1 218	1 218
	31	重新归集费用	150	16 110	3 750	120	-795	19 335
	31	对外分配转出	-150	-16 110	-3 750	-120	795	-19 335

六、制造费用的核算

步骤一：制造费用的归集。

根据相关资料归集峰泉公司1月基本生产车间制造费用，如表3-69所示。

表3-69　　　　　　　　　　　制造费用明细账
车间名称：基本生产车间　　　　　2024年1月　　　　　　　　　　　　　　单位：元

2024年		摘要	机物料消耗	职工薪酬	折旧费	外购水费	办公费	电费	气费	其他	合计
月	日										
1	31	分配人工费用		21 909.6							21 909.6
	31	分配折旧费用			10 500						10 500
	31	分配其他费用				100	310				410
	31	分配辅助生产费用						2 201.5	16 112.4		18 313.9
	31	本月合计		21 909.6	10 500	100	310	2 201.5	16 112.4		51 133.5
...											

步骤二：制造费用的分配。

峰泉公司制造费用的分配采用实际工时比例分配法。

根据资料编制制造费用分配表，如表3-70所示。

表3-70　　　　　　　　　基本生产车间制造费用分配表
车间名称：基本生产车间　　　　　2024年1月

产品名称	实际机器工时	分配率	分配金额（元）
美乐牌草莓汁	6 800		31 609.8
美乐牌苹果汁	4 200		19 523.7
合计	11 000	4.6485	51 133.5

表3-70中主要数据计算如下：

制造费用分配率 = 51 133.5 ÷ (6 800 + 4 200) = 4.6485（元/小时）
美乐牌草莓汁应分配的制造费用 = 6 800 × 4.6485 = 31 609.8（元）
美乐牌苹果汁应分配的制造费用 = 4 200 × 4.6485 = 19 523.7（元）

步骤三：编制记账凭证（见表3-71）并进行审核。

表 3-71　　　　　　　　　　　　　　　　**记账凭证**

2024 年 1 月 31 日　　　　　　　　　　　　　　　　　　记字第 6 号

摘要	会计科目		借方	贷方
	一级	二级或明细	百十万千百十元角分	百十万千百十元角分
分配制造费用	生产成本	基本生产成本——草莓汁	3 1 6 0 9 8 0	
		基本生产成本——苹果汁	1 9 5 2 3 7 0	
	制造费用	基本生产车间		5 1 1 3 3 5 0
合计			¥ 5 1 1 3 3 5 0	¥ 5 1 1 3 3 5 0

附单据 壹张

会计主管：孙晓菲　　　　记账：李玲　　　　稽核：袁梅　　　　制单：杨芳

步骤四：根据审核无误的会计凭证登记相应的明细账。

1. 登记基本生产成本明细账（见表 3-72 和表 3-73）。

表 3-72　　　　　　　　　　　**基本生产成本明细账**

产品：美乐牌草莓汁　　　　　　2024 年 1 月　　　　　　　　　　单位：元

2024 年		摘要	直接材料	直接人工	制造费用	合计
月	日					
1	1	期初在产品	10 000	4 000	2 000	16 000
	31	分配材料费用	147 632			147 632
	31	分配人工费用		58 640.4		58 640.4
	31	分配辅助生产费用	8 806			8 806
	31	分配制造费用			31 609.8	31 609.8

表 3-73 基本生产成本明细账

产品：美乐牌苹果汁　　　　　　　　2024 年 1 月　　　　　　　　单位：元

2024 年		摘要	直接材料	直接人工	制造费用	合计
月	日					
1	1	期初在产品	4 000	1 500	850	6 350
	31	分配材料费用	79 510			79 510
	31	分配人工费用		54 129.6		54 129.6
	31	分配辅助生产费用	6 604.5			6 604.5
	31	分配制造费用			19 523.7	19 523.7

2. 登记制造费用明细账（见表 3-74）。

表 3-74 制造费用明细账

车间名称：基本生产车间　　　　　　2024 年 1 月　　　　　　　　单位：元

2024 年		摘要	机物料消耗	职工薪酬	折旧费	外购水费	办公费	电费	气费	其他	合计
月	日										
1	31	分配人工费用		21 909.6							21 909.6
	31	分配折旧费用			10 500						10 500
	31	分配其他费用				100	310				410
	31	分配辅助生产费用						2 201.5	16 112.4		18 313.9
	31	合计		21 909.6	10 500	100	310	2 201.5	16 112.4		51 133.5
	31	月末结转		-21 909.6	-10 500	-100	-310	-2 201.5	-16 112.4		-51 133.5

提示：峰泉公司本月没有发生损失性费用的业务。

任务 3　完工产品成本的计算与结转

【任务演练】

步骤一：基本生产成本明细账的登记（见表 3-75 和表 3-76）。

表 3-75　　　　　　　　　　　基本生产成本明细账
产品：美乐牌草莓汁　　　　　　2024 年 1 月　　　　　　　　　　　单位：元

2024 年		摘要	直接材料	直接人工	制造费用	合计
月	日					
1	1	期初在产品	10 000	4 000	2 000	16 000
	31	分配材料费用	147 632			147 632
	31	分配人工费用		58 640.4		58 640.4
	31	分配辅助生本费用	8 806			8 806
	31	分配制造费用			31 609.8	31 609.8
		生产费用合计	166 438	62 640.4	33 609.8	262 688.2

表 3-76　　　　　　　　　　　基本生产成本明细账
产品：美乐牌苹果汁　　　　　　2024 年 1 月　　　　　　　　　　　单位：元

2024 年		摘要	直接材料	直接人工	制造费用	合计
月	日					
1	1	期初在产品	4 000	1 500	850	6 350
	31	分配材料费用	79 510			79 510
	31	分配人工费用		54 129.6		54 129.6
	31	分配辅助生本费用	6 604.5			6 604.5
	31	分配制造费用			19 523.7	19 523.7
		生产费用合计	90 114.5	55 629.6	20 373.7	166 117.8

步骤二：完工产品与月末在产品的分配。

峰泉公司完工产品的计算方法采用在产品按年初数固定计算法。

按照在产品按年初数固定计算法的相关规定，完工产品成本＝本期生产费用合计，期末在产品成本＝期初在产品成本，完工产品成本和月末在产品成本计算见表 3-77~表 3-79。

表 3-77　　　　　　　　　　　　成本计算单
产品：美乐牌草莓汁　　　　　　2024 年 1 月　　　　　　　　　　　单位：元

摘要	直接材料	直接人工	制造费用	合计
期初在产品	10 000	4 000	2 000	16 000
本月发生生产费用	156 438	58 640.4	31 609.8	246 688.2
生产费用合计	166 438	62 640.4	33 609.8	262 688.2
完工产品总成本	156 438	58 640.4	31 609.8	246 688.2
完工产品单位成本	30.9778	11.6120	6.2594	48.8492
月末在产品成本	10 000	4 000	2 000	16 000

表 3-78　　　　　　　　　　　　　　**成本计算单**
产品：美乐牌苹果汁　　　　　　　　　　2024 年 1 月　　　　　　　　　　　　　单位：元

摘要	直接材料	直接人工	制造费用	合计
期初在产品	4 000	1 500	850	6 350
本月发生生产费用	86 114.5	54 129.6	19 523.7	159 767.8
生产费用合计	90 114.5	55 629.6	20 373.7	166 117.8
完工产品总成本	86 114.5	54 129.6	19 523.7	159 767.8
完工产品单位成本	24.6746	15.5099	5.5942	45.7787
月末在产品成本	4 000	1 500	850	6 350

表 3-79　　　　　　　　　　　　**产成品成本汇总表**
　　　　　　　　　　　　　　　　　　2024 年 1 月

产品名称	产量（件）	直接材料（元）	直接人工（元）	制造费用（元）	合计（元）
美乐牌草莓汁	5 050	156 438	58 640.4	31 609.8	246 688.2
美乐牌苹果汁	3 490	86 114.5	54 129.6	19 523.7	159 767.8
合计	8 540	242 552.5	112 770	51 133.5	406 456

步骤三：编制完工产品入库的记账凭证（见表 3-80）并进行审核。

表 3-80　　　　　　　　　　　　　　**记账凭证**
　　　　　　　　　　　　　　　　　2024 年 1 月 31 日　　　　　　　　　　　　　记字第 7 号

摘要	会计科目		借方								贷方							
	一级	二级或明细	百	十	万	千	百	十	元	角	分	百	十	万	千	百	十	元	角	分
结转完工产品成本	库存商品	美乐牌草莓汁		2	4	6	6	8	8	2	0									
		美乐牌苹果汁		1	5	9	7	6	7	8	0									
	生产成本	基本生产成本——草莓汁											2	4	6	6	8	8	2	0
		基本生产成本——苹果汁											1	5	9	7	6	7	8	0
合计			¥	4	0	6	4	5	6	0	0	¥	4	0	6	4	5	6	0	0

附单据 叁 张

会计主管：孙晓菲　　　　记账：李玲　　　　稽核：袁梅　　　　制单：杨芳

步骤四：根据审核无误的会计凭证登记生产成本明细账（见表3-81和表3-82）。

表 3-81　　　　　　　　　　　　　　**基本生产成本明细账**

产品：美乐牌草莓汁　　　　　　　　　　2024年1月　　　　　　　　　　　　　　单位：元

2024年		摘要	直接材料	直接人工	制造费用	合计
月	日					
1	1	期初在产品	10 000	4 000	2 000	16 000
	31	分配材料费用	147 632			147 632
	31	分配人工费用		58 640.4		58 640.4
	31	分配辅助生本费用	8 806			8 806
	31	分配制造费用			31 609.8	31 609.8
	31	生产费用合计	166 438	62 640.4	33 609.8	262 688.2
	31	结转完工产品成本	-156 438	-58 640.4	-31 609.8	-246 688.2
	31	月末在产品成本	10 000	4 000	2 000	16 000

表 3-82　　　　　　　　　　　　　　**基本生产成本明细账**

产品：美乐牌苹果汁　　　　　　　　　　2024年1月　　　　　　　　　　　　　　单位：元

2024年		摘要	直接材料	直接人工	制造费用	合计
月	日					
1	1	期初在产品	4 000	1 500	850	6 350
	31	分配材料费用	79 510			79 510
	31	分配人工费用		54 129.6		54 129.6
	31	分配辅助生本费用	6 604.5			6 604.5
	31	分配制造费用			19 523.7	19 523.7
	31	生产费用合计	90 114.5	55 629.6	20 373.7	166 117.8
	31	结转完工产品成本	-86 114.5	-54 129.6	-19 523.7	-159 767.8
	31	月末在产品成本	4 000	1 500	850	6 350

【项目小结】

本项目的知识框架如图3-6所示。

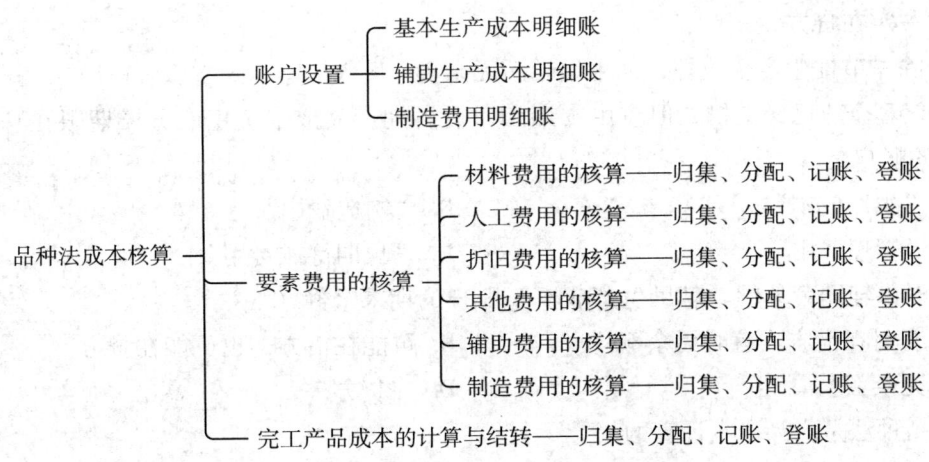

图 3-6 品种法成本核算的知识框架

习题与实训

一、单项选择题

1. 采用品种法，生产成本明细账应当按照（　　）分别开设。
   A. 生产车间　　B. 生产步骤　　C. 产品品种　　D. 订货单
2. 以产品品种为成本核算对象的成本核算方法，称为（　　）。
   A. 品种法　　B. 分批法　　C. 分步法　　D. 分类法
3. 品种法成本计算期的特点是（　　）。
   A. 按月定期计算成本，一定与生产周期一致
   B. 按月定期计算成本，一定与生产周期不一致
   C. 按月定期计算成本，一定与会计报告期不一致
   D. 按月定期计算成本，一定与会计报告期一致
4. 关于品种法下列说法正确的是（　　）。
   A. 品种法是所有生产企业都采用的一种成本计算方法
   B. 品种法是按月定期计算产品成本
   C. 成本计算对象要根据管理要求确定
   D. 会计报告期末一般没有在产品
5. 品种法适用的生产组织方式是（　　）。
   A. 大量生产　　　　　　　　B. 成批生产
   C. 大量大批生产　　　　　　D. 单件小批生产
6. "生产成本"账户的期末余额（　　）。
   A. 有时在借方，有时无余额
   B. 可能在借方，也可能在贷方

C. 一定在贷方
D. 除季节性生产企业外，期末结转后无余额

7. 核算企业已经支付，但应由本期和以后各期产品成本负担的分摊期限在一年以上的费用的账户是（　　）。

A. "生产成本"　　　　　　　　B. "制造费用"
C. "管理费用"　　　　　　　　D. "长期待摊费用"

8. 提供辅助劳务的"辅助生产成本"账户的期末余额（　　）。

A. 有时在借方，有时无余额　　B. 可能在借方，也可能在贷方
C. 无余额　　　　　　　　　　D. 在贷方

9. 品种法是产品成本计算的（　　）。

A. 主要方法　　　　　　　　　B. 重要方法
C. 最基本的方法　　　　　　　D. 最简单的方法

10. 产品成本计算无须涉及的明细账是（　　）。

A. 辅助生产成本　　　　　　　B. 制造费用
C. 管理费用　　　　　　　　　D. 基本生产成本

二、多项选择题

1. 关于品种法，下列说法不正确的有（　　）。

A. 成本计算对象是产品的订单　B. 按生产部门开设产品成本明细账
C. 在月末一定有在产品　　　　D. 成本计算期固定

2. 品种法的适用范围有（　　）。

A. 大量大批单步骤生产
B. 大量大批多步骤生产
C. 管理上不要求分步骤计算成本的大量大批多步骤生产
D. 单件小批生产

3. 下列企业中，适合采用品种法计算产品成本的有（　　）。

A. 供电企业　　　　　　　　　B. 采掘企业
C. 制药厂　　　　　　　　　　D. 只制造和销售整车的自行车厂

4. 品种法的特点有（　　）。

A. 以产品品种为成本核算对象
B. 各月月末，有在产品时，需要采用一定的方法在完工产品和在产品之间分配费用
C. 各月月末，需要采用一定的方法在各步骤之间分配费用
D. 成本核算在各月月末进行，即成本计算期与会计报告期一致，与产品生产周期不一致

5. 用来核算生产过程中发生的费用，计算产品制造成本的账户主要有（　　）。

A. 生产成本　　　　　　　　　B. 主营业务成本
C. 制造费用　　　　　　　　　D. 管理费用

6. 下列账户中，用来核算企业期间费用的账户有（　　）。

A. 销售费用　　　　B. 财务费用　　　　C. 制造费用　　　　D. 管理费用

三、判断题

1. "生产成本"账户的期末余额表示在贷方。（　　）
2. "辅助生产成本"明细账户期末应无余额。（　　）
3. "长期待摊费用"账户的借方余额，表示企业已经支出尚待摊销的费用。（　　）
4. 季节性生产企业的"制造费用"账户，月末可能有余额。（　　）
5. 品种法只适用于多步骤生产。（　　）
6. 采用品种法，不需要在完工产品和期末产品之间分配生产费用。（　　）
7. 从生产工艺技术过程看，品种法只适用于简单生产。（　　）
8. 品种法成本计算期为按月定期，与产品生产周期不一致。（　　）
9. 采用品种法计算产品成本时，企业如果只生产一种产品，只需要为这一种产品开设产品成本明细账即可。（　　）
10. 从生产组织形式看，品种法主要适用于大量大批生产。（　　）
11. 由于每个工业企业最终都必须计算出每种产品的成本，因此品种法是最基本的成本核算方法。（　　）

四、业务题

资料：鑫华工厂设有一个基本生产车间，大量生产 H201、H202 两种产品，设有供气和供电两个辅助生产车间，属于大量、大批、单步骤生产，根据生产特点和管理要求，采用品种法计算产品成本。由于供气车间和供电车间发生的费用较少，所以辅助生产车间不设置"制造费用"明细账，辅助生产车间发生的费用直接记入"生产成本——辅助生产成本"明细账。2024 年 9 月有关成本计算资料如下：

（1）月初在产品成本为 28 240 元。其中，直接材料 20 400 元，直接人工 5 520 元，制造费用 2 320 元；H202 产品没有月初在产品。

（2）本月生产数量。基本生产车间 H201 产品本月实际生产工时 72 000 小时，本月完工产品 7 600 件，月末在产品 800 件，原材料在生产开始时一次投入，月末在产品加工程度 50%；H202 产品本月实际生产工时为 128 000 小时，本月完工产品 10 000 件，月末没有在产品。

供电车间本月供电 300 000 度，其中，供气车间 31 880 度，H201 产品 98 000 度，H202 产品 157 000 度，基本生产车间 9 000 度，厂部管理部门 4 120 度。

供气车间本月供气 14 040 立方米，其中，供电车间 158 立方米，基本生产车间 13 600 立方米，厂部管理部门 282 立方米。

要求：

1. 建账并登记期初。
2. 核算本期发生的各项费用。

（1）材料费用的归集和分配。本月耗用材料如表 3-83 所示。

表 3-83   鑫华工厂发出材料汇总表
2024 年 9 月   单位：元

领料用途	直接领用	共同耗用	分配率	分配共同用料	耗料合计
产品生产消耗	1 000 000	200 000			
H201 产品	600 000				
H202 产品	400 000				
基本生产车间一般消耗	10 000				
供电车间消耗	20 000				
供气车间消耗	15 000				
厂部管理部门消耗	5 000				
合计					

注：H201 产品、H202 产品共同耗用材料按直接耗用材料比例分配。

会计分录：

(2) 人工费用的归集和分配。本月职工薪酬汇总如表 3-84 所示。

表 3-84   鑫华工厂职工薪酬分配汇总表
2024 年 9 月   单位：元

人员类别	职工薪酬总额	生产工时	分配率	分配金额
产品生产工人	1 368 000			
其中：H201 产品				
H202 产品				
基本生产车间管理人员	27 360			
供电车间人员	18 240			
供气车间人员	22 800			
厂部管理人员	91 200			
合计	1 527 600			

注：生产工人薪酬按 H201、H202 两种产品生产工时比例分配。

会计分录：

(3) 其他费用的归集和分配。

第一，本月应计提折旧费 132 400 元，其中，基本生产车间 92 000 元，供电车间 8 600 元，供气车间 1 800 元，厂部管理部门 30 000 元。

会计分录：

第二，本月以现金支付办公费用47 246元，其中，基本生产车间11 400元，供电车间4 760元，供气车间1 246元，厂部管理部门29 840元。

会计分录：

第三，以银行存款支付其他费用23 464元，其中，基本生产车间4 640元，供电车间2 024元，供气车间800元，厂部管理部门16 000元。

会计分录：

（4）辅助生产费用的归集和分配。辅助生产费用的归集如表3-85和表3-86所示。采用直接分配法分配辅助生产费用，编制"辅助生产费用分配表"（见表3-87）。编制有关会计分录并登记有关账户，其中，产品生产耗用的电费记入产品生产成本明细账中"直接材料"成本项目下。编制有关会计分录。

表3-85　　　　鑫华工厂辅助生产成本明细账（简化格式）

车间名称：供电车间　　　　2024年9月　　　　单位：元

摘要	材料费	薪酬	折旧费	办公费	其他	合计
分配材料						
分配职工薪酬						
计提折旧费						
分配办公费						
分配其他费用						
本月合计						
分配结转						

表3-86　　　　鑫华工厂辅助生产成本明细账（简化格式）

车间名称：供气车间　　　　2024年9月　　　　单位：元

摘要	材料费	薪酬	折旧费	办公费	其他	合计
分配材料						
分配职工薪酬						
计提折旧费						
分配办公费						
分配其他费用						
本月合计						
分配结转						

表 3-87　　　　　　　　**鑫华工厂辅助生产费用分配表（直接分配法）**
2024 年 9 月

项目	分配气费		分配电费		对外分配金额合计（元）
	数量（立方米）	金额（元）	数量（度）	金额（元）	
待分配费用					
劳务供应总量					
辅助生产部门以外耗用					
费用分配率					
受益部门					
供电车间					
供气车间					
H201 产品					
H202 产品					
基本生产车间					
厂部管理部门					

（5）制造费用的归集和分配。制造费用的归集如表 3-88 所示，按生产工时比例分配制造费用如表 3-89 所示。

表 3-88　　　　　　　　**鑫华工厂制造费用明细账（简化格式）**
生产单位：基本生产车间　　　　　　2024 年 9 月　　　　　　　　　　单位：元

摘要	机物料	薪酬	折旧费	办公费	气费	水电费	其他	合计
分配材料								
分配职工薪酬								
计提折旧费								
分配办公费								
分配其他费用								
分配气费								
分配电费								
本月合计								
分配转出								

表 3-89　　　　　　　　　　鑫华工厂制造费用分配表
2024 年 9 月

产品	生产工时	分配率	分配金额（元）
H201 产品			
H202 产品			
合计			

会计分录：

3. 生产成本在完工和在产品之间的分配。采用约当产量法计算 H201、H202 产品月末在产品成本（见表 3-90、表 3-91），编制有关会计分录。

表 3-90　　　　　　　　　　鑫华工厂产品成本计算单
产品：H201 产品　　　　　　2024 年 9 月　　　　　完工产量：7 600 件　单位：元

摘要	直接材料	直接人工	制造费用	合计
月初在产品成本				
本月生产费用				
生产费用合计				
完工产品产量				
在产品约当产量				
生产总量				
分配率				
本月完工产品总成本				
本月完工产品单位成本				
月末在产品成本				

表 3-91　　　　　　　　　　鑫华工厂产品成本计算单
产品：H202 产品　　　　　　2024 年 9 月　　　　　完工产量：10 000 件　单位：元

摘要	直接材料	直接人工	制造费用	合计
月初在产品成本				
本月生产费用				
生产费用合计				
完工产品产量				
在产品约当产量				

续表

摘要	直接材料	直接人工	制造费用	合计
生产总量				
分配率				
本月完工产品总成本				
本月完工产品单位成本				
月末在产品成本				

会计分录：

项目四　分批法成本核算

【学习目标】

知识目标：理解分批法的特点和适用环境，掌握各项生产费用归集和分配方法，掌握分批法成本核算的流程。

能力目标：能按照分批法的核算流程进行各项生产费用的归集和分配，填制相关分配表，编制记账凭证，登记相关成本核算账户，完成分批法下产品成本的计算。

【课程思政专栏】

提高格局放眼未来

【课程思政关键词】 诚实守信　创新意识　努力拼搏　诚信合规

【案例】 华为的愿景和使命是：把数字世界带入每个人、每个家庭、每个组织，构建万物互联的智能世界。我们坚信ICT技术在促进全球经济发展的同时，也能够让人们的生活更加美好。我们对标联合国可持续发展目标（UN SDGs），持续推进落实公司可持续发展（CSD）四大战略：数字包容、安全可信、绿色环保、和谐生态。

1. 数字包容。技术普惠，接力致远。为了不让任何人在数字世界中掉队，华为通过TECH4ALL数字包容倡议，聚焦公平优质教育和科技守护自然，从技术、应用和技能三个方面持续扩大数字包容的成果，最终让数字技术惠及每个人、每个家庭、每个组织。

2. 安全可信。恪尽职守，夯实信任。把网络安全和隐私保护作为公司最高纲领，坚持投入，开放透明，全面提升软件工程能力与实践，构筑网络韧性，打造可信的高质量产品，保障网络稳定运行和业务连续性。

3. 绿色环保。清洁高效，低碳循环。致力于减少生产、运营等过程以及产品和服务全生命周期对环境的影响，通过创新的产品和解决方案促进各行业的节能减排和循环经济发展，持续牵引产业链各方共建低碳社会。

4. 和谐生态。同心共筑，为善至乐。坚持诚信合规经营，持续加强可持续发展风险管理，关注员工发展和价值实现，对全球供应链开展可持续发展尽责管理，积极为运营所在社区做出贡献，与产业链各方携手共建和谐健康的商业生态。

资料来源：华为官网可持续发展页面。

【启示】 通过案例学习，让学生认识到华为的四大战略是以可持续发展为最终目标，而要做到该目标，需要全体华为人有诚实守信的品质、努力拼搏的精神、不断创新的意识、诚信合规的经营。而我们所有的学生也应学习华为人的优秀精神，我们的人生才能可持续发展。

【知识准备】

一、分批法的含义

分批法是以产品的批别作为成本核算对象，归集各批产品的生产耗费，计算各批产品成本的方法。

二、分批法的成本计算流程

具体可按以下流程进行：开设成本明细账→核算各种要素费用→核算辅助生产费用→核算制造费用→核算损失性费用→分配计算各种完工产品和在产品成本，并结转产成品的成本。

三、分批法的特点

（一）成本计算对象

分批法的成本计算对象是产品批次。如果企业只生产一批产品，全部的生产费用都是直接计入费用，可直接计入该产品成本明细账的有关成本项目中，不存在各种成本计算对象之间分配费用的问题。如果生产多批次产品，间接计入费用则要采用适当的方法，在各成本计算对象之间进行分配。

（二）成本计算期

分批法的成本计算期与会计报告期不一致，与产品的生产周期一致。

（三）月末在产品的成本计算

一般不需要将该产品成本明细账中归集的生产费用，在完工产品和在产品之间进行分配。

四、分批法的适用条件

分批法大量适用于小批单件生产的企业，比如按订单生产的企业、产品种类变动频繁的企业。这类企业产品生产的共同特点是，产品的重复性总是较低。其中，单步骤小批单件生产的企业适用最广，对于多步骤的生产，若管理上不需要分步骤也可适用该成本核算方法。

【项目描述】

一、模拟企业描述

成都嘉尚制衣有限公司（以下简称嘉尚公司）位于成都市天府广场西御大厦C座16楼，公司注册资金200万元，法人代表为张凌，财务主管为高善文，会计有赵婷婷、杨伊琳、陈丽、李真、王春丽，出纳为孙静。公司为增值税一般纳税企业，税务登记号是519000010000570，适用增值税税率为13%，适用的企业所得税税率为25%。开户银行是中国银行天府广场支行，账号是51863509343193。公司电话号码是028-86128680，主要从事成衣生产和销售。

成都嘉尚制衣有限公司共设有一个基本生产车间和一个供电的辅助生产车间。在基本生产车间中完成衬衣的全过程生产，生产过程分为设计裁剪、缝纫加工、平整包装（包括锁眼、钉扣、熨烫、质检、包装）三大步骤。企业设置供电车间专为基本生产车间供电，包括生产用电和车间一般用电；企业其他部门和辅助生产车间自身用电通过外购电力解决。

为了保证企业各项工作有序地展开，完成经营目标，还在厂部设立了计划采购部、仓储部（下设材料和成品仓库）、生产计划部、财务部、人力资源部和总经理办公室等职能部门。

二、模拟企业成本核算制度

（一）成本核算方法

根据生产特点和成本管理要求，企业按照客户订单进行产品的生产，属于小批单件生产，适用于分批法的核算。

（二）成本核算对象

企业成本核算对象为嘉尚牌7515批次、7551批次、7552批次、7553批次衬衣。

（三）有关费用分配方法及相关规定

1. 四个批次的衬衣材料费用按产品产量比例分配，人工费用按实际生产工时比例分配，制造费用按实际生产工时比例分配。

2. 辅助生产车间发生的各项费用直接记入"生产成本——辅助生产成本"账户，不通过"制造费用"账户核算。辅助生产费用月末根据各受益对象的劳务量，采用"直接分配法"进行分配。

3. 四个批次的衬衣生产所需的原材料在生产开始时一次性全部投入，月末有在产品时，生产成本在完工产品与月末在产品之间的费用分配，采用的方法为定额成本法。

4. 各项费用分配率保留4位小数，金额计算结果保留2位小数。

三、模拟企业成本核算资料

（一）企业 2024 年 5 月生产批次及其生产情况见表 4-1

表 4-1　　　　　2024 年 5 月生产批次及其生产情况

批次	产品名称	投产时间	投产数量（件）	预计完工时间	本月完工数量（件）	备注
7515	女短袖衬衣	2024 年 4 月 20 日	29 500	2024 年 5 月	29 500	本月开始进入第二步骤的生产
7551	男短袖衬衣	2024 年 5 月 2 日	7 200	2024 年 5 月	3 600	要求本月部分交货
7552	男长袖衬衣	2024 年 5 月 10 日	4 800	2024 年 5 月	4 800	
7553	女长袖衬衣	2024 年 5 月 12 日	8 500		0	

（二）定额资料

对于 7551 批次，在产品共 3 600 件。其中，第一工序上在产品数量为 1 000 件，第二工序上在产品数量为 2 000 件，第三工序上在产品数量为 600 件。

产品的生产需要经过三道工序，各工序在产品单位定额成本的构成情况如表 4-2 所示。

表 4-2　　　　　各工序在产品单位定额成本构成情况　　　　　单位：元/件

成本项目	第一工序在产品单位定额	第二工序在产品单位定额	第三工序在产品单位定额
直接材料	5.5	6	6.5
燃料及动力	4	6	8
直接人工	2.5	5	7.5
制造费用	1	2	3
废品损失	0	0	0
合计	13	19	25

（三）期初业务资料（见表 4-3）

表 4-3　　　　　　　　基本生产成本明细账

产品：7515 批次　　　　　　　2024 年 5 月　　　　　　　　　　单位：元

2024 年		摘要	直接材料	燃料及动力	直接人工	制造费用	废品损失	合计
月	日							
5	1	期初在产品	138 834	7 216.8	8 750	2 143		156 943.8

（四）本期发生业务资料

1. 成都嘉尚制衣有限公司使用通用记账凭证和科目汇总表账务处理程序进行日常会计处理，并采用账结法计算利润。原材料采用实际成本计价核算，公司对所有固定资产均采用直线法计提折旧。

2. 2024 年 5 月该公司的人员数量、结构以及工资水平与上月完全一致。

3. 成都嘉尚制衣有限公司 2024 年 5 月发生如下交易或事项，其相关原始凭证如表 4 - 4 ~ 表 4 - 23 所示。

表 4 - 4　　　　　　　　　　　　　　　领料单

领料部门：基本生产车间　　　　　　　2024 年 5 月 1 日　　　　　　　　　No：002170

材料名称	编号	规格	单位	数量		单价	金额	记账
				请领	实发			
衬布			米	1 550	1 550	2	3 100	
扣子、线等辅助材料							4 016	
工作单号			用途	用于 7515 批次生产				
工作项目								

审批：李巧巧　　　　记账：李玲　　　　发料人：彭敏姣　　　　领料人：张斌

第二联 会计部门记账

表 4 - 5　　　　　　　　　　　　　　　领料单

领料部门：供电车间　　　　　　　　　2024 年 5 月 1 日　　　　　　　　　No：002171

材料名称	编号	规格	单位	数量		单价	金额	记账
				请领	实发			
脱硫剂			吨	2	2	3 800	7 600	
工作单号			用途	生产用				
工作项目								

审批：李巧巧　　　　记账：李玲　　　　发料人：彭敏姣　　　　领料人：林涛

第二联 会计部门记账

表 4-6　　　　　　　　　　　　　领料单

领料部门：供电车间　　　　　2024 年 5 月 1 日　　　　　　　　　　No：002172

材料名称	编号	规格	单位	数量		单价	金额	记账
				请领	实发			
打印纸			盒	2	2	280	560	
工作单号			用途	管理用				
工作项目								

第二联 会计部门记账

审批：李巧巧　　　　　记账：李玲　　　　　发料人：彭敏姣　　　　　领料人：林涛

表 4-7　　　　　　　　　　　　　领料单

领料部门：销售部门　　　　　2024 年 5 月 1 日　　　　　　　　　　No：002173

材料名称	编号	规格	单位	数量		单价	金额	记账
				请领	实发			
打印纸			盒	4	4	280	1 120	
工作单号			用途	管理用				
工作项目								

第二联 会计部门记账

审批：李巧巧　　　　　记账：李玲　　　　　发料人：彭敏姣　　　　　领料人：陈天

表 4-8　　　　　　　　　　　　　领料单

领料部门：厂部管理部门　　　　2024 年 5 月 1 日　　　　　　　　　　No：002174

材料名称	编号	规格	单位	数量		单价	金额	记账
				请领	实发			
打印纸			盒	6	6	280	1 680	
工作单号			用途	管理用				
工作项目								

第二联 会计部门记账

审批：李巧巧　　　　　记账：李玲　　　　　发料人：彭敏姣　　　　　领料人：杨鹏

表 4-9 　　　　　　　　　　　　　　**领料单**

领料部门：基本生产车间　　　　2024 年 5 月 2 日　　　　　　　　　　No：002175

材料名称	编号	规格	单位	数量 请领	数量 实发	单价	金额	记账
长丝的确良			米	14 020	14 020	3.10	43 462	
衬布			米	1 080	1 080	2	2 160	
扣子、线等辅助材料							2 170	
工作单号				用途	用于 7551 批次生产			
工作项目								

第二联 会计部门记账

审批：李巧巧　　　　记账：李玲　　　　发料人：彭敏姣　　　　领料人：张斌

表 4-10 　　　　　　　　　　　　　**领料单**

领料部门：基本生产车间　　　　2024 年 5 月 10 日　　　　　　　　　No：002176

材料名称	编号	规格	单位	数量 请领	数量 实发	单价	金额	记账
小格的确良			米	7 800	7 800	3.44	26 832	
衬布			米	480	480	2	960	
扣子、线等辅助材料							1 376	
工作单号				用途	用于 7552 批次生产			
工作项目								

第二联 会计部门记账

审批：李巧巧　　　　记账：李玲　　　　发料人：彭敏姣　　　　领料人：张斌

表 4-11 　　　　　　　　　　　　　**领料单**

领料部门：基本生产车间　　　　2024 年 5 月 12 日　　　　　　　　　No：002177

材料名称	编号	规格	单位	数量 请领	数量 实发	单价	金额	记账
印花府绸			米	10 700	10 700	1.90	20 330	
衬布				1 300	1 300	2	2 600	
扣子、线等辅助材料							1 900	
工作单号				用途	用于 7553 批次生产			
工作项目								

第二联 会计部门记账

审批：李巧巧　　　　记账：李玲　　　　发料人：彭敏姣　　　　领料人：张斌

表 4-12　　　　　　　　　　　　　　领料单

领料部门：基本生产车间　　　　2024 年 5 月 15 日　　　　　　　　　　No：002178

材料名称	编号	规格	单位	数量		单价	金额	记账
				请领	实发			
打印纸			盒	2	2	280	560	
工作单号			用途	管理用				
工作项目								

第二联 会计部门记账

审批：李巧巧　　　　记账：李玲　　　　发料人：彭敏姣　　　　领料人：张斌

表 4-13　　　　　　　　　　　　　　领料单

领料部门：基本生产车间　　　　2024 年 5 月 30 日　　　　　　　　　　No：002179

材料名称	编号	规格	单位	数量		单价	金额	记账
				请领	实发			
箱子			个	4 000	4 000	0.6	2 400	
工作单号			用途	四批产品共同耗用				
工作项目								

第二联 会计部门记账

审批：李巧巧　　　　记账：李玲　　　　发料人：彭敏姣　　　　领料人：张斌

表 4-14　　　　　　　　　　　　　产品入库单

车间：基本生产车间　　　　2024 年 5 月 31 日　　　　　　　　　　编号：1280493　　仓库：1 号

产品名称	编号	规格	单位	数量	金额							
					百	十	万	千	百	十	元	角	分
7515 批次			件	29 380								
7551 批次			件	3 600								
7552 批次			件	4 800								
合计												

第二联 会计部门记账

验收：文虎　　　　保管员：李乐　　　　车间：李利　　　　记账：李玲

表 4-15　　　　　　　　　　　　**燃料发料凭证汇总表**
　　　　　　　　　　　　　　　　　2024 年 5 月

领料单位	材料名称	用途	单位	数量	单价	金额
基本生产车间	无烟煤	非生产	吨	4	600	2 400
供电车间	无烟煤	生产	吨	50	600	30 000
供电车间	无烟煤	非生产	吨	1	600	600
销售部门	无烟煤	非生产	吨	1	600	600
厂部管理部门	无烟煤	非生产	吨	2	600	1 200
合计				58		34 800

仓库主管：高红　　　　材料主管：李明　　　　材料保管：马会　　　　填制：杨阳

表 4-16　　　　　　　　　　　　**各部门用电汇总表**
　　　　　　　　　　　　　　　　　2024 年 5 月

用电单位	用途	用电量（千瓦时）	单价（元）	金额（元）
基本生产车间	管理用	5 000	0.7	3 500
供电车间	生产用	40 000	0.7	28 000
供电车间	管理用	1 000	0.7	700
销售部	管理用	2 000	0.7	1 400
厂部管理部门	管理用	3 000	0.7	2 100
合计		51 000		35 700

配电室主管：蒋宏　　　　查表员：曾帅　　　　审核：李建　　　　填制：夏智

表4-17

职工薪酬结算汇总表

2024年5月

单位：元

部门人员类别		基本工资	奖金	津贴和补贴		加班加点工资	应扣工资		其他薪酬	应付薪酬	各项扣款			实发薪酬	部门工资核算员签章
部门名称	人员类别			夜班	午餐		病假	事假			电费	水费	小计		
基本生产车间	生产工人	100 000	54 000	1 900	5 400	27 000	1 000	2 800	28 000	212 500	7 721	6 702	14 423	1 980 77	
	管理人员	30 000	6 000	100	600	3 000		200	12 000	51 500	879	698	1 577	49 923	
供电车间	生产工人	56 000	26 000	2 000	3 500	12 800	500	600	11 300	110 500	3 472	2 987	6 459	104 041	
	管理人员	10 000	2 500	950	2 500	3 800		700	3 922	22 972	864	639	1 503	21 469	
销售部人员		12 500	750	800	600	1 230		100	3 900	19 680	877	597	1 474	18 206	
厂部人员		3 600	1 800	150	180	900			800	7 430	305	158	463	6 967	
合计		212 100	91 050	5 900	12 780	48 730	1 500	4 400	59 922	424 582	14 118	11 781	25 899	398 683	

财务主管：高善文　　审核：杨伊琳　　填制：王春丽

表4-18　　　　　　　　　　　　　**实际生产工时统计表**

2024年5月　　　　　　　　　　　　　　　　单位：小时

产品批次	实际生产总工时
7515	2 000
7551	4 000
7552	6 000
7553	8 000
合计	20 000

表4-19　　　　　　　　　　　　　**固定资产折旧计算表**

2024年5月　　　　　　　　　　　　　　　　单位：元

使用部门	固定资产项目	上月折旧额	上月增加固定资产 原值	上月增加固定资产 折旧额	上月减少固定资产 原值	上月减少固定资产 折旧额	本月折旧额
基本生产车间	厂房	3 500					3 500
	机器设备	6 810	500 000	2 500	200 000	1 000	8 310
	小计	10 310	500 000	2 500	200 000	1 000	11 810
供电车间	厂房	3 700					3 700
	机器设备	7 200	100 000	1 000			8 200
	小计	10 900	100 000	1 000			11 900
销售部	房屋	850					850
	管理设备	600	26 000	1 000			1 600
	汽车	2 200	160 000	1 600			3 800
	小计	3 650	186 000	2 600			6 250
厂部	房屋	7 600					7 600
	管理设备	1 200	35 000	700			1 900
	汽车	4 500	480 000	4 800			9 300
	小计	13 300	515 000	5 500			18 800
合计		38 160	1 301 000	11 600	200 000	1 000	48 760

财务主管：高善文　　　　记账：赵婷婷　　　　审核：杨伊琳　　　　填制：李真

表 4-20　　　　　　　　　　　　　　**货币支出明细表**

2024 年 5 月　　　　　　　　　　　　　　　　　　　　　　　　　单位：元

部门或用途	金额							
	利息	办公费	招待费	水费	保险费	劳保费	其他	合计
基本车间		5 000		1 500	1 000	600	700	8 800
供电车间		3 000		1 000	500	200	300	5 000
销售部		4 000		500	2 000	100	200	6 800
厂部		16 000	8 000	3 000	4 000	600	6 000	36 600
筹资	5 000							5 000
合计	5 000	27 000	8 000	6 000	7 500	1 500	7 200	62 200

财务主管：高善文　　　记账：赵婷婷　　　审核：杨伊琳　　　填制：郝运来

表 4-21　　　　　　　　　　　　　　**辅助劳务供应统计表**

2024 年 5 月

接收产品、劳务部门		供电车间（千瓦时）
基本生产车间	7515 批次耗用	43 566.4
	7551 批次耗用	87 132.8
	7552 批次耗用	130 699.2
	7553 批次耗用	174 265.6
合计		435 664

财务主管：高善文　　　审核：杨伊琳　　　制表：李勇

表 4-22　　　　　　　　　　　　　　**废品通知单**

车间：基本生产车间　　　　　　　　　　　　　　　　　　　　　　批次：7515

原工作通知单号	批次	工序	计量单位	废品数量		
				工废	料废	退修
101	7515	3	件	120	0	0
废品原因						
工废品	工人裁剪不当造成					
退修品	裁剪不当，无法修复，予以报废					
责任者			追偿废品			备注
姓名	工种	工号	数量（件）	单价（元）	金额（元）	
肖伟	裁剪	1287	90	5	450	工废品经查属责任赔偿
王彤	裁剪	1253	30	5	150	

检验员：杨斌　　　生产组长：田丽　　　责任人：肖伟　王彤

表 4-23　　　　　　　　　　　　　　领料单

用料单位：基本生产车间　　　　　　　2024 年 5 月

材料名称	计量单位	领料日期		
衬布	米	2024 年 5 月 1 日		
用途	原7515批次衬衣报废，残料交库			
请领	实发	数量	单价	发料金额合计
-50	-50	-50	2	-100

财务主管：高善文　　　记账：　　　审核：杨伊琳　　　制表：张辰

要求：请根据以上资料计算该公司 2024 年 5 月 31 日各批次产品的成本。

任务 1　账户设置

【任务演练】

为简化核算，嘉尚公司根据 2024 年 5 月业务仅设置与成本核算相关的账户，只登记与成本核算相关的明细账户。

账户设置如下：

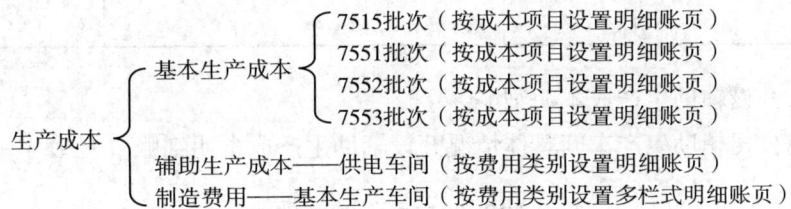

步骤一：开设基本生产成本明细账。

根据嘉尚公司的期初资料开设生产成本明细账，并登记期初余额（见表 4-24 ~ 表 4-27）。

表 4-24　　　　　　　　　　　基本生产成本明细账

产品：7515 批次　　　　　　　　　2024 年 5 月　　　　　　　　　　　单位：元

2024 年		摘要	直接材料	燃料及动力	直接人工	制造费用	废品损失	合计
月	日							
5	1	期初在产品	138 834	7 216.8	8 750	2 143		156 943.8

表 4-25　　　　　　　　　　　基本生产成本明细账

产品：7551 批次　　　　　　　　　　2024 年 5 月　　　　　　　　　　　　单位：元

2024 年		摘要	直接材料	燃料及动力	直接人工	制造费用	废品损失	合计
月	日							

表 4-26　　　　　　　　　　　基本生产成本明细账

产品：7552 批次　　　　　　　　　　2024 年 5 月　　　　　　　　　　　　单位：元

2024 年		摘要	直接材料	燃料及动力	直接人工	制造费用	废品损失	合计
月	日							

表 4-27　　　　　　　　　　　基本生产成本明细账

产品：7553 批次　　　　　　　　　　2024 年 5 月　　　　　　　　　　　　单位：元

2024 年		摘要	直接材料	燃料及动力	直接人工	制造费用	废品损失	合计
月	日							

步骤二：开设辅助生产成本明细账。

根据嘉尚公司辅助生产车间具体情况开设辅助生产成本明细账（见表 4-28）。

表 4-28　　　　　　　　　　　辅助生产成本明细账

辅助车间：供电车间　　　　　　　　2024 年 5 月　　　　　　　　　　　　单位：元

2024 年		摘要	原材料	职工薪酬	折旧费	水电费	修理费	办公费	其他费用	合计
月	日									

步骤三：开设制造费用明细账。

根据嘉尚公司辅助生产车间具体情况开设制造费用明细账（见表 4-29）。

表 4-29 制造费用明细账

车间名称：基本生产车间　　　　　　　　2024 年 5 月　　　　　　　　单位：元

2024 年		摘要	材料费用	职工薪酬	折旧费	水费	办公费	其他	合计
月	日								

任务 2　要素费用核算

一、材料费用的核算

嘉尚公司材料费用的分配按产量比例分配。

【任务演练】

（一）材料费用的核算步骤

步骤一：直接材料费用的归集。

嘉尚公司 2024 年 5 月材料领用情况汇总见表 4-30。

表 4-30　材料发料凭证汇总表

2024 年 5 月

领料单位	材料名称	用途	单位	数量	单价（元）	金额（元）
基本生产车间	长丝的确良	7551 批次	米	14 020	3.1	43 462
基本生产车间	小格的确良	7552 批次	米	7 800	3.44	26 832
基本生产车间	印花府绸	7553 批次	米	10 700	1.9	20 330
基本生产车间	衬布	7515 批次	米	1 550	2	3 100
基本生产车间	衬布	7551 批次	米	1 080	2	2 160
基本生产车间	衬布	7552 批次	米	480	2	960
基本生产车间	衬布	7553 批次	米	1 300	2	2 600
基本生产车间	扣子、线等辅助材料	7515 批次				4 016
基本生产车间	扣子、线等辅助材料	7551 批次				2 170
基本生产车间	扣子、线等辅助材料	7552 批次				1 376
基本生产车间	扣子、线等辅助材料	7553 批次				1 900
基本生产车间	箱子	共同耗用	个	4 000	0.6	2 400

续表

领料单位	材料名称	用途	单位	数量	单价（元）	金额（元）
基本生产车间	打印纸	管理用	盒	2	280	560
供电车间	脱硫剂	生产用	吨	2	3 800	7 600
供电车间	打印纸	管理用	盒	2	280	560
销售部门	打印纸	管理用	盒	4	280	1 120
厂部管理部门	打印纸	管理用	盒	6	280	1 680
合计						122 826

仓库主管：高红　　　　　　材料主管：李明　　　　　　材料保管：马会　　　　　　填制：杨阳

步骤二：直接材料费用的分配（见表4–31）。

表4–31　　　　　　　　　　　**材料耗费分配表**

2024年5月　　　　　　　　　　　　　　　　　　　　　　单位：元

应借科目		成本或费用项目	直接计入	分配计入			合计
				分配标准（投产量）	分配率	分配金额	
基本生产成本		7515批次	直接材料	7 116	29 500		1 416	8 532
		7551批次	直接材料	47 792	7 200		345.6	48 137.6
		7552批次	直接材料	29 168	4 800		230.4	29 398.4
		7553批次	直接材料	24 830	8 500		408	25 238
		小计		108 906	50 000	0.048	2 400	111 306
制造费用		基本生产车间	材料费	560				560
辅助生产成本		供电车间	材料费	8 160				8 160
销售费用			物料消耗	1 120				1 120
管理费用			物料消耗	1 680				1 680
合计				120 426			2 400	122 826

财务主管：高善文　　　　记账：赵婷婷　　　　审核：杨伊琳　　　　填制：王春丽

表中主要数据计算过程如下：

根据表4–30所示，基本生产车间领用的箱子，由于是四批产品共同领用，所以箱子是间接计入成本。需要计算分配后计入各批产品成本。根据企业的会计制度规定，材料间接计入成本采用本月产品产量比例分配计算各批产品应承担的箱子成本。

（1）计算箱子耗费分配率。

箱子耗费分配率 = 2 400 ÷ (7 200 + 4 800 + 8 500 + 29 500) = 0.048（元）

（2）计算各批产品应承担的箱子成本。

7515批次：29 500 × 0.048 = 1 416（元）

7551 批次：7 200×0.048=345.6（元）

7552 批次：4 800×0.048=230.4（元）

7553 批次：8 500×0.048=408（元）

提示：在实际工作中分配率应该保留 4 位小数，分配额保留 2 位小数。由于在实际工作中耗费分配率有小数取舍的问题，最后计算出耗费分配额的合计，可能与待分配的耗费不等。通常的做法是最后一个分配对象的分配额，采用倒挤的方法计算。

步骤三：编制记账凭证并进行审核（见表 4-32 和表 4-33）。

表 4-32　　　　　　　　　　　　　**记账凭证**

2024 年 5 月 31 日　　　　　　　　　　　　　　　　　　　　第 1 $\frac{1}{2}$ 号

摘要	总账科目	明细科目	借方金额 百十万千百十元角分	贷方金额 百十万千百十元角分
分配材料耗费	基本生产成本	7515 批次	8 5 3 2 0 0	
	基本生产成本	7551 批次	4 8 1 3 7 6 0	
	基本生产成本	7552 批次	2 9 3 9 8 4 0	
	基本生产成本	7553 批次	2 5 2 3 8 0 0	
	制造费用	基本生产车间	5 6 0 0 0	
	辅助生产成本	供电车间	8 1 6 0 0 0	
	合计			

财务主管：高善文　　　　记账：赵婷婷　　　　制单：陈丽

附单据壹拾贰张

表 4-33　　　　　　　　　　　　　**记账凭证**

2024 年 5 月 31 日　　　　　　　　　　　　　　　　　　　　第 1 $\frac{2}{2}$ 号

摘要	总账科目	明细科目	借方金额 百十万千百十元角分	贷方金额 百十万千百十元角分
分配材料耗费	销售费用	办公费	1 1 2 0 0 0	
	管理费用	办公费	1 6 8 0 0 0	
	原材料			1 2 2 8 2 6 0 0
	合计		￥1 2 2 8 2 6 0 0	￥1 2 2 8 2 6 0 0

财务主管：高善文　　　　记账：赵婷婷　　　　制单：陈丽

附单据壹拾贰张

步骤四：根据审核无误的会计凭证登记相应明细账。

1. 登记基本生产成本明细账（见表4-34~表4-37）。

表4-34　　　　　　　　　　　　　基本生产成本明细账

产品：7515 批次　　　　　　　　　　2024年5月　　　　　　　　　　　　单位：元

2024年		摘要	直接材料	燃料及动力	直接人工	制造费用	废品损失	合计
月	日							
5	1	期初在产品	138 834	7 216.8	8 750	2 143		156 943.8
	31	分配材料费用	8 532					8 532

表4-35　　　　　　　　　　　　　基本生产成本明细账

产品：7551 批次　　　　　　　　　　2024年5月　　　　　　　　　　　　单位：元

2024年		摘要	直接材料	燃料及动力	直接人工	制造费用	废品损失	合计
月	日							
5	31	分配材料费用	48 137.6					48 137.6

表4-36　　　　　　　　　　　　　基本生产成本明细账

产品：7552 批次　　　　　　　　　　2024年5月　　　　　　　　　　　　单位：元

2024年		摘要	直接材料	燃料及动力	直接人工	制造费用	废品损失	合计
月	日							
5	31	分配材料费用	29 398.4					29 398.4

表4-37　　　　　　　　　　　　　基本生产成本明细账

产品：7553 批次　　　　　　　　　　2024年5月　　　　　　　　　　　　单位：元

2024年		摘要	直接材料	燃料及动力	直接人工	制造费用	废品损失	合计
月	日							
5	31	分配材料费用	25 238					25 238

2. 登记辅助生产成本明细账（见表4-38~表4-40）。

表 4－38　　　　　　　　　　　　**辅助生产成本明细账**

辅助车间：供电车间　　　　　　　2024 年 5 月　　　　　　　　　　单位：元

2024 年		摘要	原材料	燃料	职工薪酬	折旧费	水电费	修理费	办公费	其他费用	合计
月	日										
5	31	分配材料费	8 160								8 160

3. 登记制造费用明细账。

表 4－39　　　　　　　　　　　　**制造费用明细账**

车间名称：基本生产车间　　　　　　2024 年 5 月　　　　　　　　　　单位：元

2024 年		摘要	材料费用	燃料及动力	职工薪酬	折旧费	水费	办公费	其他	合计
月	日									
5	31	分配材料费	560							560

（二）燃料费用的核算步骤

步骤一：燃料费用的归集。

表 4－40　　　　　　　　　　　　**燃料发料凭证汇总表**

2024 年 5 月

领料单位	材料名称	用途	单位	数量	单价（元）	金额（元）
基本生产车间	无烟煤	非生产	吨	4	600	2 400
供电车间	无烟煤	生产	吨	50	600	30 000
供电车间	无烟煤	非生产	吨	1	600	600
销售部门	无烟煤	非生产	吨	1	600	600
厂部管理部门	无烟煤	非生产	吨	2	600	1 200
合计				58		34 800

仓库主管：高红　　　　材料主管：李明　　　　材料保管：马会　　　　填制：杨阳

步骤二：燃料耗费的分配（见表 4－41）。

表 4-41 **燃料耗费分配表**

2024 年 5 月　　　　　　　　　　　　　　　　单位：元

应借科目	成本或费用项目	直接计入	分配计入			合计
			分配标准	分配率	分配金额	
制造费用	生产车间	燃料	2 400			2 400
辅助生产成本	供电车间	燃料	30 600			30 600
销售费用		其他	600			600
管理费用		其他	1 200			1 200
合计						34 800

财务主管：高善文　　　记账：赵婷婷　　　审核：杨伊琳　　　填制：王春丽

步骤三：编制记账凭证并进行审核（见表 4-42）。

表 4-42　　　　　　　　　　　**记账凭证**

2024 年 5 月 31 日　　　　　　　　　　　　　第 2 号

摘要	总账科目	明细科目	借方金额								贷方金额								
			百	十	万	千	百	十	元	角	分	百	十	万	千	百	十	元	角	分
分配燃料耗费	制造费用	基本生产车间				2	4	0	0	0	0									
	辅助生产成本	供电车间			3	0	6	0	0	0	0									
	销售费用	其他					6	0	0	0	0									
	管理费用	其他				1	2	0	0	0	0									
	原材料	燃料												3	4	8	0	0	0	0
合计			¥		3	4	8	0	0	0	0	¥		3	4	8	0	0	0	0

附单据贰张

财务主管：高善文　　　记账：赵婷婷　　　　　　　　　　制单：陈丽

步骤四：根据审核无误的会计凭证登记相应明细账。

1. 登记辅助生产成本明细账（见表 4-43）。

表 4-43　　　　　　　　　**辅助生产成本明细账**

辅助车间：供电车间　　　　　2024 年 5 月　　　　　　　　　单位：元

2024 年		摘要	原材料	燃料	职工薪酬	折旧费	水电费	修理费	办公费	其他费用	合计
月	日										
5	31	分配材料费	8 160								8 160
	31	分配燃料费用		30 600							30 600

2. 登记制造费用明细账（见表4-44）。

表4-44　　　　　　　　　　制造费用明细账

车间名称：基本生产车间　　　　2024年5月　　　　　　　　　　单位：元

2024年		摘要	材料费用	燃料及动力	职工薪酬	折旧费	水费	办公费	其他	合计
月	日									
5	31	分配材料费	560							560
	31	分配燃料费用		2 400						2 400

（三）外购动力的核算步骤

步骤一：外购动力耗费的归集（见表4-45）。

表4-45　　　　　　　　　　各部门用电汇总表

2024年5月

用电单位	用途	用电量（千瓦时）	单价（元）	金额（元）
基本生产车间	管理用	5 000	0.7	3 500
供电车间	生产用	40 000	0.7	28 000
供电车间	管理用	1 000	0.7	700
销售部	管理用	2 000	0.7	1 400
厂部管理部门	管理用	3 000	0.7	2 100
合计		51 000		35 700

配电室主管：蒋宏　　　查表员：曾帅　　　审核：李建　　　填制：夏智

步骤二：外购动力耗费的分配（见表4-46）。

表4-46　　　　　　　　　　外购动力耗费分配表

2024年5月　　　　　　　　　　　　　　　　　　　　单位：元

应借科目	成本或费用项目	直接计入	分配计入			合计
			分配标准	分配率	分配金额	
制造费用	基本生产车间	水电费	3 500			3 500
辅助生产成本	供电车间	水电费	28 700			28 700
销售费用		水电费	1 400			1 400
管理费用		水电费	2 100			2 100
合计			35 700			35 700

财务主管：高善文　　　记账：赵婷婷　　　审核：杨伊琳　　　填制：王春丽

步骤三：编制记账凭证并进行审核（见表4-47）。

表4-47　　　　　　　　　　　　　　　记账凭证

2024年5月31日　　　　　　　　　　　　　　　　　　　　　第3号

摘要	总账科目	明细科目	借方金额 百十万千百十元角分	贷方金额 百十万千百十元角分	附单据贰张
分配外购动力费	制造费用	基本生产车间	3 5 0 0 0 0		
	辅助生产成本	供电车间	2 8 7 0 0 0		
	销售费用	其他	1 4 0 0 0		
	管理费用	其他	2 1 0 0 0		
	应付账款			3 5 7 0 0 0	
	合计		¥ 　3 5 7 0 0 0	¥ 　3 5 7 0 0 0	

财务主管：高善文　　　　　　　记账：赵婷婷　　　　　　　制单：陈丽

步骤四：根据审核无误的会计凭证登记相应明细账。

1. 登记辅助生产成本明细账（见表4-48）。

表4-48　　　　　　　　　　　　辅助生产成本明细账

辅助车间：供电车间　　　　　2024年5月　　　　　　　　　　单位：元

2024年		摘要	原材料	燃料	职工薪酬	折旧费	水电费	修理费	办公费	其他费用	合计
月	日										
5	31	分配材料费	8 160								8 160
	31	分配燃料费用		30 600							30 600
	31	分配外购动力					28 700				28 700

2. 登记制造费用明细账（见表4-49）。

表4-49　　　　　　　　　　　　制造费用明细账

车间名称：基本生产车间　　　　2024年5月　　　　　　　　　　单位：元

2024年		摘要	材料费用	燃料及动力	职工薪酬	折旧费	水费	办公费	其他	合计
月	日									
5	31	分配材料费	560							560
	31	分配燃料费用		2 400						2 400
	31	分配外购动力		3 500						3 500

二、人工费用的核算

嘉尚公司人工费用的分配采用实际生产工时比例分配法。

步骤一：直接人工费用的归集（见表4-50）。

表 4-50

职工薪酬结算汇总表

2024 年 5 月

单位：元

部门人员类别		基本工资	奖金	津贴和补贴		加班加点工资	应扣工资		其他薪酬	应付薪酬	各项扣款			实发薪酬	部门工资核算员签章
部门名称	人员类别			夜班	午餐		病假	事假			电费	水费	小计		
基本生产车间	生产工人	100 000	54 000	1 900	5 400	27 000	1 000	2 800	28 000	212 500	7 721	6 702	14 423	198 077	
	管理人员	30 000	6 000	100	600	3 000		200	12 000	51 500	879	698	1 577	49 923	
供电车间	生产工人	56 000	26 000	2 000	3 500	12 800	500	600	11 300	110 500	3 472	2 987	6 459	104 041	
	管理人员	10 000	2 500	950	2 500	3 800		700	3 922	22 972	864	639	1 503	21 469	
销售部人员		12 500	750	800	600	1 230		100	3 900	19 680	877	597	1 474	18 206	
厂部人员		3 600	1 800	150	180	900			800	7 430	305	158	463	6 967	
合计		212 100	91 050	5 900	12 780	48 730	1 500	4 400	59 922	424 582	14 118	11 781	25 899	398 683	

财务主管：高善文　　审核：杨伊琳　　填制：王春丽

步骤二：直接人工费用的分配（见表4-51和表4-52）。

表4-51　　　　　　　　　　　实际生产工时统计表

2024年5月　　　　　　　　　　　　　　　　　　　　　单位：小时

产品名称	实际生产总工时
7515批次	2 000
7551批次	4 000
7552批次	6 000
7553批次	8 000
合计	20 000

表4-52　　　　　　　　　　　职工薪酬耗费分配表

2024年5月　　　　　　　　　　　　　　　　　　　　　单位：元

应借科目		成本或耗费项目	直接计入	分配计入	合计
基本生产成本	7515批次	直接人工		21 250	21 250
	7551批次	直接人工		42 500	42 500
	7552批次	直接人工		63 750	63 750
	7553批次	直接人工		85 000	85 000
	小计			212 500	212 500
制造费用		薪酬耗费	51 500		51 500
辅助生产成本		薪酬耗费	133 472		133 472
销售费用		薪酬耗费	19 680		19 680
管理费用		薪酬耗费	7 430		7 430
合计			212 082	212 500	424 582

财务主管：高善文　　　　记账：赵婷婷　　　　审核：杨伊琳　　　　填制：王春丽

表中主要数据计算过程如下：

（1）计算生产服装耗费的人工耗费分配率

$$人工耗费分配率 = \frac{212\ 500}{2\ 000 + 4\ 000 + 6\ 000 + 8\ 000} = 10.625$$

（2）计算7515批次、7551批次、7552批次、7553批次的服装所耗费的人工：

7515批次：$2\ 000 \times 10.625 = 21\ 250$（元）

7551批次：$4\ 000 \times 10.625 = 42\ 500$（元）

7552 批次：6 000 × 10.625 = 63 750（元）

7553 批次：8 000 × 10.625 = 85 000（元）

步骤三：编制记账凭证并进行审核（见表 4-53 和表 4-54）。

表 4-53　　　　　　　　　　　　**记账凭证**

2024 年 5 月 31 日　　　　　　　　　　　　　　第 4 $\frac{1}{2}$ 号

摘要	总账科目	明细科目	借方金额 百十万千百十元角分	贷方金额 百十万千百十元角分
分配人工耗费	基本生产成本	7515 批次	2 1 2 5 0 0 0	
	基本生产成本	7551 批次	4 2 5 0 0 0 0	
	基本生产成本	7552 批次	6 3 7 5 0 0 0	
	基本生产成本	7553 批次	8 5 0 0 0 0 0	
	辅助生产成本	供电车间	1 3 3 4 7 2 0 0	
	制造费用	基本生产车间	5 1 5 0 0 0 0	
		合计		

附单据叁张

财务主管：高善文　　　　记账：赵婷婷　　　　制单：陈丽

表 4-54　　　　　　　　　　　　**记账凭证**

2024 年 5 月 31 日　　　　　　　　　　　　　　第 4 $\frac{2}{2}$ 号

摘要	总账科目	明细科目	借方金额 百十万千百十元角分	贷方金额 百十万千百十元角分
分配人工耗费	销售费用	人工费	1 9 6 8 0 0 0	
	管理费用	人工费	7 4 3 0 0 0	
	应付职工薪酬	工资		4 2 4 5 8 2 0 0
		合计	¥ 4 2 4 5 8 2 0 0	¥ 4 2 4 5 8 2 0 0

附单据叁张

财务主管：高善文　　　　记账：赵婷婷　　　　制单：陈丽

步骤四：根据审核无误的会计凭证登记相应明细账。

1. 登记基本生产成本明细账（见表 4-55 ~ 表 4-58）。

表 4-55 基本生产成本明细账

产品:7515 批次   2024 年 5 月   单位:元

2024 年		摘要	直接材料	燃料及动力	直接人工	制造费用	废品损失	合计
月	日							
5	1	期初在产品	138 834	7 216.8	8 750	2 143		155 943.8
	31	分配材料费用	8 532					8 532
	31	分配人工耗费			21 250			21 250

表 4-56 基本生产成本明细账

产品:7551 批次   2024 年 5 月   单位:元

2024 年		摘要	直接材料	燃料及动力	直接人工	制造费用	废品损失	合计
月	日							
5	31	分配材料费用	48 137.6					48 137.6
	31	分配人工耗费			42 500			42 500

表 4-57 基本生产成本明细账

产品:7552 批次   2024 年 5 月   单位:元

2024 年		摘要	直接材料	燃料及动力	直接人工	制造费用	废品损失	合计
月	日							
5	31	分配材料费用	29 398.4					29 398.4
	31	分配人工耗费			63 750			63 750

表 4-58 基本生产成本明细账

产品:7553 批次   2024 年 5 月   单位:元

2024 年		摘要	直接材料	燃料及动力	直接人工	制造费用	废品损失	合计
月	日							
5	31	分配材料费用	25 238					25 238
	31	分配人工耗费			85 000			85 000

2. 登记辅助生产成本明细账(见表 4-59)。

表 4-59　　　　　　　　　　　辅助生产成本明细账

辅助车间：供电车间　　　　　　　2024 年 5 月　　　　　　　　　　　　单位：元

2024 年		摘要	原材料	燃料	职工薪酬	折旧费	水电费	修理费	办公费	其他费用	合计
月	日										
5	31	分配材料费	8 160								8 160
	31	分配燃料费用		30 600							30 600
	31	分配外购动力					28 700				28 700
	31	分配人工费			133 472						133 472

3. 登记制造费用明细账（见表 4-60）。

表 4-60　　　　　　　　　　　制造费用明细账

车间名称：基本生产车间　　　　　　2024 年 5 月　　　　　　　　　　　　单位：元

2024 年		摘要	材料费用	燃料及动力	职工薪酬	折旧费	水费	办公费	其他	合计
月	日									
5	31	分配材料费	560							560
	31	分配燃料费用		2 400						2 400
	31	分配外购动力		3 500						3 500
	31	分配人工耗费			51 500					51 500

三、折旧费用的核算

步骤一：计算并分配当期折旧费用。

计算并分配当期折旧费用：嘉尚公司固定资产折旧费用计算与分配如表 4-61 和表 4-62 所示。

表 4-61　　　　　　　　　　　　　**固定资产折旧计算表**

2024 年 5 月　　　　　　　　　　　　　　　　　　　　　　　　　　　　单位：元

使用部门	固定资产项目	上月折旧额	上月增加固定资产		上月减少固定资产		本月折旧额
			原值	折旧额	原值	折旧额	
基本生产车间	厂房	3 500					3 500
	机器设备	6 810	500 000	2 500	200 000	1 000	8 310
	小计	10 310	500 000	2 500	200 000	1 000	11 810
供电车间	厂房	3 700					3 700
	机器设备	7 200	100 000	1 000			8 200
	小计	10 900	100 000	1 000			11 900
销售部	房屋	850					850
	管理设备	600	26 000	1 000			1 600
	汽车	2 200	160 000	1 600			3 800
	小计	3 650	186 000	2 600			6 250
厂部	房屋	7 600					7 600
	管理设备	1 200	35 000	700			1 900
	汽车	4 500	480 000	4 800			9 300
	小计	13 300	515 000	5 500			18 800
合计		38 160	1 301 000	11 600	200 000	1 000	48 760

财务主管：高善文　　　　记账：赵婷婷　　　　审核：杨伊琳　　　　填制：李真

步骤二：折旧费用的分配。

表 4-62　　　　　　　　　　　　　**折旧费分配表**

2024 年 5 月　　　　　　　　　　　　　　　　　　　　　　　　　　　　单位：元

应借科目	成本或费用项目		金额
制造费用	基本生产车间	折旧费	1 181 000
辅助生产成本	供电车间	折旧费	1 190 000
销售费用	销售部	折旧费	625 000
管理费用	厂部	折旧费	1 880 000
合计			4 876 000

财务主管：高善文　　　　记账：赵婷婷　　　　审核：杨伊琳　　　　填制：王春丽

步骤三：编制记账凭证并进行审核（见表 4-63）。

表 4-63　　　　　　　　　　　记账凭证

2024 年 5 月 31 日　　　　　　　　　　　　　　　　　　　　　　　　第 5 号

摘要	总账科目	明细科目	借方金额 百十万千百十元角分	贷方金额 百十万千百十元角分	
计提折旧	辅助生产成本	供电车间	1 1 9 0 0 0 0		附单据贰张
	制造费用	基本生产车间	1 1 8 1 0 0 0		
	销售费用	折旧费	6 2 5 0 0 0		
	管理费用	折旧费	1 8 8 0 0 0 0		
	累计折旧			4 8 7 6 0 0 0	
	合计		¥ 4 8 7 6 0 0 0	¥ 4 8 7 6 0 0 0	

财务主管：高善文　　　　　　　　记账：赵婷婷　　　　　　　　　　　　制单：陈丽

步骤四：根据审核无误的会计凭证登记相应明细账。

1. 登记辅助生产成本明细账（见表 4-64）。

表 4-64　　　　　　　　　　　**辅助生产成本明细账**

辅助车间：供电车间　　　　　　　　2024 年 5 月　　　　　　　　　　　　单位：元

2024 年		摘要	原材料	燃料	职工薪酬	折旧费	水电费	修理费	办公费	其他费用	合计
月	日										
5	31	分配材料费	8 160								8 160
	31	分配燃料费用		30 600							30 600
	31	分配外购动力					28 700				28 700
	31	分配人工费			133 472						133 472
	31	计提折旧				11 900					11 900

2. 登记制造费用明细账（见表 4-65）。

表 4-65　　　　　　　　　　　**制造费用明细账**

车间名称：基本生产车间　　　　　　　　2024 年 5 月　　　　　　　　　　　　单位：元

2024 年		摘要	材料费用	燃料及动力	职工薪酬	折旧费	水费	办公费	其他	合计
月	日									
5	31	分配材料费	560							560
	31	分配燃料费用		2 400						2 400
	31	分配外购动力		3 500						3 500
	31	分配人工耗费			51 500					51 500
	31	计提折旧				11 810				11 810

四、其他费用的核算

【任务演练】

步骤一：编制其他费用分配表，分配各种其他费用。

嘉尚公司 2024 年 5 月共发生利息支出、办公费支出和其他支出 62 200 元，编制的货币收支明细如表 4-66 所示。

表 4-66　　　　　　　货币支出明细表

2024 年 5 月　　　　　　　　　　　　　　　　单位：元

部门或用途	金额							
	利息	办公费	招待费	水费	保险费	劳保费	其他	合计
基本车间		5 000		1 500	1 000	600	700	8 800
供电车间		3 000		1 000	500	200	300	5 000
销售部		4 000		500	2 000	100	200	6 800
厂部		16 000	8 000	3 000	4 000	600	6 000	36 600
筹资	5 000							5 000
合计	5 000	27 000	8 000	6 000	7 500	1 500	7 200	62 200

财务主管：高善文　　　记账：赵婷婷　　　审核：杨伊琳　　　填制：郝运来

会计稽核人员对上述货币收支明细表进行审核。然后，成本核算组依据审核后的货币收支明细表，编制利息及其他支出分配表（见表 4-67）。

表 4-67　　　　　　　利息及其他支出分配表

2024 年 5 月　　　　　　　　　　　　　　　　单位：元

应借科目		金额
制造费用	基本生产车间	8 800
辅助生产成本	供电车间	5 000
销售费用		6 800
管理费用		36 600
财务费用		5 000
合计		62 200

财务主管：高善文　　　记账：赵婷婷　　　审核：杨伊琳　　　填制：王春丽

步骤二：编制记账凭证并进行审核（见表 4-68）。

表 4-68　　　　　　　　　　　　　　　**记账凭证**

2024 年 5 月 31 日　　　　　　　　　　　　　　　　　第 6 号

摘要	总账科目	明细科目	借方金额 百十万千百十元角分	贷方金额 百十万千百十元角分	
分配其他耗费	制造费用	基本生产车间	8 8 0 0 0 0		附单据贰张
	辅助生产成本	供电车间	5 0 0 0 0 0		
	销售费用	其他	6 8 0 0 0 0		
	管理费用	其他	3 6 6 0 0 0		
	财务费用	利息费用	5 0 0 0 0 0		
	银行存款			6 2 2 0 0 0 0	
合计			¥ 6 2 2 0 0 0 0	¥ 6 2 2 0 0 0 0	

财务主管：高善文　　　　　　记账：赵婷婷　　　　　　　　　　　制单：陈丽

步骤三：根据审核无误的会计凭证登记明细账。

1. 登记辅助生产成本明细账（见表 4-69）。

表 4-69　　　　　　　　　　　**辅助生产成本明细账**

辅助车间：供电车间　　　　　　　　2024 年 5 月　　　　　　　　　　单位：元

2024 年		摘要	原材料	燃料	职工薪酬	折旧费	水电费	修理费	办公费	其他费用	合计
月	日										
5	31	分配材料费	8 160								8 160
	31	分配燃料费用		30 600							30 600
	31	分配外购动力					28 700				28 700
	31	分配人工费			133 472						133 472
	31	计提折旧				11 900					11 900
	31	分配其他耗费								5 000	5 000

2. 登记制造费用明细账（见表 4-70）。

表 4-70　　　　　　　　　　　制造费用明细账

车间名称：基本生产车间　　　　　　2024 年 5 月　　　　　　　　　　　单位：元

2024 年		摘要	材料费用	燃料及动力	职工薪酬	折旧费	水费	办公费	其他	合计
月	日									
5	31	分配材料费	560							560
	31	分配燃料费用		2 400						2 400
	31	分配外购动力		3 500						3 500
	31	分配人工耗费			51 500					51 500
	31	计提折旧				11 810				11 810
	31	分配其他耗费							8 800	8 800

五、辅助生产费用的核算

嘉尚公司辅助生产费用的分配采用直接分配法。

【任务演练】

步骤一：辅助生产费用的归集（见表 4-71）。

表 4-71　　　　　　　　　　　辅助生产成本明细账

辅助车间：供电车间　　　　　　　　2024 年 5 月　　　　　　　　　　　单位：元

2024 年		摘要	原材料	燃料	职工薪酬	折旧费	水电费	修理费	办公费	其他费用	合计
月	日										
5	31	分配材料费	8 160								8 160
	31	分配燃料费用		30 600							30 600
	31	分配外购动力					28 700				28 700
	31	分配人工费			133 472						133 472
	31	计提折旧				11 900					11 900
	31	分配其他耗费								5 000	5 000
	31	本月合计	8 160	30 600	133 472	11 900	28 700			5000	217 832

步骤二：辅助生产费用的分配。

根据劳务提供情况（见表 4-72），企业采用直接分配法分配辅助生产成本，并编制辅助生产成本分配表（见表 4-73）。

表 4-72　　　　　　　　　　　　　辅助劳务供应统计表

2024 年 5 月

接收产品、劳务部门		供电车间（千瓦时）
基本生产车间	7515 批次	43 566.4
	7551 批次	87 132.8
	7552 批次	130 699.2
	7553 批次	174 265.6
合计		435 664

财务主管：高善文　　　　审核：杨伊琳　　　　制表：李勇

表 4-73　　　　　　　　　　　　　辅助生产费用分配表

2024 年 5 月　　　　　　　　　　　　　　　　　　　　　　单位：元

应借科目	成本或者成本费用项目	分配计入			合计
		分配标准	分配率	分配金额	
基本生产成本	7515 批次	动力费	43 566.4		21 783.2	21 783.2
	7551 批次	动力费	87 132.8		43 566.4	43 566.4
	7552 批次	动力费	130 699.2		65 349.6	65 349.6
	7553 批次	动力费	174 265.6		87 132.8	87 132.8
	合计		435 664	0.5	217 832	217 832

表中主要数据计算过程如下：

（1）计算直接分配率：

供电车间直接分配率 = 217 832 ÷ 435 664 = 0.5（元）

（2）计算各批产品应承担的辅助生产成本：

7515 批次：43 566.4 × 0.5 = 21 783.2（元）

7551 批次：87 132.8 × 0.5 = 43 566.4（元）

7552 批次：130 699.2 × 0.5 = 65 349.6（元）

7553 批次：174 265.6 × 0.5 = 87 132.8（元）

步骤三：编制记账凭证并进行审核（见表 4-74）。

表 4-74　　　　　　　　　　　记账凭证

2024 年 5 月 31 日　　　　　　　　　　　　　　　　　　　　第 7 号

摘要	总账科目	明细科目	借方金额	贷方金额
分配辅助生产成本	基本生产成本	7515 批次	21 783.20	
	基本生产成本	7551 批次	43 566.40	
	基本生产成本	7552 批次	65 349.60	
	基本生产成本	7553 批次	87 132.80	
	辅助生产成本	供电车间		217 832.00
	合计		¥217 832.00	¥217 832.00

附单据 贰 张

财务主管：高善文　　　　　记账：赵婷婷　　　　　制单：陈丽

步骤四：根据审核无误的会计凭证登记相应的明细账（见表 4-75～表 4-79）。

表 4-75　　　　　　　　　　基本生产成本明细账

产品：7515 批次　　　　　　　　2024 年 5 月　　　　　　　　　　　单位：元

2024 年		摘要	直接材料	燃料及动力	直接人工	制造费用	废品损失	合计
月	日							
5	1	期初在产品	138 834	7 216.8	8 750	2 143		156 943.8
	31	分配材料费用	8 532					8 532
	31	分配人工耗费			21 250			21 250
	31	分配辅助成本		21 783.2				21 783.2

表 4-76　　　　　　　　　　基本生产成本明细账

产品：7551 批次　　　　　　　　2024 年 5 月　　　　　　　　　　　单位：元

2024 年		摘要	直接材料	燃料及动力	直接人工	制造费用	废品损失	合计
月	日							
5	31	分配材料费用	48 137.6					48 137.6
	31	分配人工耗费			42 500			42 500
	31	分配辅助成本		43 566.4				43 566.4

表 4 – 77　　　　　　　　　　　　　　　**基本生产成本明细账**

产品：7552 批次　　　　　　　　　　　2024 年 5 月　　　　　　　　　　　　单位：元

2024 年		摘要	直接材料	燃料及动力	直接人工	制造费用	废品损失	合计
月	日							
5	31	分配材料费用	29 398.4					29 398.4
	31	分配人工耗费			63 750			63 750
	31	分配辅助成本		65 349.6				65 349.6

表 4 – 78　　　　　　　　　　　　　　　**基本生产成本明细账**

产品：7553 批次　　　　　　　　　　　2024 年 5 月　　　　　　　　　　　　单位：元

2024 年		摘要	直接材料	燃料及动力	直接人工	制造费用	废品损失	合计
月	日							
5	31	分配材料费用	25 238					25 238
	31	分配人工耗费			85 000			85 000
	31	分配辅助生产成本		87 132.8				87 132.8

表 4 – 79　　　　　　　　　　　　　　　**辅助生产成本明细账**

辅助车间：供电车间　　　　　　　　　2024 年 5 月　　　　　　　　　　　　单位：元

2024 年		摘要	原材料	燃料	职工薪酬	折旧费	水电费	修理费	办公费	其他费用	合计
月	日										
5	31	分配材料费	8 160								8 160
	31	分配燃料费用		30 600							30 600
	31	分配外购动力					28 700				28 700
	31	分配人工费			133 472						133 472
	31	计提折旧				11 900					11 900
	31	分配其他耗费								5 000	5 000
	31	本月合计	8 160	30 600	133 472	11 900	28 700			5000	217 832
	31	结转辅助生产费用	-8 160	-30 600	-133 472	-11 900	-28 700			-5 000	-217 832

六、制造费用的核算

嘉尚公司制造费用的分配采用实际生产工时比例分配法。

【任务演练】

步骤一：制造费用的归集（见表 4-80）。

表 4-80　　　　　　　　　　　　　　制造费用明细账

车间名称：基本生产车间　　　　　　2024 年 5 月　　　　　　　　　　单位：元

2024 年		摘要	材料费用	燃料及动力	职工薪酬	折旧费	水费	办公费	其他	合计
月	日									
5	31	分配材料费	560							560
	31	分配燃料费用		2 400						2 400
	31	分配外购动力		3 500						3 500
	31	分配人工耗费			51 500					51 500
	31	计提折旧				11 810				11 810
	31	分配其他耗费							8 800	8 800
	31	本月合计	560	5 900	51 500	11 810			8 800	78 570

步骤二：制造费用的分配。

编制制造费用分配表（见表 4-81）。

表 4-81　　　　　　　　　　　　　　制造费用分配表

车间：基本生产车间　　　　　　　　2024 年 5 月

应借科目	费用项目	生产工时	分配率	分配金额（元）
基本生产成本	7515 批次	2 000		7 857
	7551 批次	4 000		15 714
	7552 批次	6 000		23 571
	7553 批次	8 000		31 428
合计		20 000	3.9285	78 570

财务主管：高善文　　　　　　审核：杨伊琳　　　　　　填制：张辰

步骤三：编制记账凭证并进行审核（见表 4-82）。

表 4-82　　　　　　　　　　　　　　　**记账凭证**

2024 年 5 月 31 日　　　　　　　　　　　　　　　　　　　　　第 8 号

摘要	总账科目	明细科目	借方金额	贷方金额	
分配制造费用	基本生产成本	7515 批次	7 857.00		附单据壹张
	基本生产成本	7551 批次	15 714.00		
	基本生产成本	7552 批次	23 571.00		
	基本生产成本	7553 批次	31 428.00		
	制造费用	基本生产车间		78 570.00	
合计			¥78 570.00	¥78 570.00	

财务主管：高善文　　　　　　记账：赵婷婷　　　　　　　　制单：陈丽

步骤四：根据审核无误的会计凭证登记相应的明细账（见表 4-83~表 4-87）。

表 4-83　　　　　　　　　　　　　**基本生产成本明细账**

产品：7515 批次　　　　　　　　　　　2024 年 5 月　　　　　　　　　　　　单位：元

2024 年		摘要	直接材料	燃料及动力	直接人工	制造费用	废品损失	合计
月	日							
5	1	期初在产品	138 834	7 216.8	8 750	2 143		155 943.8
	31	分配材料费用	8 532					8 532
	31	分配人工耗费			21 250			21 250
	31	分配辅助成本		21 783.2				21 783.2
	31	分配制造费用				7 857		7 857

表 4-84　　　　　　　　　　　　　**基本生产成本明细账**

产品：7551 批次　　　　　　　　　　　2024 年 5 月　　　　　　　　　　　　单位：元

2024 年		摘要	直接材料	燃料及动力	直接人工	制造费用	废品损失	合计
月	日							
5	31	分配材料费用	48 137.6					48 137.6
	31	分配人工耗费			42 500			42 500
	31	分配辅助成本		43 566.4				43 566.4
	31	分配制造费用				15 714		15 714

表 4-85 基本生产成本明细账

产品：7552 批次　　　　2024 年 5 月　　　　单位：元

2024 年		摘要	直接材料	燃料及动力	直接人工	制造费用	废品损失	合计
月	日							
5	31	分配材料费用	29 398.4					29 398.4
	31	分配人工耗费			63 750			63 750
	31	分配辅助成本		65 349.6				65 349.6
	31	分配制造费用				23 571		23 571

表 4-86 基本生产成本明细账

产品：7553 批次　　　　2024 年 5 月　　　　单位：元

2024 年		摘要	直接材料	燃料及动力	直接人工	制造费用	废品损失	合计
月	日							
5	31	分配材料费用	25 238					25 238
	31	分配人工耗费			85 000			85 000
	31	分配辅助成本		87 132.8				87 132.8
	31	分配制造费用				31 428		31 428

表 4-87 制造费用明细账

车间名称：基本生产车间　　　　2024 年 5 月　　　　单位：元

2024 年		摘要	材料费用	燃料及动力	职工薪酬	折旧费	水费	办公费	其他	合计
月	日									
5	31	分配材料费	560							560
	31	分配燃料费用		2 400						2 400
	31	分配外购动力		3 500						3 500
	31	分配人工耗费			51 500					51 500
	31	计提折旧				11 810				11 810
	31	分配其他耗费							8 800	8 800
	31	本月合计	560	5 900	51 500	11 810			8 800	78 570
	31	结转制造费用	-560	-5 900	-51 500	-11 810			-8 800	-78 570

七、损失性费用的核算

嘉尚公司发生的废品损失为不可修复废品损失。

【任务演练】

步骤一：取得相关原始凭证。

在产品质量检验中，一旦发现废品，产品质量检验人员都应填制"废品通知单"。"废品通知单"通常一式三联：一联由生产单位存查，一联交质量检验部门，一联交成本岗位会计，计算不可修复废品的报废损失。嘉尚公司在完工时发现废品损失，如表4-88所示。

表4-88　　　　　　　　　　废品通知单

车间：基本生产车间　　　　　　　　　　　　　　　　　　　　　　　　批次：7515

原工作通知单号	批次	工序	计量单位	废品数量		
				工废	料废	退修
101	7515	3	件	120	0	0
废品原因						
工废品	工人裁剪不当造成					
退修品	裁剪不当，无法修复，予以报废					
责任者			追偿废品			备注
姓名	工种	工号	数量	单价（元）	金额（元）	
肖伟	裁剪	1287	90	5	450	工废品经查属责任赔偿
王彤	裁剪	1253	30	5	150	

检验员：杨斌　　　　　　生产组长：田丽　　　　　　责任人：肖伟　王彤

步骤二：计算废品成本。

1. 计算不可修复废品的生产成本，编制废品报废计算单，如表4-89所示。

表4-89　　　　　　　　废品报废成本计算单

车间：基本生产车间　　生产批号：101　　产品批号：7515　　废品数量：120　　单位：元

项目	数量	直接材料	直接人工	燃料及动力	制造费用	合计
总成本	29 500	147 366	30 000	29 000	10 000	216 366
单位成本		4.9955	1.0169	0.9831	0.3390	7.3344
废品成本	120	599.46	122.03	117.97	40.68	880.14

财务主管：高善文　　　　　审核：杨伊琳　　　　　制表：张辰

表中主要数据计算过程如下：

（1）废品的直接材料损失：

$$\frac{138\ 834 + 8\ 532}{29\ 500} \times 120 = 599.46（元）$$

（2）废品的燃料及动力损失：

$$\frac{7\ 216.8 + 21\ 783.2}{29\ 500} \times 120 = 117.97（元）$$

（3）废品的直接人工损失：

$$\frac{8\ 750 + 21\ 250}{29\ 500} \times 120 = 122.03（元）$$

（4）废品的制造费用损失：

$$\frac{2\ 143 + 7\ 857}{29\ 500} \times 120 = 40.68（元）$$

2. 结转残料残值以及责任人赔偿。根据交库单（或红字领料单，见表4-90）和废品通知单（见表4-88），编制残料入库及向责任人索赔的记账凭证。废品损失分配表见表4-91。

表4-90   **领料单**

用料单位：基本生产车间   2024年5月

材料名称	计量单位	领料日期		
衬布	米	2024年5月1日		
用途	原7515批次衬衣报废，残料交库			
请领	实发	数量	单价（元）	发料金额合计（元）
-50	-50	-50	2	-100

财务主管：高善文   记账：   审核：杨伊琳   制表：张辰

表4-91   **废品损失分配表**

2024年5月   单位：元

总账科目	明细科目	分配标准	分配金额
基本生产成本	7515批次		180.14
合计			180.14

财务主管：高善文   审核：杨伊琳   制表：张辰

步骤三：编制记账凭证并进行审核（见表4-92~表4-94）。

表 4-92

记账凭证
2024 年 5 月 31 日　　　　　　　　　　　　　　　　　　　　第 9 号

摘要	总账科目	明细科目	借方金额 百十万千百十元角分	贷方金额 百十万千百十元角分
结转废品损失	废品损失	7515 批次	8 8 0 1 4	
	基本生产成本	7515 批次		8 8 0 1 4
	合计		¥ 8 8 0 1 4	¥ 8 8 0 1 4

财务主管：高善文　　　　记账：赵婷婷　　　　制单：陈丽

附单据叁张

表 4-93

记账凭证
2024 年 5 月 31 日　　　　　　　　　　　　　　　　　　　　第 10 号

摘要	总账科目	明细科目	借方金额 百十万千百十元角分	贷方金额 百十万千百十元角分
结转废品残值	原材料	7515 批次	1 0 0 0 0	
责任人赔偿	其他应收款	肖伟	4 5 0 0 0	
	其他应收款	王彤	1 5 0 0 0	
	废品损失	7515 批次		7 0 0 0 0
	合计		¥ 7 0 0 0 0	¥ 7 0 0 0 0

财务主管：高善文　　　　记账：赵婷婷　　　　制单：陈丽

附单据叁张

表 4-94　　　　　　　　　　　记账凭证

2024 年 5 月 31 日　　　　　　　　　　　　　　　　第 11 号

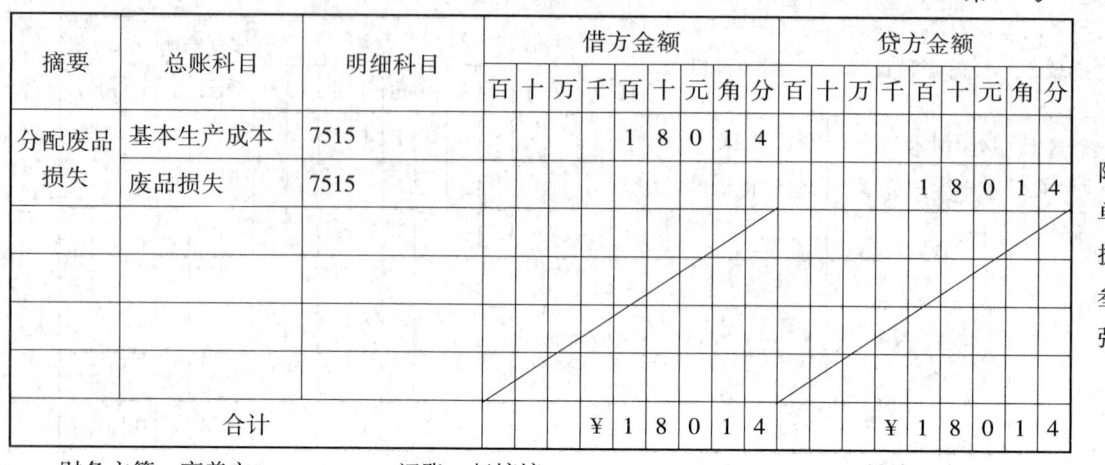

摘要	总账科目	明细科目	借方金额	贷方金额
			百十万千百十元角分	百十万千百十元角分
分配废品损失	基本生产成本	7515	1 8 0 1 4	
	废品损失	7515		1 8 0 1 4
合计			¥ 1 8 0 1 4	¥ 1 8 0 1 4

附单据叁张

财务主管：高善文　　　　　　记账：赵婷婷　　　　　　　　制单：陈丽

步骤四：根据审核无误的会计凭证登记相应明细账（见表 4-95）。

表 4-95　　　　　　　　　　　基本生产成本明细账

产品：7515 批次　　　　　　　　2024 年 5 月　　　　　　　　　　单位：元

2024 年		摘要	直接材料	燃料及动力	直接人工	制造费用	废品损失	合计
月	日							
5	1	期初在产品	138 834	7 216.8	8 750	2 143		155 943.8
	31	分配材料费用	8 532					8 532
	31	分配人工耗费			21 250			21 250
	31	分配辅助成本		21 783.2				21 783.2
	31	分配制造费用				7 857		7 857
	31	结转废品损失	-599.46	-117.97	-122.03	-40.68		-880.14
	31	分配废品损失					180.14	180.14

任务 3　完工产品成本的计算与结转

【知识准备】

在分批法下，要按月汇集各批产品的实际生产费用，这与品种法的做法相同，但是否需要将"基本生产成本"在完工产品与在产品之间进行分配则存在分批法自身的特点。

在单件生产中,产品在完工以前,生产成本明细账所记录的生产费用均为在产品的成本;完工时,生产成本明细账下的所有生产费用均为完工产品成本。因此,月末计算产品成本时并不存在完工产品和在产品之间分配的问题。

在小批量生产中,由于产量不大,因此,批内的产品一般总是能够同时完工,或者在相距不久的时间内全部完工。因此,在月末计算成本时,也不存在在完工产品与在产品之间分配的问题。

只有小批生产中批内产品跨月陆续完工并交付购货单位,月末计算产品成本时,一部分产品已经完工,另一部分产品尚未完工,这时需要采用一定的方法在完工产品与在产品之间进行分配,计算出完工产品的成本。如果批内跨月陆续完工的情况不多,月末完工产品的数量占批量比重较小时,可以采用简化的方法计算,如采用计划单位成本、定额单位成本或接近相同产品的实际单位成本计算完工产品成本,从基本生产成本明细账中转出,剩余数量即为在产品成本。待该批产品全部完工以后,再计算该批产品的实际总成本和单位成本。但是已经结转的完工产品成本没有必要进行调整。

【任务演练】

嘉尚公司7515批次本月全部完工,7551批次本月部分完工并且部分交货,7552批次本月全部完工,7553批次本月全部未完工。

步骤一:基本生产成本的归集(见表4-96~表4-99)。

表4-96　　　　　　　　　　　　**基本生产成本明细账**

产品:7515批次　　　　　　　　　　2024年5月　　　　　　　　　　单位:元

2024年		摘要	直接材料	燃料及动力	直接人工	制造费用	废品损失	合计
月	日							
5	1	期初在产品	138 834	7 216.8	8 750	2 143		155 943.8
	31	分配材料费用	8 532					8 532
	31	分配人工耗费			21 250			21 250
	31	分配辅助成本		21 783.2				21 783.2
	31	分配制造费用				7 857		7 857
	31	结转废品损失	-599.46	-117.97	-122.03	-40.68		-880.14
	31	分配废品损失					180.14	180.14
	31	本月耗费合计	146 766.54	28 882.03	29 877.97	9 959.32	180.14	215 666

表 4-97   基本生产成本明细账

产品：7551 批次   2024 年 5 月   单位：元

2024 年		摘要	直接材料	燃料及动力	直接人工	制造费用	废品损失	合计
月	日							
5	31	分配材料费用	48 137.6					48 137.6
	31	分配人工耗费			42 500			42 500
	31	分配辅助成本		43 566.4				43 566.4
	31	分配制造费用				15 714		15 714
	31	本月耗费合计	48 137.6	43 566.4	42 500	15 714		149 918

表 4-98   基本生产成本明细账

产品：7552 批次   2024 年 5 月   单位：元

2024 年		摘要	直接材料	燃料及动力	直接人工	制造费用	废品损失	合计
月	日							
5	31	分配材料费用	29 398.4					29 398.4
	31	分配人工耗费			63 750			63 750
	31	分配辅助成本		65 349.6				65 349.6
	31	分配制造费用				23 571		23 571
	31	本月耗费合计	29 398.4	65 349.6	63 750	23 571		182 069

表 4-99   基本生产成本明细账

产品：7553 批次   2024 年 5 月   单位：元

2024 年		摘要	直接材料	燃料及动力	直接人工	制造费用	废品损失	合计
月	日							
5	31	分配材料费用	25 238					25 238
	31	分配人工耗费			85 000			85 000
	31	分配辅助成本		87 132.8				87 132.8
	31	分配制造费用				31 428		31 428
	31	本月耗费合计	25 238	87 132.8	85 000	31 428		228 798.8

步骤二：完工产品与月末在产品的分配。

根据上述基本生产成本明细账以及产品入库单（见表4-100~表4-102），采用一定方法编制完工产品和在产品成本计算单（见表4-104~表4-107），计算各批次完工产品和月末在产品成本。

表4-100　　　　　　　　　　**产品入库单**　　　　　　　　　编号：1280493

车间：基本生产车间　　　　　　2024年5月25日　　　　　　　　仓库：1号

产品名称	编号	规格	单位	数量	金额							
					百	十	万	千	百	十	元	角	分
7515批次			件	29 380									
合计													

验收：文虎　　　　　保管员：李乐　　　　　车间：李利　　　　　记账：李玲

第二联 会计部门记账

表4-101　　　　　　　　　　**产品入库单**　　　　　　　　　编号：1280493

车间：基本生产车间　　　　　　2024年5月31日　　　　　　　　仓库：1号

产品名称	编号	规格	单位	数量	金额							
					百	十	万	千	百	十	元	角	分
7551批次			件	3 600									
合计													

验收：文虎　　　　　保管员：李乐　　　　　车间：李利　　　　　记账：李玲

第二联 会计部门记账

表 4-102　　　　　　　　　　　产品入库单　　　　　　　　　　编号：1280493

车间：基本生产车间　　　　　　2024 年 5 月 31 日　　　　　　　仓库：1 号

产品名称	编号	规格	单位	数量	金额							
					百	十	万	千	百	十	元	角	分
7552 批次			件	4 800								
合计												

验收：文虎　　　　保管员：李乐　　　　车间：李利　　　　记账：李玲

第二联 会计部门记账

对于 7515 批次，因为本月全部完工，因此，期末"基本生产成本"明细账中所记录的耗费金额合计即为完工产品成本，无须在完工产品与在产品之间进行分配。

对于 7551 批次，由于本月部分完工且要求部分交货，因此，期末"基本生产成本"明细账中所记录的耗费金额需要在完工产品和在产品之间进行分配，在本案例中为了简化核算，我们采用在产品按定额成本计价的方法，产品的生产需要经过三道工序，各工序在产品单位定额成本的构成情况如表 4-103 所示。

表 4-103　　　　　　**各工序在产品单位定额成本的构成情况**　　　　　　单位：元

成本项目	第一工序在产品单位定额	第二工序在产品单位定额	第三工序在产品单位定额
直接材料	5.5	6	6.5
燃料及动力	4	6	8
直接人工	2.5	5	7.5
制造费用	1	2	3
废品损失	0	0	0
合计	13	19	25

在产品共 3 600 件。其中，第一工序在产品数量为 1 000 件，第二工序在产品数量为 2 000 件，第三工序在产品数量为 600 件。

对于 7552 批次，因为本月产品全部完工，与 7551 批次类似，期末"基本生产成本"明细账中所记录的耗费金额合计即为完工产品成本，无须在完工产品与在产品之间进行分配。

对于 7553 批次，由于产品全部未完工，因此，期末"基本生产成本"明细账中所记录的耗费金额合计即为在产品成本。

表 4-104 　　　　　　　　　**完工产品与在产品成本计算单**

产品批次：7515　　　　　　　*产品名称：女短袖衬衣*

项目	累计生产成本（元）	生产量			月末在产品（元）	完工产品总成本（元）	完工产品单位成本（元）
		完工产量（件）	在产品产量（件）	合计（件）			
直接材料	146 766.54	29 380		29 380		146 766.54	5.00
燃料及动力	28 882.03	29 380		29 380		28 882.03	0.98
直接人工	29 877.97	29 380		29 380		29 877.97	1.02
制造费用	9 959.32	29 380		29 380		9 959.32	0.34
废品损失	180.14	29 380		29 380		180.14	0.01
合计	215 666	29 380		29 380		215 666	7.34

表 4-105 　　　　　　　　　**完工产品与在产品成本计算单**

产品批次：7551　　　　　　　*产品名称：男短袖衬衣*

项目	累计生产成本（元）	完工产量（件）	月末在产品成本（定额法）									在产品总成本（元）	完工产品成本（元）	完工产品单位成本（元）
			第一工序			第二工序			第三工序					
			单位定额（元）	在产品数量（件）	在产品成本（元）	单位定额（元）	在产品数量（件）	在产品成本（元）	单位定额（元）	在产品数量（件）	在产品成本（元）			
直接材料	48 137.6	3 600	5.5	1 000	5 500	6	2 000	12 000	6.5	600	3 900	21 400	26 737.6	7.43
燃料及动力	43 566.4	3 600	4	1 000	4 000	6	2 000	12 000	8	600	4 800	20 800	22 766.4	6.32
直接人工	42 500	3 600	2.5	1 000	2 500	5	2 000	10 000	7.5	600	4 500	17 000	25 500	7.08
制造费用	15 714	3 600	1	1 000	1 000	2	2 000	4 000	3	600	1 800	6 800	8 914	2.47
废品损失		3 600		1 000			2 000			600				
合计	149 918	3 600	13	1 000	13 000	19	2 000	38 000	25	600	15 000	66 000	83 918	23.31

表 4-106 　　　　　　　　　**完工产品与在产品成本计算单**

产品批次：7552　　　　　　　*产品名称：男长袖衬衣*

项目	累计生产成本（元）	生产量			月末在产品（元）	完工产品总成本（元）	完工产品单位成本（元）
		完工产量（件）	在产品产量（件）	合计（件）			
直接材料	29 398.4	4 800		4 800		29 398.4	6.12
燃料及动力	65 349.6	4 800		4 800		65 349.6	13.61
直接人工	63 750	4 800		4 800		63 750	13.28
制造费用	23 571	4 800		4 800		2 3571	4.91
废品损失		4 800		4 800			
合计	182 069	4 800		4 800		182 069	37.92

表 4-107　　　　　　　　　　**完工产品与在产品成本计算单**
产品批次：7553　　　　　　　　产品名称：女长袖衬衣

项目	累计生产成本（元）	生产量			月末在产品（元）	完工产品总成本（元）	完工产品单位成本（元）
		完工产量（件）	在产品产量（件）	合计（件）			
直接材料	25 238		8 500	8 500	25 238		
燃料及动力	87 132.8		8 500	8 500	87 132.8		
直接人工	85 000		8 500	8 500	85 000		
制造费用	31 428		8 500	8 500	31 428		
废品损失			8 500	8 500			
合计	228 798.8		8 500	8 500	228 798.8		

步骤三：编制完工产品入库的记账凭证并进行审核（见表 4-108 和表 4-109）。

表 4-108　　　　　　　　　　**产成品成本汇总表**
2024 年 5 月

产品批次及名称	产量（件）	直接材料（元）	燃料及动力（元）	直接人工（元）	制造费用（元）	废品损失（元）	合计（元）
7515 批次	29 380	146 766.54	28 882.03	29 877.97	9 959.32	180.14	215 666
7551 批次	3 600	26 737.6	22 766.4	25 500	8 914	0	83 918
7552 批次	4 800	29 398.4	63 349.6	63 750	23 571	0	182 069

表 4-109　　　　　　　　　　**记账凭证**
2024 年 5 月 31 日　　　　　　　　　　　　　　第 12 号

摘要	总账科目	明细科目	借方金额 百十万千百十元角分	贷方金额 百十万千百十元角分	
结转完工产品	库存商品	7515 批次	2 1 5 6 6 6 0 0		附单据玖张
	库存商品	7551 批次	8 3 9 1 8 0 0		
	库存商品	7552 批次	1 8 2 0 6 9 0 0		
	基本生产成本	7515 批次		2 1 5 6 6 6 0 0	
	基本生产成本	7551 批次		8 3 9 1 8 0 0	
	基本生产成本	7552 批次		1 8 2 0 6 9 0 0	
合计			¥ 4 8 1 6 5 3 0 0	¥ 4 8 1 6 5 3 0 0	

财务主管：高善文　　　　　　记账：赵婷婷　　　　　　制单：陈丽

步骤四：登记基本生产成本明细账（见表 4-110～表 4-113）。

表 4-110   **基本生产成本明细账**

产品：7515 批次   2024 年 5 月   单位：元

2024 年 月	日	摘要	直接材料	燃料及动力	直接人工	制造费用	废品损失	合计
5	1	期初在产品	138 834	7 216.8	8 750	2 143		155 943.8
	31	分配材料费用	8 532					8 532
	31	分配人工耗费			21 250			21 250
	31	分配辅助成本		21 783.2				21 783.2
	31	分配制造费用				7 857		7 857
	31	结转废品损失	-599.46	-117.97	-122.03	-40.68		-880.14
	31	分配废品损失					180.14	180.14
	31	本月耗费合计	146 766.54	28 882.03	29 877.97	9 959.32	180.14	215 666
	31	结转完工产品成本	-146 766.54	-28 882.03	-29 877.97	-9 959.32	-180.14	-215 666

表 4-111   **基本生产成本明细账**

产品：7551 批次   2024 年 5 月   单位：元

2024 年 月	日	摘要	直接材料	燃料及动力	直接人工	制造费用	废品损失	合计
5	31	分配材料费用	48 137.6					48 137.6
	31	分配人工耗费			42 500			42 500
	31	分配辅助成本		43 566.4				43 566.4
	31	分配制造费用				15 714		15 714
	31	本月耗费合计	48 137.6	43 566.4	42 500	15 714		149 918
	31	结转完工产品成本	-26 737.6	-22 766.4	-25 500	-8 914		-83 918
	31	在产品成本	21 400	20 800	17 000	6 800		66 000

表 4-112　　　　　　　　　　**基本生产成本明细账**

产品：7552 批次　　　　　　　　2024 年 5 月　　　　　　　　　　单位：元

2024 年		摘要	直接材料	燃料及动力	直接人工	制造费用	废品损失	合计
月	日							
5	31	分配材料费用	29 398.4					29 398.4
	31	分配人工耗费			63 750			63 750
	31	分配辅助成本		65 349.6				65 349.6
	31	分配制造费用				23 571		23 571
	31	本月耗费合计	29 398.4	65 349.6	63 750	23 571		182 069
	31	结转完工产品成本	-29 398.4	-65 349.6	-63 750	-23 571		-182 069

表 4-113　　　　　　　　　　**基本生产成本明细账**

产品：7553 批次　　　　　　　　2024 年 5 月　　　　　　　　　　单位：元

2024 年		摘要	直接材料	燃料及动力	直接人工	制造费用	废品损失	合计
月	日							
5	31	分配材料费用	25 238					25 238
	31	分配人工耗费			85 000			85 000
	31	分配辅助成本		87 132.8				87 132.8
	31	分配制造费用				31 428		31 428
	31	本月耗费合计	25 238	87 132.8	85 000	31 428		228 798.8

任务4　简化分批法的应用

【知识准备】

在单件小批生产的企业或车间，同一月份投产的产品批次往往很多，有的多至几十批甚至上百批，且月末未完工的批数也较多。在这种情况下，如果采用前述分批法计算各批产品成本，将当月发生的间接计入耗费全部分配给各批产品，而不管各批产品是否完工，各种间接计入耗费在各批产品的分配和登记工作就极为繁重。由此，为了简化核算，在这类企业或车间就可以采用简化分批法。

一、简化分批法的含义

也称为不分批计算在产品成本的分批法,是指在计算各批次产品的成本时,只对完工的各批次产品分配结转间接计入耗费,对未完工的各批次产品,不分配间接计入耗费,也不计算在产品成本,而是将其累计起来,在生产成本二级账(基本生产成本)中以总额反映。

二、简化分配法的适用范围

简化分批法适用于同一月份投产的产品批数很多,且月末未完工批数也较多的企业。如果月末完工的批数较多,则不宜采用。因为在这种情况下,大多数批次的产品仍然需要分配登记间接计入耗费,因此达不到简化核算的目的。另外,由于间接计入耗费累计计算分配率,在各月间接计入耗费水平相差悬殊的情况下,采用简化分批法会出现各月加工耗费以高补低的不合理现象,因此在此情况下也不宜采用简化分批法。

三、简化分批法的特点

简化分批法与一般的分批法相比,具有以下特点:

(一) 账户设置方面

采用简化分批法,必须在基本生产成本总账和按批次开始的基本生产成本明细账之间,增设基本生产成本二级账,按月归集企业或车间所有批次产品的生产成本以及生产工时资料。另外,在按批次开始的基本生产成本明细账中增设生产工时栏,用以记录相应批次产品所耗的生产工时。

(二) 账户登记方面

在简化分批法下,各批次基本生产成本明细账在没有完工产品的月份,只登记该批产品当月发生的直接材料以及所耗的生产工时,不登记各项间接计入耗费。所有批次产品发生的全部成本均累计在基本生产成本二级账中。而对于有完工产品的批次,当月除了在基本生产成本明细账中仍然要登记该批次产品发生的直接材料成本以及所耗生产工时外,还要分配计入应由完工产品负担的间接计入耗费。

(三) 间接计入耗费的分配方面

采用简化分批法,对于未完工的各批产品的间接计入耗费,仍以总额保留在基本生产成本二级账中,反映的是全部月末在产品成本,而不进行分配,也不计算各批次产品的月末在产品成本。而对各批完工产品分配间接计入耗费,是通过计算累计间接计入耗费分配率进行分配的。其计算公式如下:

$$\text{全部产品某项累计间接计入耗费分配率} = \text{全部产品该项累计间接计入耗费} / \text{全部产品累计生产工时}$$

$$\text{某批完工产品应负担的某项间接计入耗费} = \text{该批完工产品累计生产工时} \times \text{该项累计间接计入耗费分配率}$$

宏运公司小批生产多种产品,产品批次较多且生产周期较长,为了简化产品成本的计算工作,采用简化的分批法计算成本。该公司2024年5月各批产品的生产情况如表4-114所示。

表4-114　　　　　　　　　宏运公司产品批次明细表
2024年5月

批次	产品名称	投产日期	批量	完工日期	完工产品数量	在产品数量	本月实际生产工时
0701	A产品	3月19日	10	5月21日	10	0	20 000
0704	B产品	4月6日	10	5月26日	8	2	15 000
0706	C产品	4月11日	15		0	15	25 000
0709	D产品	5月14日	8		0	8	10 000

(1) 设置基本生产成本二级账户和产品生产成本明细账。

本案例中,宏运公司设置的基本生产成本二级账如表4-115所示,按产品批次设置的产品生产成本明细账如表4-116~表4-119所示。

(2) 登记月初在产品成本和本月发生生产费用。

表4-115宏运公司基本生产成本二级账户中,月初在产品的生产工时和成本由4月份基本生产成本二级账户的生产工时和生产成本资料结转而来;表4-116~表4-118各批次产品生产成本明细账中,月初在产品和生产工时和直接材料成本,也由4月各批次产品生产成本明细账的生产工时和生产成本资料结转而来。

宏运公司本月发生的直接材料耗费和生产工时,根据本月直接材料耗费分配表和生产工时记录,基本生产成本二级账和各批次产品生产成本明细账应进行平行登记;本月发生的各项间接计入耗费,根据各项耗费分配表登记在基本生产成本二级账中,不记入各批次产品生产成本明细账。

(3) 根据基本生产成本二级账资料,计算本月产品全部累计间接计入耗费分配率。

直接人工累计间接计入耗费分配率 = 300 000 ÷ 150 000 = 2

制造费用累计间接计入耗费分配率 = 360 000 ÷ 150 000 = 2.4

(4) 根据本月完工产品生产工时和累计间接计入耗费分配率,计算本月完工产品应负担的间接计入耗费。

宏运公司本月完工A产品应负担的间接计入耗费:

直接人工:65 000 × 2 = 130 000(元)

制造费用:65 000 × 2.4 = 156 000(元)

宏运公司 B 产品本月投产 10 件，累计完成生产工时 30 000 小时，本月完工 8 件，单位产品定额工时为 3 500 小时，本月完工产品生产工时为 28 000 小时，月末在产品生产工时为 2 000 小时。本月完工 8 件乙产品应负担的间接计入耗费：

直接人工：28 000 × 2 = 56 000（元）

制造费用：28 000 × 2.5 = 70 000（元）

宏运公司本月完工产品应负担的间接计入耗费合计：

直接人工：130 000 + 56 000 = 186 000（元）

制造费用：156 000 + 70 000 = 226 000（元）

（5）计算完工产品的生产成本，并依据完工产品成本的计算结果，登记基本生产成本二级账和各批产品生产成本明细账（见表 4 – 115 ~ 表 4 – 119）。

表 4 – 115　　　　　　　宏运公司基本生产成本二级账

生产单位：基本生产车间　　　　2024 年 5 月　　　　　　　　　单位：元

月	日	摘要	直接材料	生产工时	直接人工	制造费用	合计
5	1	月初在产品成本	400 000	80 000	120 000	180 000	700 000
	31	本月发生生产耗费	120 000	70 000	180 000	180 000	480 000
	31	累计生产耗费	520 000	150 000	300 000	360 000	1 180 000
	31	累计间接计入耗费分配率	—	—	2	2.4	—
	31	本月完工转出	380 400	93 000	186 000	226 000	792 400
	31	月末在产品成本	139 600	57 000	114 000	134 000	387 600

表 4 – 116　　　　　　　宏运公司产品生产成本明细账

产品：0701 批次　　　　　　购货单位：翔飞公司　　　　　　投产日期：3 月

产品名称：A 产品　　　　　　批量：10 件　　　　　　完工日期：5 月　单位：元

月	日	摘要	直接材料	生产工时	直接人工	制造费用	合计
3	31	本月发生生产耗费	130 000	30 000			
4	30	本月发生生产耗费	70 000	15 000			
	30	累计生产耗费	200 000	45 000			
5	31	本月发生生产耗费	50 000	20 000			
	31	累计生产耗费	250 000	65 000			
	31	累计间接计入耗费分配率			2	2.4	
	31	本月转出完工产品成本	250 000	65 000	130 000	156 000	536 000
	31	本月完工产品单位成本	25 000		13 000	15 600	53 600

表 4-117   **宏运公司产品生产成本明细账**

产品：0704 批次　　　　　购货单位：爱宇公司　　　　　投产日期：4 月

产品名称：B 产品　　　　　批量：10 件（本月完工 8 件）　完工日期：　　单位：元

月	日	摘要	直接材料	生产工时	直接人工	制造费用	合计
4	30	本月发生生产耗费	150 000	15 000			
5	31	本月发生生产耗费	13 000	15 000			
	31	累计生产耗费	163 000	30 000			
	31	累计间接计入耗费分配率			2	2.4	
	31	本月转出完工产品成本	130 400	28 000	56 000	70 000	256 400
	31	本月完工产品单位成本	16 300		7 000	8 750	32 050
	31	月末在产品成本	32 600	2 000			

表 4-118   **宏运公司产品生产成本明细账**

产品：0706 批次　　　　　购货单位：天域公司　　　　　投产日期：4 月

产品名称：C 产品　　　　　批量：15 件　　　　　　　　完工日期：　　单位：元

月	日	摘要	直接材料	生产工时	直接人工	制造费用	合计
4	30	本月发生生产耗费	50 000	20 000			
5	31	本月发生生产耗费	18 000	25 000			
	31	累计生产耗费	68 000	45 000			

表 4-119   **宏运公司产品生产成本明细账**

产品：0709 批次　　　　　购货单位：乐达公司　　　　　投产日期：5 月

产品名称：D 产品　　　　　批量：8 件　　　　　　　　完工日期：　　单位：元

月	日	摘要	直接材料	生产工时	直接人工	制造费用	合计
5	31	本月发生生产耗费	40 000	10 000			
	31	累计生产耗费	40 000	10 000			

【项目小结】

本项目的知识框架如图 4-1 所示。

分批法成本核算
- 账户设置
- 要素费用核算
  - 人工费用的核算
  - 折旧费用的核算
  - 其他费用的核算
  - 辅助生产费用的核算
  - 制造费用的核算
  - 损失性费用的核算
- 完工产品成本的计算与结转
- 简化分批法的应用

图 4-1　分批法成本核算的知识框架

习题与实训

任务 1 账户设置

一、单项选择题

1. 区别产品成本计算方法的最主要标志是（　　）。

   A. 产品成本计算对象　　　　　　B. 产品成本计算期

   C. 完工产品与在产品之间的费用分配　　D. 要素费用的归集与分配

2. 分批法适用于（　　）企业运用。

   A. 单步骤生产　　　　　　　　　B. 多步骤生产

   C. 大量大批生产　　　　　　　　D. 单件小批生产

3. 如果一张订单中所定的一种产品数量较多，分几个批次投入生产，则其产品成本明细账按（　　）设置。

   A. 订单　　　　　　　　　　　　B. 生产批次

   C. 产品完工顺序　　　　　　　　D. 产品的生产步骤

4. 如果同一时期接到的不同订单中，有相同的产品可以合并生产，则其产品成本明细账按（　　）设置。

   A. 订单　　　　　　　　　　　　B. 生产批次

   C. 产品品种　　　　　　　　　　D. 产品的生产步骤

5. 下列（　　）企业最适合采用分批法进行成本核算。

   A. 造纸厂　　　　　　　　　　　B. 汽车制造业

   C. 个性化文创产品设计公司　　　D. 食品加工厂

二、多项选择题

1. 分批法的成本计算特点有（　　）等。

   A. 以生产批次作为成本核算对象

   B. 产品成本计算期不固定

   C. 一般不需要进行完工产品和在产品成本分配

   D. 以订单设置生产成本明细账

2. 分批法和品种法的主要区别有（　　）。

   A. 成本计算对象不同　　　　　　B. 成本计算期不同

   C. 生产周期不同　　　　　　　　D. 会计核算期不同

三、判断题

1. 分批法一律以客户订单为成本核算对象，所以又称之为订单法。（　　）

2. 分批法下，应按生产部门下达的生产命令开设产品生产成本明细账。（　　）

任务2 要素费用核算

一、单项选择题

生产各种产品共同耗用的材料费用应按（　　）进行分配。

A. 订单　　　　　　　　　　　　B. 生产批次

C. 产品品种　　　　　　　　　　D. 产品的生产步骤

二、多项选择题

制造费用可以采用（　　）方法在各批次产品之间进行分配。

A. 生产工时比例分配　　　　　　B. 机器工时比例分配

C. 直接费用比例分配　　　　　　D. 产品重量比例分配

三、判断题

分批法下，辅助生产费用需要在各批次产品之间进行分配。　　　　　　　　（　　）

任务3 完工产品成本的计算与结转

一、单项选择题

对于成本核算的分批法，下列说法正确的是（　　）。

A. 不存在完工产品与在产品之间费用分配问题

B. 成本计算期与会计报告期一致

C. 适用于单件、小批、管理上不要求分步骤计算成本的多步骤生产

D. 以上说法都正确

二、多项选择题

按分批法计算产品成本时，各批产品生产成本明细账上（　　）。

A. 只反映报告月份以前累计发生的费用

B. 只登记报告月份发生的费用

C. 包括报告月份发生的费用

D. 包括报告月份以前累计发生的费用

E. 既反映完工产品成本，又反映在产品成本

三、判断题

分批法一般不需要在完工产品和在产品之间分配生产费用，但一批产品跨月陆续完工并陆续交付时，也需要在完工产品和在产品之间分配生产费用。　　　　　　　　（　　）

四、业务题（练习分批法）

1. 资料：豪创工厂按分批法计算产品成本，2024年8月的产品批次有：

0603批次皮鞋，100件，6月5日投产；

0702批次皮包，80件，7月25日投产；

0803 批次皮夹，300 件，8 月 10 日投产。

各批产品的期初在产品成本，均已记录在各批产品的成本计算单上。本月发生的生产费用如表 4-120 所示。

表 4-120   **豪创工厂生产费用**   单位：元

产品批次及名称	原材料	燃料和动力	工资及职工福利费	制造费用	合计
0603 皮鞋	2 460	310	690	440	3 900
0702 皮包		180	720	600	1 500
0803 皮夹	3 600	270	480	150	4 500

该厂生产记录情况如下：

（1）0603 批次皮鞋，在本月内已全部完工入库。

（2）0702 批次皮包，本月全部尚未完工。

（3）0803 批次皮夹，本月完工 100 件，并交付于客户，故生产费用要在完工产品和在产品之间进行分配，月末在产品约当产量 100 件，原材料在生产开始时一次投入，按实际产量比例分配，其他费用按完工产品数量和在产品约当产量比例分配。

2. 根据上述资料，要求：

（1）计算 0603 批次皮鞋全部完工产品的总成本和单位成本，将计算结果记入表 4-121 中。

表 4-121   **豪创工厂产品生产成本明细账**

产品：0603 批次   开工日期：　月　日

产品名称：皮鞋   批量：   完工日期：　月　日　单位：元

2024 年		摘要	原材料	燃料和动力	工资及职工福利费	制造费用	合计
月	日						
6	30	6 月发生成本	12 000	500	520	480	13 500
7	31	7 月发生成本	600	400	540	420	2 100
8	31	8 月发生成本					
		完工生产成本					
		完工产品单位成本					

（2）计算 0702 批次皮夹在产品成本，将计算结果记入表 4-122 中。

表 4-122　　　　　　　　　　**豪创工厂产品生产成本明细账**

产品：0702 批次　　　　　　　　　　　　　　　　　　　　开工日期：　月　日

产品名称：皮包　　　　　　　批量：　件　　　完工日期：　月　日　单位：元

2024 年		摘要	原材料	燃料和动力	工资及职工福利费	制造费用	合计
月	日						
7	30	7月发生成本	6 000	450	660	390	7 500
8	31	本月生产费用					
	31	合计					

（3）计算 0803 批次皮夹本月完工产品的总成本、单位成本及期末在产品成本，将计算结果记入表 4-123 中。

表 4-123　　　　　　　　　　**豪创工厂产品生产成本明细账**

产品：0803 批次　　　　　　　　　　　　　　　　　　　　开工日期：　月　日

产品名称：皮夹　　　　　　　批量：　件　　　完工日期：　月　日　单位：元

年		摘要	原材料	燃料和动力	工资及职工福利费	制造费用	合计
月	日						
8	31	本月生产费用					
		分配率					
		在产品成本					
		完工产品成本					
		完工产品单位成本					

（4）编制完工产品入库的会计分录。

3. 资料：崇华工厂采用分批法计算产品成本，原材料在开始生产时一次性投入，月末在产品完工程度为 50%，采用约当产量法分配完工产品与在产品费用。该厂 2024 年 2 月有关成本资料如下：

（1）2月各批次产品投产及完工情况：

102 批次工艺猫，计划产量 3 000 件，投产日期 1 月 22 日，完工日期 2 月 22 日；

201 批次工艺熊，计划产量 3 000 件，投产日期 2 月 1 日，完工日期 3 月 14 日，2 月完工 2 000 台，并交付给客户，月末在产品 1 000 台；

202 批次工艺虎，计划产量 1 000 件，投产日期 2 月 13 日，完工日期 3 月 23 日，2 月没有完工产品。

（2）2月期初在产品成本。

102批次工艺猫期初在产品成本为36 000元，其中，直接材料为31 500元，直接人工为3 600元，制造费用为900元。

（3）本月发生费用。

102批次工艺猫：直接人工18 000元，制造费用9 000元；

201批次工艺熊：直接材料39 000元，直接人工16 000元，制造费用7 200元；

202批次工艺虎：直接材料25 000元，直接人工8 000元，制造费用4 000元。

4. 要求：

（1）根据以上资料采用分批法计算本月完工产品总成本和单位成本，并填入表4-124~表4-127中；

（2）编制有关结转完工产品总成本的会计分录。

表4-124   **崇华工厂产品生产成本明细账**

产品：102批次   2024年2月   投产日期：　月　日

产品名称：工艺猫   批量：　件   完工日期：　月　日　单位：元

摘要	直接材料	直接人工	制造费用	合计
月初在产品成本				
本月发生生产费用				
生产费用合计				
完工产品总成本				
完工产品单位成本				

表4-125   **崇华工厂产品生产成本明细账**

产品：201批次   2024年2月   投产日期：　月　日

产品名称：工艺熊   批量：　件   完工日期：　月　日　单位：元

摘要	直接材料	直接人工	制造费用	合计
本月发生生产费用				
生产费用合计				
费用分配率				
本月完工产品总成本				
本月完工产品单位成本				
月末在产品成本				

表 4-126   **崇华工厂产品生产成本明细账**

产品：202 批次   2024 年 2 月   投产日期： 月 日

产品名称：工艺虎   批量： 件   完工日期： 月 日 单位：元

摘要	直接材料	直接人工	制造费用	合计
本月发生生产费用				

表 4-127   **崇华工厂完工产品生产成本汇总表**

2024 年 2 月   单位：元

成本项目	工艺猫（产量 件）		工艺熊（产量 件）	
	总成本	单位成本	总成本	单位成本
直接材料				
直接人工				
制造费用				
合计				

编制完工产品入库的会计分录：

任务 4   简化分批法的应用

一、单项选择题

1. 下列情况中，不宜采用简化分批法的是（   ）。

   A. 产品的批次较多   B. 月末未完工产品批次不多

   C. 各月间接计入费用水平相差不多   D. 各月间接计入费用水平相差较多

2. 在各种产品成本核算方法中，必须设置基本生产成本二级账的方法是（   ）。

   A. 品种法   B. 分类法

   C. 简化分批法   D. 定额法

3. 采用简化的分批法下，在产品完工之前，产品成本明细账（   ）。

   A. 不登记任何费用   B. 只登记直接费用和生产工时

   C. 只登记原材料费用   D. 只登记间接费用，不登记直接费用

4. 在简化的分批法下，累计间接费用分配率（   ）。

   A. 只是在各产品之间分配间接费用的依据

B. 只是在各批在产品之间分配间接费用的依据

C. 既是各批产品之间，也是完工产品和在产品之间分配间接费用的依据

D. 只是完工产品与在产品之间分配间接费用的依据

二、多项选择题

1. 采用简化分批法，产品完工以前产品成本明细账（　　）。

A. 分配间接费用　　　　　　　　　B. 不登记间接计入费用

C. 登记直接计入费用　　　　　　　D. 不登记任何费用

2. 采用简化分批法（　　）。

A. 必须设立生产成本二级账

B. 在产品完工之前，产品成本明细账只登记原材料费用和生产工时

C. 在生产成本二级账中只登记费用

D. 不分批计算在产品成本

三、判断题

1. 简化的分批法，不需要在各批产品之间分配费用，也不需要在完工产品与在产品之间分配费用。（　　）

2. 简化分批法，未完工产品不负担间接计入成本的费用。（　　）

3. 采用简化分批法，必须设立基本生产成本二级账。（　　）

4. 各批产品间接计入成本的费用累计数，除以各批产品的累计工时数，称为累计分配率。它是计算已完工产品应负担的间接计入成本费用的依据。（　　）

四、业务题

资料1：某企业小批生产多种产品，由于生产批数多，为简化成本计算工作，采用分批法计算产品成本。该企业2024年4月的产品批别有：

201号A产品10台，2月投产，本月完工；

302号B产品15台，3月投产，本月完工；

303号C产品8台，3月投产，本月完工2台，完工产品工时2 025小时；

401号D产品12台，本月投产，尚未完工。

该企业4月上述四种产品的月初在产品成本资料如表4-128所示。

表4-128　　　　　　　　　　　　**月初在产品成本**　　　　　　　　　　　　单位：元

产品批别	累计工时	直接材料	直接人工	制造费用
累计总数	29 000	30 000	22 000	15 000
其中：201号A产品	11 000	9 500		
302号B产品	13 000	12 000		
303号C产品	5 000	8 500		

资料2：4月全部四种产品生产工时17 000小时。其中A产品3 900小时，B产品6 700小时，C产品3 100小时，D产品3 300小时，本月发生的直接人工费用总额为

12 960 元，制造费用总额为 8 920 元；D 产品本月开工，投入原材料费用 24 000 元。

资料 3：四种产品均为生产时一次投料。

根据上述资料，成本计算过程如下：

（1）开设基本生产成本二级账和 A、B、C、D 四种产品成本计算单。

（2）根据要素费用分配表登记基本生产成本二级账，以及产品成本计算单。

产品成本计算单，平时只登记直接材料费用和生产工时数，只有当产品完工时才能根据基本生产成本二级账计算的间接计入费用分配率和该产品累计工时计算登记完工产品应负担的间接计入费用。

基本生产成本二级账要按成本项目登记该企业全部产品批别的月初（上月月末）费用、本月费用、累计费用；同时还要登记月初在产品的累计工时，本月工时和累计工时；当产品累计加工完成时，期末要将完工产品所负担的直接计入费用、按间接计入费用分配率计算的间接计入费用转出。

表 4－129　　　　　　　基本生产成本二级账（各批产品总成本）

2024 年 4 月

2024 年		摘要	直接材料（元）	累计工时（小时）	直接人工（元）	制造费用（元）	成本合计（元）
月	日						
3	31	月末在产品成本					
4	30	材料费用分配表					
4	30	工资福利费分配表					
4	30	转入制造费用					
4	30	本月累计					
4	30	累计间接费用分配率					
4	30	转出完工产品成本					
4	30	月末在产品成本					

转出完工产品成本（根据产品成本计算单确定）。

表 4－130　　　　　　　　　　产品成本计算单

产品名称：A 产品　　　　　　　批量：10 台　　　　　　　投产日期：2 月
计量单位：元　　　　　　　　　批号：201　　　　　　　　完工日期：4 月

2024 年		摘要	直接材料	累计工时（小时）	直接人工	制造费用	成本合计
月	日						
3	31	月末在产品成本					
4	30	本月发生费用					
4	30	本月累计					
4	30	累计间接费用分配率					
4	30	转出完工产品成本					
4	30	月末在产品成本					

表 4-131　　　　　　　　　　　**产品成本计算单**

产品名称：B 产品　　　　　　　批量：15 台　　　　　　　　投产日期：3 月
计量单位：元　　　　　　　　　批号：302　　　　　　　　　完工日期：4 月

2024 年		摘要	直接材料	累计工时（小时）	直接人工	制造费用	成本合计
月	日						
3	31	月末在产品成本					
4	30	本月发生费用					
4	30	本月累计					
4	30	累计间接费用分配率					
4	30	转出完工产品成本					
4	30	月末在产品成本					

表 4-132　　　　　　　　　　**产品成本计算单**

产品名称：C 产品　　　　　　　批量：8 台　　　　　　　　投产日期：3 月
计量单位：元　　　　　　　　　批号：303　　　　　　　　　本月完工数量：2 台

2024 年		摘要	直接材料	累计工时（小时）	直接人工	制造费用	成本合计
月	日						
3	31	月末在产品成本					
4	30	本月发生费用					
4	30	本月累计					
4	30	累计间接费用分配率					
4	30	转出完工产品成本					
4	30	完工产品单位成本					
4	30	月末在产品成本					

表 4-133　　　　　　　　　　**产品成本计算单**

产品名称：D 产品　　　　　　　批量：12 台　　　　　　　投产日期：4 月
计量单位：元　　　　　　　　　批号：401　　　　　　　　　尚未完工

2024 年		摘要	直接材料	累计工时（小时）	直接人工	制造费用	成本合计
月	日						
4	30	本月发生费用					

表 4-134　　　　　　　　　　完工产品汇总表　　　　　　　　　　单位：元

成本项目	A产品成本		B产品成本		C产品成本	
	总成本	单位成本	总成本	单位成本	总成本	单位成本
直接材料						
直接人工						
制造费用						
合计						

编制完工产品入库的会计分录。

项目五 分步法成本核算

【学习目标】

知识目标：理解逐步结转分步法的特点和适用环境，掌握各要素费用项目分配核算方法；理解平行结转分步法的特点和适用环境，掌握各要素费用项目分配核算方法。

能力目标：能按照逐步结转分步法的核算流程进行各要素费用的归集和分配，能正确编制记账凭证，登记相关账户，完成逐步结转分步法下产品成本的计算；能按照平行结转分步法的核算流程进行各要素费用的归集和分配，能正确编制记账凭证，登记相关账户，完成平行结转分步法下产品成本的计算。

【课程思政专栏】

比亚迪：以技术主权重构制造业成本逻辑

【**课程思政关键词**】 努力拼搏 勇于创新 智造自信

【**案例**】比亚迪股份有限公司创立于1994年，公司总部位于中国广东深圳，是一家拥有IT、汽车及新能源三大产业群的高新技术民营企业。经过近30年的高速发展，比亚迪已在全球设立超30个工业园，实现全球六大洲的战略布局。集团秉持"技术为王、创新为本"理念，以绿色环保为社会责任核心，构建新能源汽车产业的可持续竞争优势，现为全球新能源汽车领导者。

比亚迪的成本战略是一套深度融合垂直整合、技术创新、规模效应的系统工程，其核心逻辑在于通过全产业链掌控与技术自主权重构成本结构。首先，通过垂直整合掌控成本主权，构建覆盖"锂矿开采—核心部件—整车制造"的全产业链闭环体系，实现75%以上零部件自研自产，建立内部供应链协同机制，优化外部供应商议价能力。其次，运用技术创新定义成本结构，将技术突破直接转化为成本优势。比亚迪将研发视为成本优化的核心引擎，2024年研发投入542亿元，14年累计超1800亿元，技术成果直接优化产品成本结构。最后，通过产能扩张、全球化布局与柔性生产实现单位成本系统性优化，形成"规模扩产—自动化增效—本地化降本—柔性管理控费"的全链路成本管控闭环。

资料来源：工程师之魂——比亚迪三十而立（1994–2024）。

【**启示**】通过案例学习，让学生知道比亚迪的成本控制优势主要在于"垂直整合 + 技术创新 + 规模化生产"。中国制造正在腾飞，而作为新时代的大学生需要掌握成本控制的方法，秉承努力拼搏的精神、不断创新的意识，将所知所学运用于企业降本增效的实践中，助力"中国智造"。

任务1 逐步结转分步法

【知识准备】

一、分步法的含义

分步法是按照产品的品种及生产步骤归集生产费用,计算产品成本的一种方法。它主要适用于大量大批的多步骤生产,且管理上要求按步骤计算成本的企业或车间,如纺织、冶金、化工制品、肉类加工、造纸等工业企业。采用分步法计算产品成本,为了加强成本管理,不仅要求按照产品品种归集生产费用,计算产品成本,而且要求按照产品的生产步骤归集生产费用,计算各步骤产品成本,以提供反映各种产品及其各生产步骤成本计划执行情况的资料。

二、分步法的特点和分类

分步法的主要特点有:

1. 成本计算对象为各种产品的生产步骤和产品品种。分步法下,成本计算对象是各个生产步骤的各种产品,产品成本计算单是按每个生产步骤的各种产品来设置的。对于生产过程中所发生的原材料等直接计入费用,应直接计入各成本计算单;对于间接计入费用,应先按整个步骤归集,然后按一定标准,在该步骤的各种产品之间进行分配。

2. 产品成本计算期与会计报告期相一致。分步法下,成本计算工作是定期进行的,因为在大量大批生产的企业里,生产活动在连续不断地进行着,总有一部分产品完工,一部分产品未完工。所以,成本计算只能在每月月底进行,即成本计算期是定期的,成本计算期与生产周期不一致,而与会计核算期一致。

3. 需要将生产费用在完工产品与月末在产品之间进行分配。由于大量大批多步骤生产的产品往往跨月陆续完工,因此,采用分步法计算产品成本时,计入各种产品、各生产步骤成本计算单中的生产费用,大多要采用适当的分配方法在完工产品与月末在产品之间进行分配,计算各产品、各生产步骤的完工产品成本与月末在产品成本,然后按照产品品种结转各步骤的完工产品成本,计算每种产品的产成品成本。

4. 各步骤之间要进行成本的结转。分步法下,产品生产是分步骤进行的,上一步骤生产的半成品是下一步骤的加工对象。因此,为了计算各种产品的产成品成本,还需要按照产品品种,结转各步骤成本。

三、逐步结转分步法

(一) 逐步结转分步法的含义

在采用分步法的大量、大批多步骤生产的企业，有的产品制造过程是由一系列循序渐进、性质不同的加工步骤所组成。在这类生产中，从原料投入到产品制成，中间要经过若干生产步骤的逐步加工，前面各步骤生产的都是半成品，只有最后步骤生产的才是产成品。与这类生产工艺过程特点相联系，为了加强对各生产步骤成本的管理，往往要求不仅计算各种产成品成本，而且要求计算各步骤半成品成本。

采用逐步结转分步法计算产品成本，计算工作量比较大，那么，企业为什么要采用逐步结转分步法呢？其主要原因包括：

1. 有一些半成品为企业几种产品共同耗用，为了分别计算各种产成品的成本，首先要计算这些半成品的成本。

2. 有些企业生产的半成品不完全为企业自用，还经常作为商品对外销售。为了计算外售半成品成本，全面考核和分析商品产品成本计划的执行情况，也要求计算这些半成品的成本。

3. 有的半成品虽然不一定外售，但要进行同行业成本的评比，也要计算这种半成品的成本。

4. 在实行厂内经济责任制的企业，为了有效地控制各生产步骤内部的生产耗费和资金占用水平，也要求计算并在各生产步骤之间结转半成品成本。

综上所述，逐步结转分步法就是为了计算半成品成本而采用的一种分步法。因此，这种方法亦称为计算半成品成本分步法。

(二) 逐步结转分步法的成本计算程序

在逐步结转分步法下，各步骤所耗用的上一步骤半成品的成本，要随着半成品实物的转移，从上一步骤的产品成本明细账转入下一步骤相同产品的产品成本明细账中，以便逐步计算各步骤的半成品成本和最后步骤的产成品成本。

逐步结转分步法成本计算程序的特点主要表现在：

1. 各步骤完工转出的半成品成本，要从各该步骤的产品成本明细账中转出。转出的半成品，可能直接转入下一生产步骤，也可能进入自制半成品仓库。

(1) 如果半成品完工后，不通过半成品库收发，而为下一步骤直接领用（见图 5-1），半成品成本就在各步骤的产品成本明细账之间直接结转，借记"基本生产成本——××步骤××半成品（产成品）"科目，贷记"基本生产成本——××步骤××半成品"科目。

(2) 如果半成品完工后，要通过半成品库收发（见图 5-2），则在验收入库时，借记"自制半成品——××半成品"科目，贷记"基本生产成本——××步骤××半成品"科目；在下一步骤领用时，借记"基本生产成本——××步骤××半成品（产成品）"科目，贷记"自制半成品——××半成品"科目。

2. 将各步骤归集的生产费用，于月末采用适当的分配方法，在完工半成品（最后步

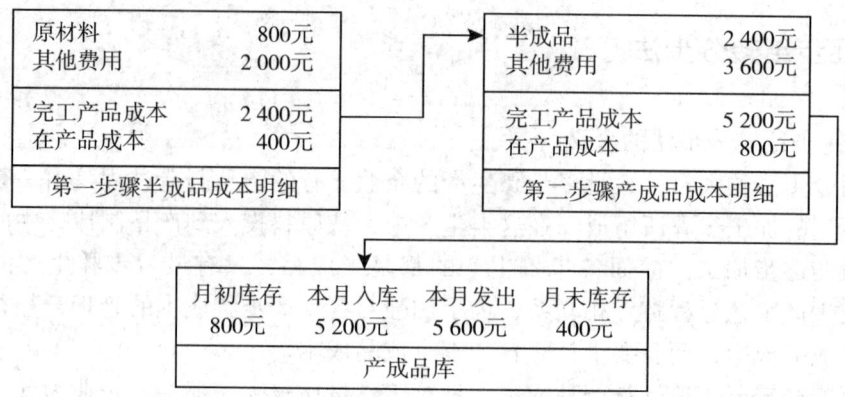

图 5-1 逐步结转分步法（半成品不入库）成本计算流程

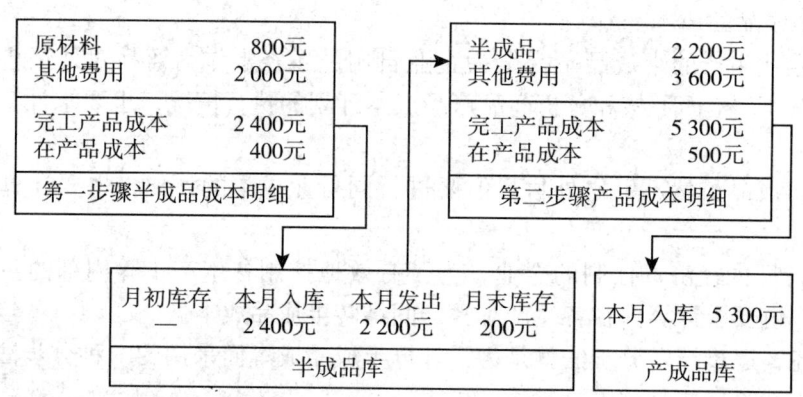

图 5-2 逐步结转分步法（半成品入库）成本计算流程

骤为产成品）与正在加工中的在产品之间进行分配，然后通过半成品的逐步结转，在最后一步骤的产品成本明细账中，计算出完工产成品成本。

综上所述，逐步结转分步法实际上就是品种法的多次连续应用，即在采用品种法计算上一步骤的半成品成本以后，按照下一步骤的耗用量将半成品成本转入下一步骤；下一步骤再一次采用品种法归集所耗半成品的费用和本步骤其他费用，计算其半成品成本；如此逐步结转，直至最后一个步骤算出产成品成本。

（三）逐步结转分步法的分类

逐步结转分步法，按照半成品成本在下一步骤成本计算单中的反映方法，又可分为综合结转和分项结转两种方法。

综合结转分步法是将各步骤所耗用的上一步骤半成品成本，综合计入各该步骤产品成本计算单的"直接材料"或专设的"半成品"成本项目中。

分项结转分步法特点是将各步骤所耗用的上一步骤半成品成本，按成本项目分项转入各步骤成本明细账中的各成本项目。如果半成品通过半成品库收发，那么，在自制半成品明细账中登记半成品成本时，也要按照成本项目分别登记。

（四）逐步结转分步法的优缺点及适用条件

1. 逐步结转分步法的优点。

（1）逐步结转分步法的成本计算对象是企业各个生产步骤及其产品，能够提供各个生产步骤的半成品成本资料。

（2）逐步结转分步法下，半成品成本是随着半成品实物的转移而逐步结转的，各个生产步骤产品成本明细账中的生产费用余额，反映了留存的各个生产步骤的在产品成本，能为在产品的实物管理和生产资金管理提供资料。

（3）采用逐步结转分步法，能全面反映各步骤完工产品中所耗上一步骤半成品费用水平和本步骤加工费用水平，有利于各步骤的成本管理。采用分项结转法结转半成品成本时，可以直接提供按原始成本项目反映的产品成本资料，满足企业分析和考核产品构成和水平的需要，而不必进行成本还原。

2. 逐步结转分步法的缺点。逐步结转分步法的核算工作比较复杂，核算工作的及时性也较差。如果采用综合结转法，需要进行成本还原；如果采用分项结转法，结转的核算工作量较大，两者都增大了核算工作量。

3. 逐步结转分步法的适用条件。逐步结转分步法一般适宜在半成品品种不多、逐步结转半成品成本的工作量不是很大的情况下，或者半成品的种类较多，但管理上要求提供各个生产步骤半成品成本数据的情况下采用。

（五）成本还原

为便于分析各成本项目构成，应对计算的产品成本进行成本还原。还原的方法采用倒顺序法，也就是从最后一个步骤起，把各步骤所耗上一步骤半成品的综合成本，按本月所产这种半成品的成本结构进行还原，求得按原始成本项目反映的产成品成本。

【任务描述】

一、模拟企业基本情况描述

四川华泰毛纺有限公司专业生产（大量大批的多步骤）和销售各种大衣呢，其注册地址为成都市龙泉驿区驿都西路4121号，注册资金500万元。法人代表为刘长金，财务负责人是孙宁全，会计有孙爽、李青、袁晓丽，出纳是严敬。该公司为增值税一般纳税企业，税务登记证号是511019807435012，适用增值税税率为13%。适用企业所得税税率为25%。基本户开户银行是成都银行九龙广场支行，银行账号：12022012219360800019。公司电话号码028-84642119。其内部生产部门有：

1. 基本生产车间：梳纺车间、机织车间、印染整包车间。
2. 辅助生产车间：运输车间、供气车间（为基本生产车间和公司其他部门提供劳务）。
3. 生产工艺流程是：

（1）梳纺车间将原毛从仓库领出后，进行选毛、洗净等，再经过梳毛、并条、粗纺、细纺等工艺，形成该车间完工半成品纱，直接交下一步骤继续加工；

（2）机织车间，以纱为原材料，直接从上一车间转入，机织车间将纱经过络纱、整经、穿筘、织造等工艺，织成各种呢坯，形成该车间的完工半成品并送往洗染整包车间加工；

（3）印染整包车间将各种呢坯经过洗、染、烘干、起毛、缩绒、刷毛、熨烫、检验后按各种规格要求裁剪，进行镶边、缝制商标、装袋、装箱等流程，形成最后完工产品并送往产成品仓库。

具体流程如图5-3所示。

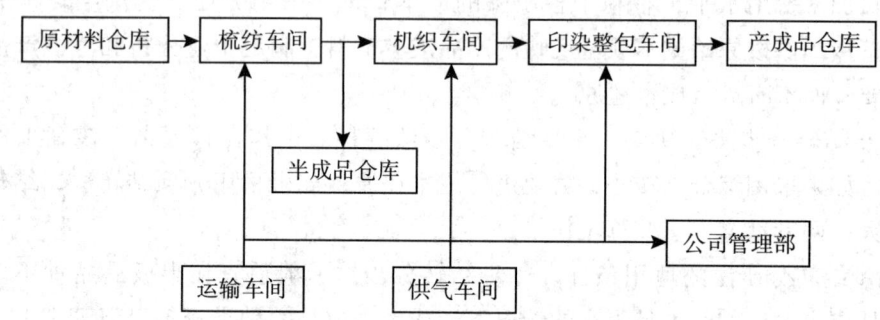

图5-3　华泰公司生产流程

二、模拟企业成本核算制度

（一）产品成本计算方法

本企业产品成本计算采用综合逐步结转分步法。本企业从原料投入到产品制成，中间要经过若干生产步骤的逐步加工，前面各步骤生产的都是半成品，只有最后步骤生产的才是产成品。为了加强对各生产步骤成本的管理，要求计算各步骤半成品成本和完工产成品成本。既要按照产品品种归集生产费用，计算产品成本，又要按照产品的生产步骤归集生产费用，计算各步骤产品成本，以提供反映各种产品及其各生产步骤成本计划执行情况的资料。

（二）成本核算对象

成本核算对象是各个生产步骤的各种产品，产品成本计算单是按每个生产步骤的各种产品来设置的。

（三）成本计算期

产品成本计算期间与会计报告期相一致，按月计算产品成本，成本计算主要集中在每月月底进行。

（四）有关费用分配方法

1. 辅助生产费用的归集和分配。辅助生产车间不设置"制造费用"账户，辅助生产费用采用直接分配法分配。运输车间的费用按运输工时分配给各受益对象；供气车间的费用按供气数量分配给各受益对象。

2. 完工产品成本核算。生产费用在完工产品与在产品之间的分配方法采用月末在产品成本按定额成本计算。

（五）产品成本计算程序

产品成本结转程序（简化格式）如图 5-4 所示。

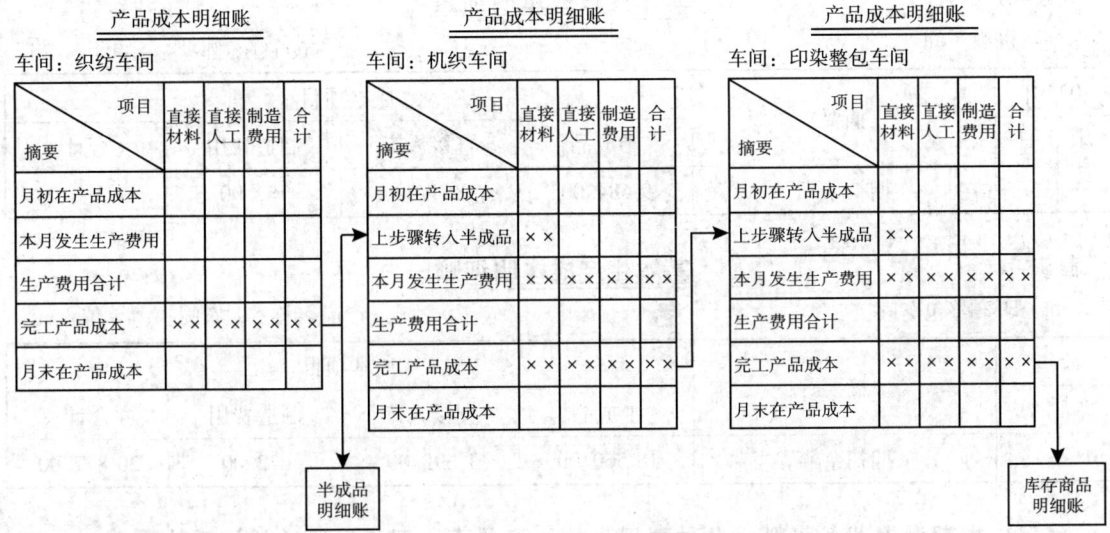

图 5-4　华泰公司产品成本核算流程

三、模拟企业成本核算资料

（一）定额资料

定额资料见表 5-1。

表 5-1　　　　　　　　　单位在产品定额成本资料

车间	产品名称	单位	期末在产品定额成本资料			
			直接材料（半成品）（元）	直接人工（元）	制造费用（元）	合计（元）
梳纺车间	呢纱	元/kg	18.00	3.00	2.00	23.00
机织车间	呢坯	元/kg	24.00	4.80	1.50	30.30
印染整包车间	大衣呢	元/匹	1 584.00	166.25	68.58	1 818.83

（二）期初资料

期初资料见表 5-2 至表 5-4。

表 5-2　　　　　　　　　　　　**基本生产成本明细账**

车间：梳纺车间　　　　　　　　　　　　　　　　　产品名称：呢纱　　单位：元

2024 年		摘要	成本项目			
月	日		直接材料	直接人工	制造费用	合计
1	1	期初余额	2 064.00	468.00	367.50	2 899.50

表 5-3　　　　　　　　　　　　**基本生产成本明细账**

车间：机织车间　　　　　　　　　　　　　　　　　产品名称：呢坯　　单位：元

2024 年		摘要	成本项目			
月	日		半成品	直接人工	制造费用	合计
1	1	期初余额	9 684.00	864.00	782.00	11 330.00

表 5-4　　　　　　　　　　　　**基本生产成本明细账**

车间：印染整包车间　　　　　　　　　　　　　　　产品名称：大衣呢　　单位：元

2024 年		摘要	成本项目			
月	日		半成品	直接人工	制造费用	合计
1	1	期初余额	18 560.00	1 695.00	622.00	20 877.00

（三）本期发生业务资料（各种费用直接给汇总表，不再以原始凭证反映）

1. 本月发出的材料汇总表见表 5-5。

表 5-5　　　　　　　　　　　　**发出材料汇总表**

2024 年 1 月 31 日　　　　　　　　　　　　　　　　　　　　　　　单位：元

用途		原材料		周转材料	合计
		原料及主要材料	辅助材料		
梳纺车间	生产呢纱	113 610.15	12 256		125 866.15
	车间耗用			426	426
机织车间	车间耗用			426	426
印染整包车间	车间耗用			426	426
运输车间	机物料消耗		5 540		5 540
	办公用			376	376
供气车间	机物料消耗		387		387
	办公用			242	242
行政管理部门				2 876	2 876
合计		113 610.15	18 183	4 772	136 565.15

2. 本月发生的工资费用汇总表见表5-6。

表5-6　　　　　　　　　　　　　　　**工资结算汇总表**

2024年1月31日　　　　　　　　　　　　　　　　　　　　　单位：元

部门		职工类别	基本工资	津贴			奖金	缺勤应扣		应付工资
				职务	岗位	其他		事假	迟到早退	
基本生产车间	梳纺车间	生产工人	51 980	900	390	160	2 100	80		55 450
		管理人员	3 843	140			600			4 583
		小计	55 823	1 040	390	160	2 700	80		60 033
	机织车间	生产工人	55 180	1 070	410		2 600		40	59 220
		管理人员	3 798	160			400			4 358
		小计	58 978	1 230	410		3 000		40	63 578
	印染整包车间	生产工人	66 590	1 100	490	190	3 000	90		71 280
		管理人员	3 854	240			620			4 714
		小计	70 444	1 340	490	190	3 620	90		75 994
辅助生产车间	运输车间	生产工人	3 640	100	90		150	20		3 960
		管理人员	1 508	40			100			1 648
		小计	5 148	140	90		250	20		5 608
	供气车间	生产工人	3 960	280	120		300			4 660
		管理人员	1 400	50			180			1 630
		小计	5 360	330	120		480			6 290
行政管理部门			7 490	3 100	280		800			11 670
销售部门			3 510	160			270			3 940
合计			206 753	7 340	1 780	350	11 120	190	40	227 113

3. 本月固定资产折旧见表5-7。

表5-7　　　　　　　　　　　　　　　**固定资产折旧计算表**

2024年1月31日

使用单位	固定资产类别	月初应计提折旧的固定资产原值（元）	月折旧率（％）	月折旧额（元）
梳纺车间	房屋及建筑物	400 000	0.3	1 200
	机器设备	450 000	0.5	2 250
	小计			3 450

续表

使用单位	固定资产类别	月初应计提折旧的固定资产原值（元）	月折旧率（%）	月折旧额（元）
机织车间	房屋及建筑物	480 000	0.3	1 440
	机器设备	560 000	0.5	2 800
	小计			4 240
印染整包车间	房屋及建筑物	680 000	0.3	2 040
	机器设备	640 000	0.5	3 200
	小计			5 240
供气车间	房屋及建筑物	160 000	0.3	480
	机器设备	280 000	0.5	1 400
	小计			1 880
运输车间	房屋及建筑物	200 000	0.3	600
	机器设备	60 000	0.5	300
	小计			900
公司本部	房屋及建筑物	500 000	0.3	1 500
	机器设备	120 000	0.5	600
	运输工具	520 000	1.6	8 320
	小计			10 420
销售部门	房屋及建筑物	400 000	0.3	1 200
	机器设备	120 000	0.5	600
	小计			1 800
总计				27 930

4. 其他费用汇总表（均以银行存款支付）（见表5–8）。

表5–8　　　　　　　　　　**其他费用汇总表**

2024年1月31日　　　　　　　　　　　　　　　　　单位：元

部门	办公费	水费	电费	通信费	合计
梳纺车间	328	186	2 468	102	3 084
机织车间	247	156	6 524	98	7 025

续表

部门	办公费	水费	电费	通信费	合计
印染整包车间	264	462	1 876	64	2 666
供气车间	136	392	598	61.06	1 187.06
运输车间	164	12	126.80	87.12	389.92
公司本部	12 626	165	872	684	14 347
销售部门	6 848	24	68	1 262	8 202
合计	20 613	1 397	12 532.80	2 358.18	36 900.98

（四）本月生产统计

本月生产统计见表 5-9 和表 5-10。

表 5-9　　　　　　　辅助生产车间提供产品（劳务）数量表

2024 年 1 月

辅助生产	计量单位	运输车间	供气车间	梳纺车间	机织车间	印染整包车间	公司本部	合计
运输车间	工时		10	1 000	1 000	600	1 040	3 650
供气车间	立方米	200		7 000	6 000	29 000	9 746	51 946

表 5-10　　　　　　　梳纺车间投入产出结存表

2024 年 1 月

项目	呢纱（千克）	呢坯（千克）	大衣呢（匹）
月初结存在产品数量	150	638	10
本月投产数量	5 120	4 800	120
本月产出数量	4 800	5 040（折算：产出数量 120 匹）	118
月末结存在产品数量	470	398	12

要求：请根据以上资料计算该公司 2024 年 1 月 31 日产品的成本。

【任务演练】

四川华泰毛纺有限公司采用综合成本逐步结转分步法进行成本核算。

一、有关账簿的设置及期初资料的登记

设置"基本生产成本""辅助生产成本"和"制造费用"三个一级账户,在这三个一级账户下分别设置明细科目。"基本生产成本"一级账户下按车间、产品分别设置明细账户,每个明细账户下设置"直接材料""直接人工"和"制造费用"三个成本项目。基本生产成本明细账采用多栏式格式账页。发生的燃料及动力费计入"直接材料"项目。

辅助生产车间不设"制造费用"账户。辅助生产成本明细账采用多栏式,按照辅助生产车间设置,账页内按照费用项目归集发生的辅助生产费用。

"制造费用"明细账按基本生产车间设置,明细账采用多栏式账页,按工资及福利费、折旧费、机物料消耗、水电费、办公费及其他等设置,最后一栏设"合计"。

根据企业上月月末的产品生产成本资料,在相关账页中登记期初余额。期初余额登记结果见后面相关账页,登账的过程不再演示。

提示: 有关根据原始凭证填制记账凭证、设置账簿、辅助生产费用分配、制造费用分配、生产费用在完工产品和在产品之间的计算等一些共同性问题,由于在前面已经有详细表述,并做了实训,故此部分省略。本任务主要是就分步法的特殊之处进行重点分析和练习。

二、材料费用的核算

(一)分配材料费用

根据材料发出汇总表,按部门和用途对材料费用进行归集,编制材料分配汇总表(见表 5 – 11)。

表 5 – 11 **材料分配汇总表**

2024 年 1 月 31 日　　　　　　　　　　　　　　　　　　　　　　单位:元

账户名称			原材料		周转材料	合计
			原料及主要材料	辅助材料		
基本生产成本	梳纺车间	呢纱	113 610.15	12 256		125 866.15
辅助生产成本	运输车间			5 540	376	5 916
	供气车间			387	242	629
制造费用	梳纺车间				426	426
	机织车间				426	426
	印染整包车间				426	426
管理费用					2 876	2 876
合计			113 610.15	18 183	4 772	136 565.15

（二）编制材料费用分配的记账凭证

记账凭证见表 5-12 和表 5-13。

表 5-12　　　　　　　　　　　　　　　　　记账凭证

2024 年 1 月 31 日　　　　　　　　　　　　　　　　　　　　第 1 $\frac{1}{2}$ 号

摘要	会计科目		借方										贷方									
	一级	二级或明细	千	百	十	万	千	百	十	元	角	分	千	百	十	万	千	百	十	元	角	分
分配材料费用	基本生产成本	梳纺车间（呢纱）			1	2	5	8	6	6	1	5										
	辅助生产成本	运输车间					5	9	1	6	0	0										
		供气车间						6	2	9	0	0										
	制造费用	梳纺车间						4	2	6	0	0										
		机织车间						4	2	6	0	0										
		印染整包车间						4	2	6	0	0										
	管理费用	物料消耗					2	8	7	6	0	0										
	原材料	原料及主要材料													1	1	3	6	1	0	1	5
		辅助材料														1	8	1	8	3	0	0
合计																						

会计主管：孙宁全　　　　　记账：孙爽　　　　　　　　　　制单：袁晓丽

附单据壹拾贰张

表 5-13　　　　　　　　　　　　　　　　　记账凭证

2024 年 1 月 31 日　　　　　　　　　　　　　　　　　　　　第 1 $\frac{2}{2}$ 号

摘要	会计科目		借方										贷方									
	一级	二级或明细	千	百	十	万	千	百	十	元	角	分	千	百	十	万	千	百	十	元	角	分
分配材料费用	周转材料																	4	7	7	2	0	0
合计			¥	1	3	6	5	6	5	1	5		¥	1	3	6	5	6	5	1	5	

会计主管：孙宁全　　　　　记账：孙爽　　　　　　　　　　制单：袁晓丽

附单据壹拾贰张

三、直接人工费用的核算

（一）分配人工费用

分配人工费用见表 5-14。

表 5-14　　　　　　　　　　**工资分配汇总表**

2024 年 1 月 31 日　　　　　　　　　　　　　　　单位：元

账户名称			工资费用
基本生产成本	梳纺车间	呢纱	55 450
	机织车间	呢坯	59 220
	印染整包车间	大衣呢	71 280
辅助生产成本	运输车间		5 608
	供气车间		6 290
制造费用	梳纺车间		4 583
	机织车间		4 358
	印染整包车间		4 714
管理费用			11 670
销售费用			3 940
合计			227 113

（二）编制人工费用分配的记账凭证

记账凭证见表 5-15 和表 5-16。

表 5-15　　　　　　　　　　**记账凭证**

2024 年 1 月 31 日　　　　　　　　　　　　　第 2 $\frac{1}{2}$ 号

摘要	会计科目		借方	贷方
	一级	二级或明细	千百十万千百十元角分	千百十万千百十元角分
分配人工费用	基本生产成本	梳纺车间（呢纱）	5 5 4 5 0 0 0	
		机织车间（呢坯）	5 9 2 2 0 0 0	
		印染整包车间（大衣呢）	7 1 2 8 0 0 0	
	辅助生产成本	运输车间	5 6 0 8 0 0	
		供气车间	6 2 9 0 0 0	
	制造费用	梳纺车间	4 5 8 3 0 0	
		机织车间	4 3 5 8 0 0	
		印染整包车间	4 7 1 4 0 0	
	管理费用	职工薪酬	1 1 6 7 0 0 0	
合计				

会计主管：孙宁全　　　　　记账：孙爽　　　　　制单：袁晓丽

附单据捌张

表 5－16　　　　　　　　　　　　记账凭证

2024 年 5 月 31 日　　　　　　　　　　　　　　　　第 2/2 号

摘要	会计科目		借方									贷方								
	一级	二级或明细	千	百	十	万	千	百	十	元	角	分	千	百	十	万	千	百	十	元	角	分
分配人工费用	销售费用	职工薪酬					3	9	4	0	0	0										
	应付职工薪酬	工资													2	2	7	1	1	3	0	0
合计			¥		2	2	7	1	1	3	0	0	¥		2	2	7	1	1	3	0	0

会计主管：孙宁全　　　　记账：孙爽　　　　制单：袁晓丽

附单据捌张

四、折旧费用的核算

编制计提折旧的记账凭证（见表 5－17）。

表 5－17　　　　　　　　　　　　记账凭证

2024 年 1 月 31 日　　　　　　　　　　　　　　　　第 3 号

摘要	会计科目		借方									贷方								
	一级	二级或明细	千	百	十	万	千	百	十	元	角	分	千	百	十	万	千	百	十	元	角	分
分配折旧费用	制造费用	梳纺车间					3	4	5	0	0	0										
		机织车间					4	2	4	0	0	0										
		印染整包车间					5	2	4	0	0	0										
	辅助生产成本	运输车间						9	0	0	0	0										
		供气车间					1	8	8	0	0	0										
	管理费用	折旧费					1	0	4	2	0	0										
	销售费用	折旧费					1	8	0	0	0	0										
	累计折旧														2	7	9	3	0	0	0	0
合计			¥		2	7	9	3	0	0	0	¥		2	7	9	3	0	0	0

会计主管：孙宁全　　　　记账：孙爽　　　　制单：袁晓丽

附单据壹张

五、其他费用的核算

编制记账凭证（见表 5 – 18）。

表 5 – 18　　　　　　　　　　　记账凭证

2024 年 1 月 31 日　　　　　　　　　　　　　　　　　　　　　　第 4 号

摘要	会计科目		借方	贷方
	一级	二级或明细	千百十万千百十元角分	千百十万千百十元角分
分配其他费用	制造费用	梳纺车间	3 0 8 4 0 0	
		机织车间	7 0 2 5 0 0	
		印染整包车间	2 6 6 6 0 0	
	辅助生产成本	运输车间	3 8 9 9 2	
		供气车间	1 1 8 7 0 6	
	管理费用		1 4 3 4 7 0 0	
	销售费用		8 2 0 2 0 0	
	银行存款			3 6 9 0 0 9 8
	合计		¥ 3 6 9 0 0 9 8	¥ 3 6 9 0 0 9 8

会计主管：孙宁全　　　　　记账：孙爽　　　　　制单：袁晓丽

附单据壹张

六、辅助生产费用的核算

1. 依据审核无误的记账凭证登记运输和供气车间辅助成本明细账，归集辅助生产费用（见表 5 – 19 和表 5 – 20）。

表 5 – 19　　　　　　　　辅助生产成本明细账

车间：运输车间　　　　　　　　　　　　　　　　　　　　　　单位：元

2024 年		摘要	材料费用	职工薪酬	折旧费用	其他费用	合计
月	日						
1	31	分配材料	5 916				5 916
		分配工资		5 608			5 608
		计提折旧			900		900
		其他费用				389.92	389.92
		合计	5 916	5 608	900	389.92	12 813.92

表 5-20　　　　　　　　　　　　辅助生产成本明细账

车间：供气车间　　　　　　　　　　　　　　　　　　　　　　　　　　　　单位：元

2024年		摘要	材料费用	职工薪酬	折旧费用	其他费用	合计
月	日						
1	31	分配材料	629				629
		分配工资		6 290			6 290
		计提折旧			1 880		1 880
		其他费用				1 187.06	1 187.06
		合计	629	6 290	1 880	1 187.06	9 986.06

2. 分配辅助生产费用（见表 5-21 和表 5-22）。

表 5-21　　　　　　　　　　　　运输车间费用分配表

　　　　　　　　　　　　　　　　2024 年 1 月 31 日

受益对象	受益数量（小时）	分配率	应分配辅助生产费用（元）
梳纺车间	1 000		3 520.30
机织车间	1 000		3 520.30
印染整包车间	600		2 112.18
公司本部	1 040		3 661.14
合计	3 640	3.5203	12 813.92

表 5-22　　　　　　　　　　　　供气车间费用分配表

　　　　　　　　　　　　　　　　2024 年 1 月 31 日

受益对象	受益数量（立方米）	分配率	应分配辅助生产费用（元）
梳纺车间	7 000		1 351
机织车间	6 000		1 158
印染整包车间	29 000		5 597
公司本部	9 746		1 880.06
合计	51 746	0.1930	9 986.06

3. 根据辅助生产费用分配表编制记账凭证（见表 5-23 和表 5-24）。

表 5-23

记账凭证

2024 年 1 月 31 日　　　　　　　　　　　　　　　　　　　　　　　　第 5 号

摘要	会计科目		借方 千百十万千百十元角分	贷方 千百十万千百十元角分
	一级	二级或明细		
分配辅助生产费用	制造费用	梳纺车间	3 5 2 0 3 0	
		机织车间	3 5 2 0 3 0	
		印染整包车间	2 1 1 2 1 8	
	管理费用	运费	3 6 6 1 1 4	
	辅助生产成本	运输车间		1 2 8 1 3 9 2
合计			¥ 1 2 8 1 3 9 2	¥ 1 2 8 1 3 9 2

会计主管：孙宁全　　　　　记账：孙爽　　　　　制单：袁晓丽

附单据 壹 张

表 5-24

记账凭证

2024 年 1 月 31 日　　　　　　　　　　　　　　　　　　　　　　　　第 6 号

摘要	会计科目		借方 千百十万千百十元角分	贷方 千百十万千百十元角分
	一级	二级或明细		
分配辅助生产费用	制造费用	梳纺车间	1 3 5 1 0 0	
		机织车间	1 1 5 8 0 0	
		印染整包车间	5 5 9 7 0 0	
	管理费用	气费	1 8 8 0 0 6	
	辅助生产成本	供气车间		9 9 8 6 0 6
合计			¥ 9 9 8 6 0 6	¥ 9 9 8 6 0 6

会计主管：孙宁全　　　　　记账：孙爽　　　　　制单：袁晓丽

附单据 壹 张

4. 根据审核无误的辅助生产费用分配编制记账凭证，登记辅助生产成本明细账（见表 5-25 和表 5-26）。

表 5-25　　　　　　　　　　　辅助生产成本明细账

车间：运输车间　　　　　　　　　　　　　　　　　　　　　　　　　　　　　　　　　单位：元

2024 年		摘要	材料费用	职工薪酬	折旧费用	其他费用	合计
月	日						
1	31	分配材料	5 916				5 916
		分配工资		5 608			5 608
		计提折旧			900		900
		其他费用				389.92	389.92
		合计	5 916	5 608	900	389.92	12 813.92
		期末转出	-5 916	-5 608	-900	-389.92	-12 813.92

表 5-26　　　　　　　　　　　辅助生产成本明细账

车间：供气车间　　　　　　　　　　　　　　　　　　　　　　　　　　　　　　　　　单位：元

2024 年		摘要	材料费用	职工薪酬	折旧费用	其他费用	合计
月	日						
1	31	分配材料	629				629
		分配工资		6 290			6 290
		计提折旧			1 880		1 880
		其他费用				1 187.06	1 187.06
		合计	629	6 290	1 880	1 187.06	9 986.06
		期末转出	-629	-6 290	-1 880	-1 187.06	-9 986.06

七、制造费用的核算

1. 依据审核无误的记账凭证登记制造费用明细账，归集制造费用（见表 5-27～表 5-29）。

表 5-27　　　　　　　　　　　制造费用明细账

车间：梳纺车间　　　　　　　　　　　　　　　　　　　　　　　　　　　　　　　　　单位：元

2024 年		摘要	材料费用	职工薪酬	折旧费用	其他费用	辅助生产费用	合计
月	日							
1	31	分配材料	426					426
		分配工资		4 583				4 583
		计提折旧			3 450			3 450
		其他费用				3 084		3 084
		分配运输费					3 520.3	3 520.3
		分配供气费					1 351	1 351
		合计	426	4 583	3 450	3 084	4 871.3	16 414.3

表 5-28 制造费用明细账

车间：机织车间　　　　　　　　　　　　　　　　　　　　　　　　　　单位：元

2024 年		摘要	材料费用	职工薪酬	折旧费用	其他费用	辅助生产费用	合计
月	日							
1	31	分配材料	426					426
		分配工资		4 358				4 358
		计提折旧			4 240			4 240
		其他费用				7 025		7 025
		分配运输费					3 520.3	3 520.3
		分配供气费					1 158	1 158
		合计	426	4 358	4 240	7 025	4 678.3	20 727.3

表 5-29 制造费用明细账

车间：印染整包车间　　　　　　　　　　　　　　　　　　　　　　　　单位：元

2024 年		摘要	材料费用	职工薪酬	折旧费用	其他费用	辅助生产费用	合计
月	日							
1	31	分配材料	426					426
		分配工资		4 714				4 714
		计提折旧			5 240			5 240
		其他费用				2 666		2 666
		分配运输费					2 112.18	2 112.18
		分配供气费					5 597	5 597
		合计	426	4 714	5 240	2 666	7 709.18	20 755.18

2. 分配制造费用（见表 5-30）。

表 5-30 制造费用分配表

2024 年 1 月 31 日　　　　　　　　　　　　　　　　　　　　　　　　单位：元

账户名称			分配金额
基本生产成本	梳纺车间	呢纱	16 414.30
	机织车间	呢坯	20 727.30
	印染整包车间	大衣呢	20 755.18
合计			57 896.78

3. 编制结转制造费用的记账凭证（见表 5-31）。

表 5-31　　　　　　　　　　　　　　　**记账凭证**

2024 年 1 月 31 日　　　　　　　　　　　　　　　　　第 7 号

摘要	会计科目		借方 千百十万千百十元角分	贷方 千百十万千百十元角分	
	一级	二级或明细			
结转制造费用	基本生产成本	梳纺车间（呢纱）	1 6 4 1 4 3 0		附单据壹张
		机织车间（呢坯）	2 0 7 2 7 3 0		
		印染整包车间（大衣呢）	2 0 7 5 5 1 8		
	制造费用	梳纺车间		1 6 4 1 4 3 0	
		机织车间		2 0 7 2 7 3 0	
		印染整包车间		2 0 7 5 5 1 8	
	合计		¥ 5 7 8 9 6 7 8	¥ 5 7 8 9 6 7 8	

会计主管：孙宁全　　　　　记账：孙爽　　　　　　　　　　　　制单：袁晓丽

4. 根据审核无误的记账凭证登记制造费用明细账（见表 5-32～表 5-34）。

表 5-32　　　　　　　　　　　　　**制造费用明细账**

车间：梳纺车间　　　　　　　　　　　　　　　　　　　　　　　　单位：元

2024 年		摘要	材料费用	职工薪酬	折旧费用	其他费用	辅助生产费用	合计
月	日							
1	31	分配材料	426					426
		分配工资		4 583				4 583
		计提折旧			3 450			3 450
		其他费用				3 084		3 084
		分配运输费					3 520.3	3 520.3
		分配供气费					1 351	1 351
		合计	426	4 583	3 450	3 084	4 871.3	16 414.3
		分配转出	-426	-4 583	-3 450	-3 084	-4 871.3	-16 414.3

表 5−33 制造费用明细账

车间：机织车间　　　　　　　　　　　　　　　　　　　　　　　　　　　　单位：元

2024年		摘要	材料费用	职工薪酬	折旧费用	其他费用	辅助生产费用	合计
月	日							
1	31	分配材料	426					426
		分配工资		4 358				4 358
		计提折旧			4 240			4 240
		其他费用				7 025		7 025
		分配运输费					3 520.3	3 520.3
		分配供气费					1 158	1 158
		合计	426	4 358	4 240	7 025	4 678.3	20 727.3
		分配转出	−426	−4 358	−4 240	−7 025	−4 678.3	−20 727.3

表 5−34 制造费用明细账

车间：印染整包车间　　　　　　　　　　　　　　　　　　　　　　　　　　单位：元

2024年		摘要	材料费用	职工薪酬	折旧费用	其他费用	辅助生产费用	合计
月	日							
1	31	分配材料	426					426
		分配工资		4 714				4 714
		计提折旧			5 240			5 240
		其他费用				2 666		2 666
		分配运输费					2 112.18	2 112.18
		分配供气费					5 597	5 597
		合计	426	4 714	5 240	2 666	7 709.18	20 755.18
		分配转出	−426	−4 714	−5 240	−2 666	−7 709.18	−20 755.18

八、生产费用的归集及完工产品成本的计算

1. 归集梳纺车间生产费用，计算完工半成品呢纱成本。

（1）归集梳纺车间生产费用（见表 5−35）。

表 5-35　　　　　　　　　　　**基本生产成本明细账**

产品：梳纺车间呢纱　　　　　　　　　　　　　　　　　　　　　　　　　　　　　单位：元

2024 年		摘要	直接材料	直接人工	制造费用	合计
月	日					
1	31	期初在产品成本	2 064	468	367.50	2 899.50
		分配材料	125 866.15			125 866.15
		分配工资		55 450		55 450
		分配制造费用			16 414.30	16 414.30
		合计	127 930.15	55 918	16 781.80	200 629.95

（2）计算完工半成品呢纱成本（见表 5-36）。

表 5-36　　　　　　　　　　　**完工产品成本计算表**

生产车间	产品名称	成本项目	生产费用累计（元）	月末在产品成本			完工产品成本（元）
				月末在产品数量（千克）	月末在产品成本定额（元）	月末在产品成本（元）	
梳纺车间	呢纱	直接材料	127 930.15	470	18	8 460	119 470.15
		直接人工	55 918		3	1 410	54 508
		制造费用	16 781.80		2	940	15 841.80
		小计	200 629.95	—	—	10 810	189 819.95

（3）编制结转完工半成品呢纱成本的记账凭证（见表 5-37）。

表 5-37　　　　　　　　　　　**记账凭证**

2024 年 1 月 31 日　　　　　　　　　　　　　　　　　　　　　　　　　　　　第 8 号

摘要	会计科目		借方									贷方									
	一级	二级或明细	千	百	十	万	千	百	十	元	角	分	千	百	十	万	千	百	十	元	角	分
结转半成品成本	基本生产成本	机织车间呢坯			1	8	9	8	1	9	9	5										
	基本生产成本	梳纺车间呢纱													1	8	9	8	1	9	9	5
合计			¥		1	8	9	8	1	9	9	5	¥		1	8	9	8	1	9	9	5

附单据壹张

会计主管：孙宁全　　　　　　记账：孙爽　　　　　　制单：袁晓丽

2. 归集机织车间生产费用，计算完工半成品呢坯成本。

(1) 归集机织车间生产费用（见表5-38）。

表5-38　　　　　　　　　　基本生产成本明细账

产品：机织车间呢坯　　　　　　　　　　　　　　　　　　　　　　　　单位：元

2024年		摘要	半成品	直接人工	制造费用	合计
月	日					
1	31	期初在产品成本	9 684	864	782	11 330
		分配工资		59 220		59 220
		分配制造费用			20 727.30	20 727.30
		梳纺车间转入半成品成本	189 819.95			189 819.95
		合计	199 503.95	60 084	21 509.30	281 097.25

(2) 计算完工半成品呢坯成本（见表5-39）。

表5-39　　　　　　　　　　完工产品成本计算表

生产车间	产品名称	成本项目	生产费用累计（元）	月末在产品成本			完工产品成本（元）
				月末在产品数量（千克）	月末在产品成本定额（元）	月末在产品成本（元）	
机织车间	呢坯	半成品	199 503.95	398	24	9 552	189 951.95
		直接人工	60 084		4.8	1 910.40	58 173.60
		制造费用	21 509.30		1.5	597	20 912.30
		小计	281 097.25	—	—	12 059.40	269 037.85

(3) 编制结转完工半成品呢坯成本的记账凭证（见表5-40）。

表5-40　　　　　　　　　　记账凭证

2024年1月31日　　　　　　　　　　　　　　　　　　　　　　　　第9号

摘要	会计科目		借方								贷方								
	一级	二级或明细	千	百	十	万	千	百	十	元	角	分	千	百	十	万	千	百	十	元	角	分
结转半成品成本	基本生产成本	印染整包车间大衣呢			2	6	9	0	3	7	8	5										
	基本生产成本	机织车间呢坯													2	6	9	0	3	7	8	5
	合计		¥		2	6	9	0	3	7	8	5	¥		2	6	9	0	3	7	8	5

附单据壹张

会计主管：孙宁全　　　　　　记账：孙爽　　　　　　制单：袁晓丽

3. 归集印染整包车间生产费用，计算完工产品大衣呢成本。

（1）归集印染整包车间生产费用（见表5-41）。

表5-41　　　　　　　　　　　基本生产成本明细账

产品：印染整包车间大衣呢　　　　　　　　　　　　　　　　　　　　　　单位：元

2024年		摘要	半成品	直接人工	制造费用	合计
月	日					
1	31	期初在产品成本	18 560	1 695	622	20 877
		分配工资		71 280		71 280
		分配制造费用			20 755.18	20 755.18
		机织车间转入半成品成本	269 037.85			269 037.85
		合计	287 597.85	72 975	21 377.18	381 950.03

（2）计算完工产品大衣呢成本（见表5-42）。

表5-42　　　　　　　　　　　完工产品成本计算表

生产车间	产品名称	成本项目	生产费用累计（元）	月末在产品成本			完工产品成本（元）
				月末在产品数量（匹）	月末在产品成本定额（元）	月末在产品成本（元）	
印染整包车间	大衣呢	直接材料	287 597.85	12	1 584	19 008	268 589.85
		直接人工	72 975		166.25	1 995	70 980
		制造费用	21 377.18		68.58	822.96	20 554.22
		小计	381 950.03	—	1 818.83	21 825.96	360 124.07

（3）编制结转完工产成品大衣呢成本的记账凭证（见表5-43）。

表5-43　　　　　　　　　　　记账凭证

2024年1月31日　　　　　　　　　　　　　　　　　　　　　　　　　　　第10号

摘要	会计科目		借方									贷方									
	一级	二级或明细	千	百	十	万	千	百	十	元	角	分	千	百	十	万	千	百	十	元	角	分
结转完工产品成本	库存商品	大衣呢			3	6	0	1	2	4	0	7										
	基本生产成本	印染整包车间大衣呢													3	6	0	1	2	4	0	7
		合计	¥		3	6	0	1	2	4	0	7	¥		3	6	0	1	2	4	0	7

会计主管：孙宁全　　　　　　　　　记账：孙爽　　　　　　　　　制单：袁晓丽

4. 根据审核无误的记账凭证登记基本生产成本明细账（见表5-44～表5-46）。

表5-44　　　　　　　　　　　　　　**基本生产成本明细账**

产品：梳纺车间呢纱　　　　　　　　　　　　　　　　　　　　　　　　　单位：元

2024年		摘要	直接材料	直接人工	制造费用	合计
月	日					
1	31	期初在产品成本	2 064	468	367.5	2 899.5
		分配材料	125 866.15			125 866.15
		分配工资		55 450		55 450
		分配制造费用			16 414.3	16 414.3
		合计	127 930.15	55 918	16 781.8	200 629.95
		转出完工半成品成本	-119 470.15	-54 508	-15 841.8	-189 819.95
		月末在产品成本	8 460	1 410	940	10 810

表5-45　　　　　　　　　　　　　　**基本生产成本明细账**

产品：机织车间呢坯　　　　　　　　　　　　　　　　　　　　　　　　　单位：元

2024年		摘要	半成品	直接人工	制造费用	合计
月	日					
1	31	期初在产品成本	9 684	864	782	11 330
		分配工资		59 220		59 220
		分配制造费用			20 727.3	20 727.3
		梳纺车间转入半成品	189 819.95			189 819.95
		合计	199 503.95	60 084	21 509.3	281 097.25
		转出完工半成品成本	-189 951.95	-58 173.6	-20 912.3	-269 037.85
		月末在产品成本	9 552	1 910.4	597	12 059.4

表5-46　　　　　　　　　　　　　　**基本生产成本明细账**

产品：印染整包车间大衣呢　　　　　　　　　　　　　　　　　　　　　　单位：元

2024年		摘要	半成品	直接人工	制造费用	合计
月	日					
1	31	期初在产品成本	18 560	1 695	622	20 877
		分配工资		71 280		71 280
		分配制造费用			20 755.18	20 755.18
		机织车间转入半成品	269 037.85			269 037.85
		合计	287 597.85	72 975	21 377.18	381 950.03
		转出完工产成品成本	-268 589.85	-70 980	-20 554.22	-360 124.07
		月末在产品成本	19 008	1 995	822.96	21 825.96

九、成本还原

【知识准备】

采用综合结转法结转半成品成本，各生产步骤所耗用的上一步骤半成品的成本是以"半成品"或"直接材料"项目综合反映的。因此，表现在产成品成本中的绝大部分费用是最后一个步骤所耗半成品的费用，而其他加工费用仅仅是最后步骤的加工费用，这样计算出来的产成品成本，不能提供按原始成本项目反映的成本资料，不利于成本分析和考核。所以，必须对产成品所耗的半成品成本进行还原。所谓成本还原就是从最后一个步骤起，把本月产成品成本中所耗上一步骤半成品的综合成本，还原成直接材料、直接人工和制造费用等原始成本项目，从而得到按原始成本项目反映的产成品成本资料。

还原的方法是采用倒顺序法，就是从最后一个步骤起，把各步骤所耗上一步骤半成品的综合成本，按本月所产这种半成品的成本结构进行还原，然后将各步骤相同的成本项目数额相加，即可求得按原始成本项目反映的产成品成本。

成本还原的一般方法有项目比重还原法和还原分配率法。

1. 项目比重还原法。

第一步，计算各成本项目所占比重。即按上步骤半成品每一成本项目的金额占所产半成品成本的比重进行逐步还原。其计算公式如下：

$$某成本项目所占比重 = \frac{该半成品成本项目金额}{本月所产该种半成品成本合计} \times 100\%$$

第二步，进行成本还原，编制成本还原计算表。以各车间该产品成本项目所占比重分别乘以下一车间本月耗用本车间的半成品成本，计算出本月产成品所耗半成品的综合成本，按照本月所产该种半成品的成本项目所占比重进行分解、还原，求得按原始成本项目反映的还原对象成本，将还原后的原始成本填列在成本还原计算表中。

第三步，求解按原始成本项目反映的产品成本。将成本还原计算表中的"直接人工""制造费用"与产成品所耗半成品费用还原值中的直接材料、直接人工、制造费用按成本项目分别相加，即为按原始成本项目反映的还原后的产成品总成本。

2. 还原分配率法。

第一步，计算还原分配率。其计算公式如下：

$$还原分配率 = \frac{耗用上一步骤半成品综合成本}{本月所产该种半成品成本合计} \times 100\%$$

第二步，进行成本还原，编制成本还原计算表。用所产该种半成品成本的各成本项目乘以还原分配率，计算出还原金额，将还原后的原始成本填列在成本还原计算表中。

第三步，求解按原始成本项目反映的产品成本。将成本还原计算表中的"直接人工"

"制造费用"与产成品所耗半成品费用还原值中的直接材料、直接人工、制造费用按成本项目分别相加，即为按原始成本项目反映的还原后的产成品总成本。

【任务演练】

以四川华泰毛纺有限公司的核算资料为计算依据，将印染整包车间生产完工的大衣呢总成本 360 124.07 元进行成本还原。

1. 项目比重还原法。

表 5-47　　　　　　　　　　　产品成本还原计算表　　　　　　　　　　　单位：元

行次	项目	半成品呢坯	半成品呢纱	直接材料	直接人工	制造费用	合计
1	还原前大衣呢成本	268 589.85			70 980	20 554.22	360 124.07
2	完工半成品呢坯成本		189 951.95		58 173.6	20 912.3	269 037.85
3	成本项目比重（%）		70.60		21.62	7.78	
4	第一次成本还原	-268 589.85	189 624.43		58 069.13	20 896.29	
5	完工半成品呢纱成本			119 470.15	54 508	15 841.8	189 819.95
6	成本项目比重（%）			62.94	28.72	8.34	
7	第二次成本还原		-189 624.43	119 349.62	54 460.14	15 814.67	
8	还原后大衣呢成本			119 349.62	183 509.27	57 265.18	360 124.07

表中主要数据计算过程如下：

根据机织车间呢坯明细账得到：

耗用梳纺车间呢纱项目所占比重 = 189 951.95 ÷ 269 037.85 = 70.60%

直接人工项目所占比重 = 58 173.6 ÷ 269 037.85 = 21.62%

制造费用项目所占比重 = 1 - 70.60% - 21.62% = 7.78%

第一次成本还原结果：

半成品呢纱项目还原金额 = 268 589.85 × 70.60% = 189 624.43（元）

直接人工项目还原金额 = 268 589.85 × 21.62% = 58 069.13（元）

制造费用项目还原金额 = 268 589.85 - 189 624.43 - 58 069.13 = 20 896.29（元）

根据梳纺车间呢纱明细账得到：

直接材料项目所占比重 = 119 470.15 ÷ 189 819.95 = 62.94%

直接人工项目所占比重 = 54 508 ÷ 189 819.95 = 28.72%

制造费用项目所占比重 = 1 - 62.94% - 28.72% = 8.34%

第二次成本还原结果：

直接材料项目还原金额 = 189 624.43 × 62.94% = 119 349.62（元）

直接人工项目还原金额 = 189 624.43 × 28.72% = 54 460.14（元）

制造费用项目还原金额 = 189 624.43 - 119 349.62 - 54 460.14 = 15 814.67（元）

还原后完工大衣呢成本：

直接材料项目金额 = 119 349.62（元）

直接人工项目金额 = 70 980 + 58 069.13 + 54 460.14 = 183 509.27（元）

制造费用项目金额 = 20 554.22 + 20 896.29 + 15 814.67 = 57 265.18（元）

2. 还原分配率法（见表 5 - 48）。

表 5 - 48　　　　　　　　　　产品成本还原计算表

行次	项目	还原分配率（%）	呢坯（元）	呢纱（元）	直接材料（元）	直接人工（元）	制造费用（元）	合计（元）
1	还原前大衣呢成本		268 589.85			70 980	20 554.22	360 124.07
2	完工半成品呢坯成本			189 951.95		58 173.6	20 912.3	269 037.85
3	第一次成本还原	99.83	-268 589.85	189 629.03		58 074.70	20 886.12	
4	完工半成品呢纱成本				119 470.15	54 508	15 841.8	189 819.95
5	第二次成本还原	99.90		-189 629.03	119 350.68	54 453.49	15 824.86	
6	还原后大衣呢成本				119 350.68	183 508.19	57 265.20	360 124.07

表中主要数据计算过程如下：

第一次成本还原结果：

还原分配率 = 268 589.85 ÷ 269 037.85 × 100% = 99.83%

半成品呢纱项目还原金额 = 189 951.95 × 99.83% = 189 629.03（元）

直接人工项目还原金额 = 58 173.6 × 99.83% = 58 074.70（元）

制造费用项目还原金额 = 268 589.85 - 189 629.03 - 58 074.70 = 20 886.12（元）

第二次成本还原结果：

还原分配率 = 189 629.03 ÷ 189 819.95 × 100% = 99.90%

直接材料项目还原金额 = 119 470.15 × 99.90% = 119 350.68（元）

直接人工项目还原金额 = 54 508 × 99.90% = 54 453.49（元）

制造费用项目还原金额 = 189 629.03 - 119 350.68 - 54 453.49 = 15 824.86（元）

还原后完工大衣呢成本：

直接材料项目金额 = 119 350.68（元）

直接人工项目金额 = 70 980 + 58 074.70 + 54 453.49 = 183 508.19（元）

制造费用项目金额 = 20 554.22 + 20 886.12 + 15 824.86 = 57 265.20（元）

上述成本还原的方法，没有考虑以前月份所产半成品成本结构对于本月产成品所耗半成品成本结构的影响,在各月半成品结构变动较大的情况下,还原的结果不够准确。为此,可将产品成本计算单中所计月初在产品费用、本月发生的费用和月末在产品费用中所耗上一步骤半成品的综合成本全部按原始的成本项目进行分解,并根据月初在产品费用加上本月发生的生产费用减去月末在产品成本等于完工产品成本的原理,计算按原始成本项目反映的完工产品成本,这样还原,计算结果准确,但工作量大。

十、分项逐步结转分步法成本核算简介

【知识准备】

分项逐步结转分步法的特点是将各步骤所耗用的上一步骤半成品成本,按成本项目分项转入各步骤成本明细账中的各成本项目。如果半成品通过半成品库收发,那么,在自制半成品明细账中登记半成品成本时,也要按照成本项目分别登记。

分项结转,可以按照半成品的实际成本结转;也可以按照半成品的计划成本结转,然后按成本项目分项调整成本差异。由于后一种做法的计算工作量较大,因此,一般采用按实际成本分项结转的方法。此处只介绍按实际成本分项结转的方法。

【任务演练】

以四川华泰毛纺有限公司的核算资料为计算依据。

若采用分项逐步结转分步法进行核算,主要区别在于从上一车间转入的半成品成本的处理不同。耗用上一车间的半成品成本,分成本项目转入本步骤对应的"直接材料""直接人工""制造费用"(见表5–49~表5–51)。

表5–49　　　　　　　　　　　　**基本生产成本明细账**

产品:梳纺车间呢纱　　　　　　　　　　　　　　　　　　　　　　　　单位:元

2024年		摘要	直接材料	直接人工	制造费用	合计
月	日					
1	31	期初在产品成本	2 064	468	367.5	2 899.5
		分配材料	125 866.15			125 866.15
		分配工资		55 450		55 450
		分配制造费用			16 414.3	16 414.3
		合计	127 930.15	55 918	16 781.8	200 629.95
		转出完工半成品成本	-119 470.15	-54 508	-15 841.8	-189 819.95
		月末在产品成本	8 460	1 410	940	10 810

表 5-50 基本生产成本明细账

产品：机织车间呢坯　　　　　　　　　　　　　　　　　　　　　　　　单位：元

2024年 月	日	摘要	直接材料	直接人工	制造费用	合计
1	31	期初在产品成本	9 684	864	782	11 330
		分配工资		59 220		59 220
		分配制造费用			20 727.3	20 727.3
		梳纺车间转入半成品	119 470.15	54 508	15 841.8	189 819.95
		合计	129 154.15	114 592	37 351.1	281 097.25
		转出完工半成品成本	-119 602.15	-112 681.6	-36 754.1	-269 037.85
		月末在产品成本	9 552	1 910.4	597	12 059.4

表 5-51 基本生产成本明细账

产品：印染整包车间大衣呢　　　　　　　　　　　　　　　　　　　　单位：元

2024年 月	日	摘要	直接材料	直接人工	制造费用	合计
1	31	期初在产品成本	18 560	1 695	622	20 877
		分配工资		71 280		71 280
		分配制造费用			20 755.18	20 755.18
		机织车间转入半成品	119 602.15	112 681.6	36 754.1	269 037.85
		合计	138 162.15	185 656.6	58 131.28	381 950.03
		转出完工产成品成本	-119 154.15	-183 661.6	-57 308.32	-360 124.07
		月末在产品成本	19 008	1 995	822.96	21 825.96

表中，机织车间、洗染整包车间产品成本明细账中计算得到的产品成本，是按最原始成本项目反映的产品成本，可以直接、准确地提供按原始成本项目反映的产成品成本资料，便于从整个企业角度考核和分析产品成本计划的执行情况，不需要进行成本还原。但这一方法的成本结转工作比较复杂，而且在各步骤完工产品成本中看不出所耗上一步骤半成品费用是多少，本步骤加工费用是多少，不便于进行各步骤完工产品的成本分析。因此，分项逐步结转分步法一般适用在管理上不要求计算各步骤完工产品所耗半成品费用和本步骤加工费用，而要求按原始成本项目计算产品成本的企业。

任务2　平行结转分步法

【知识准备】

一、平行结转分步法的含义

在采用分步法的大量、大批多步骤生产的企业，为了简化和加速成本计算工作，在计算产品成本时，可以不计算各步骤所产半成品成本，也不计算各步骤所耗上一步骤的半成品成本（即各步骤之间不结转所耗半成品成本），只计算本步骤所发生的各项生产费用以及这些费用中应计入产成品成本的"份额"。然后，将各步骤应计入同一产成品成本的份额平行结转、汇总，即可计算出该种产品的产成品成本。例如机械加工制造业中的装配式生产企业，各生产步骤（车间）均各自加工某种零部件，再送往装配车间进行组合、装配而形成产成品，因而完工产品的成本，就应该由耗用的各步骤（车间）的零部件成本形成。这种平行结转各步骤成本的方法，称为平行结转分步法，或称不计算半成品成本分步法。

二、平行结转分步法的特点

1. 以最终生产步骤的产品品种作为成本计算对象，并按生产步骤和产品品种设立产品成本计算单。在平行结转方式下，各步骤只计算本步骤的加工费用，不计算各步骤完工半成品成本，也就是半成品成本不随着加工步骤转移，各步骤的加工费用只要计算出其应计入产成品成本的份额，平行地计入产成品成本中。

2. 不计算各个生产步骤半成品成本。在平行结转分步法下，各生产步骤不计算也不逐步结转半成品成本，只是在企业的产成品入库时，才将各步骤费用中应计入产成品成本的"份额"从各步骤产品成本计算单中转出，从"基本生产成本"账户的贷方转入"库存商品"账户的借方。因此，采用这一方法，不论半成品在各生产步骤之间直接转移，还是通过半成品库收发，均不通过"自制半成品"账户进行总分类核算。

3. 各步骤生产费用总额需要在产成品和广义在产品之间进行分配。采用平行结转分步法，每一生产步骤的生产费用也要在产成品与月末在产品之间进行分配。但必须指出，这里的在产品与逐步结转分步法的在产品不同，它不仅包括各步骤正在加工的在产品，还包括本步骤已经加工完成，并转入下一步骤或半成品库，仍需继续加工的那些自制半成品，这是就整个企业而言的广义在产品。

三、平行结转分步法的优缺点和适用范围

平行结转分步法与逐步结转分步法相比较，具有以下优点：

1. 采用这一方法,各步骤可以同时计算产品成本,然后将应计入完工产品成本的份额平行结转汇总计入产成品成本,不必逐步结转半成品成本,从而可以简化和加速成本计算工作。

2. 采用这一方法,一般是按成本项目平行结转汇总各步骤成本中应计入产成品成本的份额,因而能够直接提供按原始成本项目反映的产品成本资料,不必进行成本还原,省去了大量烦琐的计算工作。

但是,由于采用这一方法各步骤不计算也不结转半成品成本,因而存在以下缺点:

(1) 不能提供各步骤半成品成本资料及各步骤所耗上一步骤半成品费用资料。

(2) 由于各步骤间不结转半成品成本,使半成品实物转移与费用结转脱节,因而不能为各步骤在产品的实物管理和资金管理提供资料。

平行结转分步法一般只适宜在半成品种类较多的情况下,逐步结转半成品成本的工作量较大,管理上又不要求提供各步骤半成品成本资料的情况下采用。

四、平行结转分步法的核算程序

采用平行结转分步法计算产品成本时,首先应按产品和加工步骤设置成本明细账,在各步骤生产成本明细账上按成本项目分别归集本步骤发生的生产费用(但不包括耗用上一步骤半成品的成本)。月末,将各步骤归集的生产费用在产成品与广义在产品之间进行分配,计算各步骤费用中应计入产成品成本的份额。最后,将各步骤费用中应计入产成品成本的份额按成本项目平行结转,汇总计算产成品的总成本及单位成本。这种方法的成本计算程序如图5-5所示。

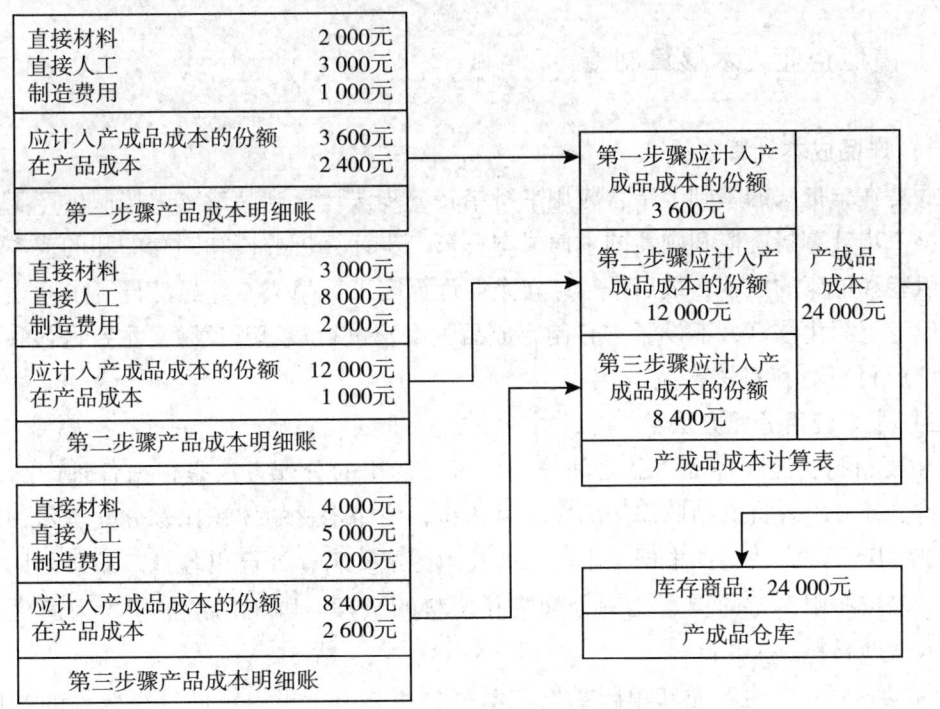

图5-5 平行结转分步法成本计算

【任务描述1】

一、模拟企业基本情况描述

鸿发家具厂注册地址是四川省成都市金牛区五块石路1号，注册资金为500万元，法人代表是刘全，财务负责人是李华，会计有孙丽、李丽、袁晓娟，出纳是柯路。其为增值税一般纳税人，税务登记证号是501210897435120，适用增值税税率为13%，适用企业所得税税率为25%。基本户开户银行是成都银行五块石支行，银行账号是31320129123608119。公司电话号码是028-85445519。

主营业务：折叠椅和圆凳生产（大量大批的多步骤）和销售。生产部门为：（1）基本生产车间：一车间（木材加工车间）、二车间（钢管加工车间）、三车间（组装油漆车间）；（2）辅助生产车间：运输车间。

生产程序分三步完成：第一步，将木料多层板和塑料皮下料，并且将塑料皮用胶糅在多层板上，做成折椅面、靠背和圆凳面。这一工作在第一车间（木材加工车间）进行。第二步，将钢管和圆钢下料，并且焊接起来，做成折椅和圆凳的腿。这一工作在第二车间（钢管加工车间）进行。第三步，把折椅、圆凳面和腿装配在一起，并且油漆成最后产成品。这一工作在第三车间（组装油漆车间）进行。第一、第二步是平行生产的，第三步中间设有中间库管理半成品。

二、模拟企业成本核算制度

（一）产品成本计算方法

本厂是在分批法的基础上结合应用平行结转分步法计算产品成本，按照生产工艺过程特点，第一步计算折叠椅和圆凳的木面成本；第二步计算折叠椅和圆凳的腿的成本；第三步计算组装和油漆的成本；最后平行结转企业计算完工产品成本。虽然设了中间库管理半成品，但为了简化核算，不设置"自制半成品"账户进行核算和反映。主要材料和辅助材料均在"原材料"科目核算。

（二）成本费用分配方法

1. 主要材料：需在各批产品之间分配。木材费用的分配方法是根据各批产品的技术图纸资料，计算出各批产品所需用的净木材体积，按净木材的体积比例分配实际领料的金额。钢管费用分配方法是：根据各批产品的技术图纸资料，计算出各批产品所需用的净用钢材重量，按净用钢材的重量比例分配实际领料的金额。圆钢用量极小，为简化核算手续，列入辅助材料。

2. 辅助材料：按生产通知单限额发放辅助材料。由于班组辅助材料核算的基础工作比较好，辅助材料的消耗可以按产品批别划分，辅助材料全部直接计入各批产品成本。月底车间如有余料,则办理假退料手续。

3. 职工薪酬:生产工人工资根据生产工时比例分配计入各批产品成本。工厂按照工资总额的2%计提工会经费,20%计提养老保险,10%计提医疗保险,1.5%计提失业保险,10%计提住房公积金。

4. 动力:各部门有电表,可以查出各部门的耗电量,根据耗电量分配电费。然后根据工时比例分配计入各批产品成本。运输车间和管理部门的电费分别计入辅助生产成本和管理费用。

5. 其他费用:制造费用按照生产工时比例分配计入各批产品成本。运输费用按照运输工时进行分配。

6. 在发生批内产品跨越陆续完工的情况时,由于生产周期不长,在产品往往也接近于完工,为了简化核算,所以按照完工产品和在产品的数量比例进行分配。

三、模拟企业成本核算基础资料

该厂2024年3月与成本有关的各种资料如下:
1. 生产任务和产量情况如表5-52所示。

表5-52   **产量情况表**

2024年3月

生产通知单号	产品名称	批量(把)	投产情况 日期	投产情况 数量(把)	完工情况 日期	完工情况 数量(把)	在产品数量(把)
1001	圆凳	15 000	3月2日	15 000	3月31日	10 000	5 000
1002	折叠椅	5 000	2月23日	3 000	3月31日	3 000	—
			3月5日	2 000	3月31日	2 000	—

注:折叠椅分两次投产,最后在3月31日全部完工。

2. 工时统计情况如表5-53所示。

表5-53   **工时统计表**

2024年3月   单位:小时

部门	圆凳	折叠椅	一车间	二车间	三车间	厂部	合计
一车间	37 500	20 000					57 500
二车间	90 000	50 000					140 000
三车间	45 000	40 000					85 000
运输车间			450	1 420	784	542	3 196
合计	172 500	137 500	450	1 420	784	542	285 696

3. 期初资料（见表 5-54 ~ 表 5-56）。

表 5-54   **基本生产成本明细账**

车间：一车间   产品名称：折叠椅   单位：元

2024 年		摘要	成本项目				
月	日		直接材料	燃料及动力	直接人工	制造费用	合计
3	1	期初余额	85 400	1 400	1 800	1 600	90 200

表 5-55   **基本生产成本明细账**

车间：二车间   产品名称：折叠椅   单位：元

2024 年		摘要	成本项目				
月	日		直接材料	燃料及动力	直接人工	制造费用	合计
3	1	期初余额	51 400	3 700	8 600	6 900	70 600

表 5-56   **基本生产成本明细账**

车间：三车间   产品名称：折叠椅   单位：元

2024 年		摘要	成本项目				
月	日		直接材料	燃料及动力	直接人工	制造费用	合计
3	1	期初余额	20 000	2 000	3 500	3 300	28 800

4. 本期发生业务资料（各种费用直接汇总，不再以原始凭证反映）。

（1）主要材料耗用汇总表见表 5-57。

表 5-57   **主要材料耗用汇总表**

2024 年 3 月 31 日

领料部门	多层板（立方米）		塑料皮（平方米）		钢管（千克）	
	数量	计划价（元）	数量	计划价（元）	数量	计划价（元）
基本生产一车间	25.9950	231 000	2 612.5	174 450.56		
基本生产二车间					17 638.5	183 900
合计	25.9950	231 000	2 612.5	174 450.56	17 638.5	183 900

注：本厂主要材料采用计划价格核算，差异率为节约 10%。

（2）单位产品主要材料耗用情况表（见表 5-58）。

表 5-58 单位产品主要材料耗用汇总表

2024 年 3 月 31 日

领料部门	产品名称	多层板（立方米）	塑料皮（平方米）	钢管（千克）
基本生产一车间	圆凳	0.001363	0.1413	
	折叠椅	0.002775	0.2465	
基本生产二车间	圆凳			0.8125
	折叠椅			2.7255

（3）辅助材料及其他材料耗用汇总表（见表 5-59）。

表 5-59 辅助材料及其他材料耗用汇总表

2024 年 3 月 31 日   单位：元

用途			胶	铁活	圆钢	油漆	小五金	其他材料	合计
基本生产	一车间	圆凳	9 000						9 000
		折叠椅	4 000						4 000
	二车间	圆凳		96 000	16 500				112 500
		折叠椅		26 000					26 000
	三车间	圆凳				39 000	39 000		78 000
		折叠椅				10 400	10 000		20 400
制造费用	一车间							1 770	1 770
	二车间							8 000	8 000
	三车间							6 110	6 110
辅助生产	机修车间							1 030	1 030
管理费用	物料消耗							2 110	2 110
合计			13 000	122 000	16 500	49 400	49 000	19 020	268 920

（4）各部门耗用电的情况（见表 5-60）。

表 5-60 动力耗用情况表

2024 年 3 月 31 日

部门	耗电度数
一车间	71 870.5
二车间	175 000
三车间	116 870.5
运输车间	15 000
厂部管理部门	18 750
合计	397 491

注：每度电 0.8 元。

（5）本月工资汇总表（见表5-61）。

表 5-61   **职工工资汇总表**

2024年3月31日   单位：元

部门		工资
一车间	生产工人	10 360.09
	管理人员	1 860.49
二车间	生产工人	25 220.52
	管理人员	1 930.7
三车间	生产工人	16 840.7
	管理人员	990.1
运输车间		7 000
厂部管理部门		18 700
合计		82 902.6

（6）固定资产折旧汇总表（见表5-62）。

表 5-62   **固定资产折旧汇总表**

2024年3月31日   单位：元

部门	分配金额
一车间	1 200
二车间	3 000
三车间	2 200
运输车间	27 000
厂部管理部门	3 100
合计	36 500

（7）本期以银行存款支付的其他费用汇总表（见表5-63）。

表 5-63   **公司其他费用支出汇总表**

2024年3月31日   单位：元

车间名称	水电费	差旅费	劳保费	保险费	办公费	邮电费	合计
一车间	363	1 196	4 990	2 934	995	497	10 975
二车间	1 084	1 484	16 950	9 675	980	788	30 961
三车间	1 250	1 688	17 910	7 281	985	591	29 705
运输车间	510	1 190	5 230	3 410	567	578	11 485
行政管理部门	850	1 294	980	1 788	1 490	1 894	8 296
合计	4 057	6 852	46 060	25 088	5 017	4 348	91 422

要求：请根据以上资料计算该公司 2024 年 3 月 31 日产品的成本。

【任务演练 1】

一、有关账簿的设置及期初资料的登记

产品成本核算涉及的账簿主要是基本生产成本明细账、制造费用明细账和辅助生产成本明细账，辅助生产车间不设"制造费用"账户。根据企业上月月末的产品生产成本资料，在相关账页中登记期初余额。登账的过程不再演示。

二、材料费用的核算

1. 主要材料费用的核算。

（1）根据主要材料耗用汇总表以及单位产品主要材料耗用情况表，编制主要材料耗用分配表（见表 5-64）。

表 5-64　　　　　　　　　　　**主要材料耗用汇总表**

2024 年 3 月 31 日

领料部门		基本生产一车间			基本生产二车间		
产品名称		圆凳	折叠椅	小计（元）	圆凳	折叠椅	小计（元）
产量（把）		15 000	2 000	17 000	15 000	2 000	17 000
多层板 （立方米）	单件净额	0.001363	0.002775				
	总净额	20.4450	5.5500	25.9950			
	分配率			7 997.6919			
	分配金额	163 512.81	44 387.19	207 900			
塑料皮 （平方米）	单件净额	0.1413	0.2465				
	总净额	2 119.5	493	2 612.5			
	分配率			60.0978			
	分配金额	127 377.29	29 628.21	157 005.5			
钢管 （千克）	单件净额				0.8125	2.7255	
	总净额				12 187.5	5 451	17 638.5
	分配率						9.3835
	分配金额				114 361.41	51 148.59	165 510
合计		290 890.10	74 015.40	364 905.50	114 361.41	51 148.59	165 510

(2) 编制主要材料费用分配的记账凭证 (见表 5-65-1 和表 5-65-2)。

表 5-65-1 记账凭证

2024 年 3 月 31 日　　　　　　　　　　第 1 $\frac{1}{2}$ 号

摘要	总账科目	明细科目	借方金额 百十万千百十元角分	贷方金额 百十万千百十元角分
分配主要材料	基本生产成本	一车间（圆凳）	2 9 0 8 9 0 1 0	
	基本生产成本	一车间（折叠椅）	7 4 0 1 5 4 0	
	基本生产成本	二车间（圆凳）	1 1 4 3 6 1 4 1	
	基本生产成本	二车间（折叠椅）	5 1 1 4 8 5 9	
	材料成本差异	主要材料	5 8 9 3 5 0 6	
	原材料	多层板		2 3 1 0 0 0 0 0
	合计			

附单据壹拾贰张

财务主管：李华　　记账：孙丽　　审核：李丽　　制单：袁晓娟

表 5-65-2 记账凭证

2024 年 3 月 31 日　　　　　　　　　　第 1 $\frac{2}{2}$ 号

摘要	总账科目	明细科目	借方金额 百十万千百十元角分	贷方金额 百十万千百十元角分
分配主要材料	原材料	塑料皮		1 7 4 4 5 0 5 6
	原材料	钢管		1 8 3 9 0 0 0 0
	合计		￥ 5 8 9 3 5 0 6	￥ 5 8 9 3 5 0 6

附单据壹拾贰张

财务主管：李华　　记账：孙丽　　审核：李丽　　制单：袁晓娟

2. 辅助材料及其他材料费用的核算。

根据辅助材料及其他材料耗用汇总表编制记账凭证 (见表 5-66-1～表 5-66-3)。

表 5-66-1

记账凭证

2024 年 3 月 31 日　　　　　　　　　　　　　　　　　　第 2 $\frac{1}{3}$ 号

摘要	总账科目	明细科目	借方金额 百十万千百十元角分	贷方金额 百十万千百十元角分
分配辅助材料及其他材料	基本生产成本	一车间（圆凳）	9 0 0 0 0 0	
	基本生产成本	一车间（折叠椅）	4 0 0 0 0 0	
	基本生产成本	二车间（圆凳）	1 1 2 5 0 0 0	
	基本生产成本	二车间（折叠椅）	2 6 0 0 0 0	
	基本生产成本	三车间（圆凳）	7 8 0 0 0 0	
	基本生产成本	三车间（折叠椅）	2 0 4 0 0 0	
		合计		

财务主管：李华　　　　　记账：孙丽　　　　　审核：李丽　　　　　制单：袁晓娟

附单据壹拾捌张

表 5-66-2

记账凭证

2024 年 3 月 31 日　　　　　　　　　　　　　　　　　　第 2 $\frac{2}{3}$ 号

摘要	总账科目	明细科目	借方金额 百十万千百十元角分	贷方金额 百十万千百十元角分
分配辅助材料及其他材料	制造费用	一车间	1 7 7 0 0 0	
	制造费用	二车间	8 0 0 0 0 0	
	制造费用	三车间	6 1 1 0 0 0	
	辅助生产成本	运输车间	1 0 3 0 0 0	
	管理费用	物料消耗	2 1 1 0 0 0	
	原材料	辅助材料（胶）		1 3 0 0 0 0 0
		合计		

财务主管：李华　　　　　记账：孙丽　　　　　审核：李丽　　　　　制单：袁晓娟

附单据壹拾捌张

表 5–66–3   **记账凭证**

2024 年 3 月 31 日   第 2 $\frac{3}{3}$ 号

摘要	总账科目	明细科目	借方金额 百十万千百十元角分	贷方金额 百十万千百十元角分
分配辅助材料及其他材料	原材料	辅助材料（铁活）		1 2 2 0 0 0 0 0
	原材料	辅助材料（圆钢）		1 6 5 0 0 0 0
	原材料	辅助材料（油漆活）		4 9 4 0 0 0 0
	原材料	辅助材料（小五金）		4 9 0 0 0 0
	原材料	辅助材料（其他）		1 9 0 2 0 0 0
		合计	¥ 2 6 8 9 2 0 0 0	¥ 2 6 8 9 2 0 0 0

附单据壹拾捌张

财务主管：李华　　　　记账：孙丽　　　　审核：李丽　　　　制单：袁晓娟

三、动力费用的分配

1. 计算动力耗用费（见表 5–67）。

表 5–67   **动力耗用费用计算表**

2024 年 3 月 31 日

部门	耗电度数	单价（元）	金额（元）
一车间	71 870.5		57 496.4
二车间	175 000		140 000
三车间	116 870.5		93 496.4
运输车间	15 000		12 000
厂部管理部门	18 750		15 000
合计	397 491	0.8	317 992.8

2. 分配生产用动力费用（见表 5–68）。

表 5−68 生产用动力费分配表

2024 年 3 月 31 日

车间	产品名称	工时	分配率	分配金额（元）
一车间	圆凳	37 500		37 496.25
	折叠椅	20 000		20 000.15
	小计	57 500	0.9999	57 496.4
二车间	圆凳	90 000		90 000
	折叠椅	50 000		50 000
	小计	140 000	1.0000	140 000
三车间	圆凳	45 000		49 500
	折叠椅	40 000		43 996.4
	小计	85 000	1.1000	93 496.4

3. 编制动力费用分配的记账（见表 5−69−1 和表 5−69−2）。

表 5−69−1 记账凭证

2024 年 3 月 31 日   第 3 $\frac{1}{2}$ 号

摘要	总账科目	明细科目	借方金额 百十万千百十元角分	贷方金额 百十万千百十元角分
分配动力费用	基本生产成本	一车间（圆凳）	3 7 4 9 6 2 5	
	基本生产成本	一车间（折叠椅）	2 0 0 0 0 1 5	
	基本生产成本	二车间（圆凳）	9 0 0 0 0 0 0	
	基本生产成本	二车间（折叠椅）	5 0 0 0 0 0 0	
	基本生产成本	三车间（圆凳）	4 9 5 0 0 0 0	
	基本生产成本	三车间（折叠椅）	4 3 9 9 6 4 0	
	合计			

财务主管：李华   记账：孙丽   审核：李丽   制单：袁晓娟

附单据伍张

表 5-69-2

记账凭证

2024 年 3 月 31 日

第 3 2/2 号

摘要	总账科目	明细科目	借方金额 百 十 万 千 百 十 元 角 分	贷方金额 百 十 万 千 百 十 元 角 分
分配动力费用	辅助生产成本	运输车间	1 2 0 0 0 0 0	
	管理费用	水电费	1 5 0 0 0 0 0	
	银行存款			3 1 7 9 9 2 8 0
	合计		¥ 3 1 7 9 9 2 8 0	¥ 3 1 7 9 9 2 8 0

附单据伍张

财务主管：李华　　　记账：孙丽　　　审核：李丽　　　制单：袁晓娟

四、直接人工费用的核算

1. 编制工资薪酬汇总表（见表 5-70）。

表 5-70

职工薪酬汇总表

2024 年 3 月 31 日

单位：元

部门		工资	工会经费(2%)	养老保险(20%)	医疗保险(10%)	失业保险(1.5%)	住房公积金(10%)	合计
一车间	生产工人	10 360.09	207.20	2 072.02	1 036.01	155.40	1 036.01	14 866.73
	管理人员	1 860.49	37.21	372.10	186.05	27.91	186.05	2 669.8
二车间	生产工人	25 220.52	504.41	5 044.1	2 522.05	378.31	2 522.05	36 191.45
	管理人员	1 930.7	38.61	386.14	193.07	28.96	193.07	2 770.55
三车间	生产工人	16 840.7	336.81	3 368.14	1 684.07	252.61	1 684.07	24 166.4
	管理人员	1 990.1	39.80	398.02	199.01	29.85	199.01	2 855.79
机修车间		7 000	140.00	1 400	700.00	105.00	700.00	10 045
厂部管理部门		18 700	374.00	3 740	1 870	280.50	1 870	26 834.5
合计		83 902.6	1 678.05	16 780.52	8 390.26	1 258.54	8 390.26	120 400.23

2. 分配生产工人的工资薪酬（见表 5-71）。

表 5-71　　　　　　　　　生产工人职工薪酬分配表

2024 年 3 月 31 日

车间	产品名称	工时	分配率	分配金额（元）
一车间	圆凳	37 500		9 697.5
	折叠椅	20 000		5 169.23
	小计	57 500	0.2586	14 866.73
二车间	圆凳	90 000		23 265
	折叠椅	50 000		12 926.45
	小计	140 000	0.2585	36 191.45
三车间	圆凳	45 000		12 793.5
	折叠椅	40 000		11 372.9
	小计	85 000	0.2843	24 166.4

3. 编制工资薪酬分配的记账凭证（见表 5-72-1～表 5-72-3）。

表 5-72-1　　　　　　　　　记账凭证

2024 年 3 月 31 日　　　　　　　　　　　　　　　第 4 $\frac{1}{3}$ 号

摘要	总账科目	明细科目	借方金额 百十万千百十元角分	贷方金额 百十万千百十元角分	
分配工资薪酬	基本生产成本	一车间（圆凳）	9 6 9 7 5 0		附单据肆张
	基本生产成本	一车间（折叠椅）	5 1 6 9 2 3		
	基本生产成本	二车间（圆凳）	2 3 2 6 5 0 0		
	基本生产成本	二车间（折叠椅）	1 2 9 2 6 4 5		
	基本生产成本	三车间（圆凳）	1 2 7 9 3 5 0		
	基本生产成本	三车间（折叠椅）	1 1 3 7 2 9 0		
		合计			

财务主管：李华　　　　记账：孙丽　　　　审核：李丽　　　　制单：袁晓娟

表 5-72-2

记账凭证

2024 年 3 月 31 日　　　　　　　　　　　　　　　　　　　　第 4 $\frac{2}{3}$ 号

摘要	总账科目	明细科目	借方金额 百十万千百十元角分	贷方金额 百十万千百十元角分
分配工资薪酬	制造费用	一车间	2 6 6 9 8 0	
	制造费用	二车间	2 7 7 0 5 5	
	制造费用	三车间	2 8 5 5 7 9	
	辅助生产成本	运输车间	1 0 0 4 5 0 0	
	管理费用	工资薪酬	2 6 8 3 4 5 0	
	应付职工薪酬	工资		8 2 9 0 2 6 0
	合计			

财务主管：李华　　　记账：孙丽　　　审核：李丽　　　制单：袁晓娟

附单据肆张

表 5-72-3

记账凭证

2024 年 3 月 31 日　　　　　　　　　　　　　　　　　　　　第 4 $\frac{3}{3}$ 号

摘要	总账科目	明细科目	借方金额 百十万千百十元角分	贷方金额 百十万千百十元角分
分配工资薪酬	应付职工薪酬	工会经费		1 6 7 8 0 4
	应付职工薪酬	社会保险		2 6 4 2 9 3 2
	应付职工薪酬	住房公积金		8 3 9 0 2 6
	合计		¥ 1 2 0 4 0 0 2 3	¥ 1 2 0 4 0 0 2 3

财务主管：李华　　　记账：孙丽　　　审核：李丽　　　制单：袁晓娟

附单据肆张

五、折旧费用的核算

根据固定资产折旧汇总表编制记账凭证（见表 5-73）。

表 5-73　　　　　　　　　　　　　　记账凭证

2024 年 3 月 31 日　　　　　　　　　　　第 5 号

摘要	总账科目	明细科目	借方金额 百 十 万 千 百 十 元 角 分	贷方金额 百 十 万 千 百 十 元 角 分
计提折旧费用	制造费用	一车间	1 2 0 0 0 0	
	制造费用	二车间	3 0 0 0 0	
	制造费用	三车间	2 2 0 0 0	
	辅助生产成本	运输车间	2 7 0 0 0	
	管理费用	折旧费	3 1 0 0 0	
	累计折旧			3 6 5 0 0 0
	合计		¥ 　　3 6 5 0 0 0	¥ 　　3 6 5 0 0 0

财务主管：李华　　　　记账：孙丽　　　　审核：李丽　　　　制单：袁晓娟

附单据壹张

六、其他费用的核算

根据其他费用汇总表编制记账凭证（见表 5-74）。

表 5-74　　　　　　　　　　　　　　记账凭证

2024 年 3 月 31 日　　　　　　　　　　　第 6 号

摘要	总账科目	明细科目	借方金额 百 十 万 千 百 十 元 角 分	贷方金额 百 十 万 千 百 十 元 角 分
支付其他费用	制造费用	一车间	1 0 9 7 5 0 0	
	制造费用	二车间	3 0 9 6 1 0 0	
	制造费用	三车间	2 9 7 0 5 0 0	
	辅助生产成本	运输车间	1 1 4 8 5 0 0	
	管理费用		8 2 9 6 0 0	
	银行存款			9 1 4 2 2 0 0
	合计		¥ 　9 1 4 2 2 0 0	¥ 　9 1 4 2 2 0 0

财务主管：李华　　　　记账：孙丽　　　　审核：李丽　　　　制单：袁晓娟

附单据贰拾捌张

七、辅助生产费用的核算

1. 依据审核无误的记账凭证登记运输车间的辅助生产成本明细账（见表 5-75）。

表 5-75　　　　　　　　　　辅助生产成本明细账　　　　　　　　　　单位：元

2024年		摘要	职工薪酬	水电费	物料消耗	折旧费	保险费	劳动保护费	其他	合计
月	日									
3	31	分配材料费			1 030					1 030
		分配动力费		12 000						12 000
		分配工资薪酬	10 045							10 045
		计提折旧费				27 000				27 000
		发生的其他费用		510			3 410	5 230	2 335	11 485
		合计	10 045	12 510	1 030	27 000	3 410	5 230	2 335	61 560

2. 分配辅助生产费用（见表 5-76）。

表 5-76　　　　　　　　　　辅助生产费用分配表
2024 年 3 月 31 日

项目	运输工时	分配率	分配金额（元）
一车间	450		8 667.72
二车间	1 420		27 351.47
三车间	784		15 101.09
行政管理部门	542		10 439.72
合计	3 196	19.2616	61 560

3. 根据辅助生产费用分配表编制记账凭证（见表 5-77）。

表 5-77　　　　　　　　　　记账凭证
2024 年 3 月 31 日　　　　　　　　　　　　　　　　　　　　第 7 号

摘要	总账科目	明细科目	借方金额 百 十 万 千 百 十 元 角 分	贷方金额 百 十 万 千 百 十 元 角 分
分配辅助生产费用	制造费用	一车间	8 6 6 7 7 2	
	制造费用	二车间	2 7 3 5 1 4 7	
	制造费用	三车间	1 5 1 0 1 0 9	
	管理费用	运输费	1 0 4 3 9 7 2	
	辅助生产成本	运输车间		6 1 5 6 0 0 0
合计			¥　6 1 5 6 0 0 0	¥　6 1 5 6 0 0 0

附单据壹张

财务主管：李华　　　　记账：孙丽　　　　审核：李丽　　　　制单：袁晓娟

4. 根据审核无误的辅助生产费用分配编制记账凭证，登记辅助生产成本明细账（见表5-78）。

表5-78　　　　　　　　　　辅助生产成本明细账　　　　　　　　　单位：元

2024年		摘要	职工薪酬	水电费	物料消耗	折旧费	保险费	劳动保护费	其他	合计
月	日									
3	31	分配材料费			1 030					1 030
		分配动力费		12 000						12 000
		分配工资薪酬	10 045							10 045
		计提折旧费				27 000				27 000
		发生的其他费用		510			3 410	5 230	2 335	11 485
		合计	10 045	12 510	1 030	27 000	3 410	5 230	2 335	61 560
		期末转出	-10 045	-12 510	-1 030	-27 000	-3 410	-5 230	-2 335	-61 560

八、制造费用的核算

1. 依据审核无误的记账凭证登记各车间制造费用明细账（见表5-79~表5-82）。

表5-79　　　　　　　　　　制造费用明细账

车间：一车间　　　　　　　　　　　　　　　　　　　　　　　　　　　单位：元

2024年		摘要	职工薪酬	水电费	物料消耗	折旧费	保险费	劳动保护费	办公费	其他	合计
月	日										
3	31	分配材料费			1 770						1 770
		分配工资薪酬	2 669.81								2 669.81
		计提折旧费				1 200					1 200
		发生的其他费用		363			2 934	4 990	995	1 693	10 975
		分配运输费								8 667.72	8 667.72
		合计	2 669.81	363	1 770	1 200	2 934	4 990	995	10 360.72	25 282.52

表5-80　　　　　　　　　　　　　制造费用明细账

车间：二车间　　　　　　　　　　　　　　　　　　　　　　　　　　单位：元

2024年		摘要	职工薪酬	水电费	物料消耗	折旧费	保险费	劳动保护费	办公费	其他	合计
月	日										
3	31	分配材料费			8 000						8 000
		分配工资薪酬	2 770.55								2 770.55
		计提折旧费				3 000					3 000
		发生的其他费用		1 084			9 675	16 950	980	2 272	30 961
		分配运输费								27 351.47	27 351.47
		合计	2 770.55	1 084	8 000	3 000	9 675	16 950	980	29 623.47	72 083.02

表5-81　　　　　　　　　　　　　制造费用明细账

车间：三车间　　　　　　　　　　　　　　　　　　　　　　　　　　单位：元

2024年		摘要	职工薪酬	水电费	物料消耗	折旧费	保险费	劳动保护费	办公费	其他	合计
月	日										
3	31	分配材料费			6 110						6 110
		分配工资薪酬	2 855.79								2 855.79
		计提折旧费				2 200					2 200
		发生的其他费用		1 250			7 281	17 910	985	2 279	29 705
		分配运输费								15 101.09	15 101.09
		合计	2 855.79	1 250	6 110	2 200	7 281	17 910	985	17 380.09	55 971.88

表5-82　　　　　　　　　　　　　制造费用分配表

2024年3月31日

车间	产品名称	工时	分配率	分配金额（元）
一车间	圆凳	37 500		16 488.75
	折叠椅	20 000		8 793.77
	小计	57 500	0.4397	25 282.52
二车间	圆凳	90 000		46 341
	折叠椅	50 000		25 742.02
	小计	140 000	0.5149	72 083.02
三车间	圆凳	45 000		29 632.50
	折叠椅	40 000		26 339.38
	小计	85 000	0.6585	55 971.88

2. 分配制造费用。
3. 根据制造费用分配表编制记账凭证（见表 5-83-1 和表 5-83-2）。

表 5-83-1

记账凭证

2024 年 3 月 31 日　　　　　　　　　　　　　　　　　第 8 $\frac{1}{2}$ 号

摘要	总账科目	明细科目	借方金额	贷方金额
			百十万千百十元角分	百十万千百十元角分
分配制造费用	基本生产成本	一车间（圆凳）	1 6 4 8 7 5	
	基本生产成本	一车间（折叠椅）	8 7 9 3 7 7	
	基本生产成本	二车间（圆凳）	4 6 3 4 1 0 0	
	基本生产成本	二车间（折叠椅）	2 5 7 4 2 0 2	
	基本生产成本	三车间（圆凳）	2 9 6 3 2 5 0	
	基本生产成本	三车间（折叠椅）	2 6 3 9 3 8	
		合计		

附单据壹张

财务主管：李华　　　　记账：孙丽　　　　审核：李丽　　　　制单：袁晓娟

表 5-83-2

记账凭证

2024 年 3 月 31 日　　　　　　　　　　　　　　　　　第 8 $\frac{2}{2}$ 号

摘要	总账科目	明细科目	借方金额	贷方金额
			百十万千百十元角分	百十万千百十元角分
分配制造费用	制造费用	一车间		2 5 2 8 2 5 2
	制造费用	二车间		7 2 0 8 3 0 2
	制造费用	三车间		5 5 9 7 1 8 8
		合计	￥1 5 3 3 3 7 4 2	￥1 5 3 3 3 7 4 2

附单据壹张

财务主管：李华　　　　记账：孙丽　　　　审核：李丽　　　　制单：袁晓娟

4. 根据审核无误的分配制造费用的记账凭证，登记制造费用明细账（见表 5-84～表 5-86）。

表 5-84　　　　　　　　　　　　　　制造费用明细账

车间：一车间　　　　　　　　　　　　　　　　　　　　　　　　　　　　　　　　单位：元

2024年		摘要	职工薪酬	水电费	物料消耗	折旧费	保险费	劳动保护费	办公费	其他	合计
月	日										
3	31	分配材料费			1 770						1 770
		分配工资薪酬	2 669.81								2 669.81
		计提折旧费				1 200					1 200
		发生的其他费用		363			2 934	4 990	995	1 693	10 975
		分配运输费								8 667.72	8 667.72
		合计	2 669.81	363	1 770	1 200	2 934	4 990	995	10 360.72	25 282.52
		期末转出	-2 669.81	-363	-1 770	-1 200	-2 934	-4 990	-995	-10 360.72	-25 282.52

表 5-85　　　　　　　　　　　　　　制造费用明细账

车间：二车间　　　　　　　　　　　　　　　　　　　　　　　　　　　　　　　　单位：元

2024年		摘要	职工薪酬	水电费	物料消耗	折旧费	保险费	劳动保护费	办公费	其他	合计
月	日										
3	31	分配材料费			8 000						8 000
		分配工资薪酬	2 770.55								2 770.55
		计提折旧费				3 000					3 000
		发生的其他费用		1 084			9 675	16 950	980	2 272	30 961
		分配运输费								27 351.47	27 351.47
		合计	2 770.55	1 084	8 000	3 000	9 675	16 950	980	29 623.47	72 083.02
		期末转出	-2 770.55	-1 084	-8 000	-3 000	-9 675	-16 950	-980	-29 623.47	-72 083.02

表 5-86　　　　　　　　　　　　　　制造费用明细账

车间：三车间　　　　　　　　　　　　　　　　　　　　　　　　　　　　　　　　单位：元

2024年		摘要	职工薪酬	水电费	物料消耗	折旧费	保险费	劳动保护费	办公费	其他	合计
月	日										
3	31	分配材料费			6 110						6 110
		分配工资薪酬	2 855.79								2 855.79
		计提折旧费				2 200					2 200
		发生的其他费用		1 250			7 281	17 910	985	2 279	29 705
		分配运输费								15 101.09	15 101.09
		合计	2 855.79	1 250	6 110	2 200	7 281	17 910	985	17 380.09	55 971.88
		期末转出	-2 855.79	-1 250	-6 110	-2 200	-7 281	-17 910	-985	-17 380.09	-55 971.88

九、完工产品成本的核算

1. 依据审核无误的记账凭证登记生产成本明细账,归集生产费用(见表 5 – 87 ~ 表 5 – 92)。

表 5 – 87　　　　　　　　　基本生产成本明细账

车间:一车间　　　　　　　　　　　　　　　　　　　　　　　　产品名称:折叠椅
单位:元　　　　　　　　　　　　　　　　　　　　　　　　　　完工产品:5 000 把

2024 年		摘要	成本项目				
月	日		直接材料	燃料及动力	直接人工	制造费用	合计
3	1	期初余额	85 400	1 400	1 800	1 600	90 200
	31	分配主要材料费用	74 015.40				74 015.40
		分配辅助材料费用	4 000				4 000
		分配动力费用		20 000.15			20 000.15
		分配工资薪酬			5 169.23		5 169.23
		分配制造费用				8 793.77	8 793.77
		合计	163 415.40	21 400.15	6 969.23	10 393.77	202 178.55

表 5 – 88　　　　　　　　　基本生产成本明细账

车间:一车间　　　　　　　　　　　　　　　　　　　　　　　　产品名称:圆凳
单位:元　　　　　　　　　　　　　　　　　　　　　　　　　　完工产品:10 000 把

2024 年		摘要	成本项目				
月	日		直接材料	燃料及动力	直接人工	制造费用	合计
3	31	分配主要材料费用	290 890.10				290 890.10
		分配辅助材料费用	9 000				9 000
		分配动力费用		37 496.25			37 496.25
		分配工资薪酬			9 697.5		9 697.5
		分配制造费用				16 488.75	16 488.75
		合计	299 890.10	37 496.25	9 697.5	16 488.75	363 572.60

表 5-89　　　　　　　　　　　　　　**基本生产成本明细账**

车间：二车间　　　　　　　　　　　　　　　　　　　　　　　　　产品名称：折叠椅
单位：元　　　　　　　　　　　　　　　　　　　　　　　　　　　完工产品：5 000 把

2024 年		摘要	成本项目				
月	日		直接材料	燃料及动力	直接人工	制造费用	合计
3	1	期初余额	51 400	3 700	8 600	6 900	70 600
	31	分配主要材料费用	51 148.59				51 148.59
		分配辅助材料费用	26 000				26 000
		分配动力费用		50 000			50 000
		分配工资薪酬			12 926.45		12 926.45
		分配制造费用				25 742.02	25 742.02
		合计	128 548.59	53 700	21 526.45	32 642.02	236 417.06

表 5-90　　　　　　　　　　　　　　**基本生产成本明细账**

车间：二车间　　　　　　　　　　　　　　　　　　　　　　　　　产品名称：圆凳
单位：元　　　　　　　　　　　　　　　　　　　　　　　　　　　完工产品：10 000 把

2024 年		摘要	成本项目				
月	日		直接材料	燃料及动力	直接人工	制造费用	合计
3	31	分配主要材料费用	114 361.41				114 361.41
		分配辅助材料费用	112 500				112 500
		分配动力费用		90 000			90 000
		分配工资薪酬			23 265		23 265
		分配制造费用				46 341	46 341
		合计	226 861.41	90 000	23 265	46 341	386 467.41

表 5-91　　　　　　　　　　　　　　**基本生产成本明细账**

车间：三车间　　　　　　　　　　　　　　　　　　　　　　　　产品名称：折叠椅
单位：元　　　　　　　　　　　　　　　　　　　　　　　　　　完工产品：5 000 把

2024 年		摘要	成本项目				
月	日		直接材料	燃料及动力	直接人工	制造费用	合计
3	1	期初余额	20 000	2 000	3 500	3 300	28 800
	31	分配辅助材料费用	20 400				20 400
		分配动力费用		43 996.4			43 996.4
		分配工资薪酬			11 372.9		11 372.9
		分配制造费用				26 339.38	26 339.38
		合计	40 400	45 996.40	14 872.90	29 639.38	130 908.68

表 5-92　　　　　　　　　　　　　　**基本生产成本明细账**

车间：三车间　　　　　　　　　　　　　　　　　　　　　　　　产品名称：圆凳
单位：元　　　　　　　　　　　　　　　　　　　　　　　　　　完工产品：10 000 把

2024 年		摘要	成本项目				
月	日		直接材料	燃料及动力	直接人工	制造费用	合计
3	31	分配辅助材料费用	78 000				78 000
		分配动力费用		49 500			49 500
		分配工资薪酬			12 793.5		127 935
		分配制造费用				29 632.5	296 325
		合计	78 000	49 500	12 793.5	29 632.5	169 926

2. 计算完工产品成本（见表 5-93）。

表 5-93　　　　　　　　　　产成品成本计算表

2024 年 3 月 31 日　　　　　　　　　　　　　　　　　　　单位：元

生产单号	产量（把）		直接材料	燃料及动力	直接人工	制造费用	合计
1001 圆凳	10 000	一车间计入产品成本的份额	199 926.73	24 997.5	6 465	10 992.5	242 381.73
		二车间计入产品成本的份额	151 240.94	60 000	15 510	30 894	257 644.94
		三车间计入产品成本的份额	52 000	33 000	8 529	19 755	113 284
		合计	403 167.67	117 997.50	30 504	61 641.50	613 310.67
		产品单位成本	40.3168	11.7998	3.0504	6.1642	61.3311
1002 折叠椅	5 000	一车间计入产品成本的份额	163 415.40	21 400.15	6 969.23	10 393.78	202 178.55
		二车间计入产品成本的份额	128 548.59	53 700	21 526.45	32 642.02	236 417.06
		三车间计入产品成本的份额	40 400	45 996.4	14 872.9	29 639.38	130 908.68
		合计	332 363.99	121 096.55	43 368.58	72 675.18	569 504.29
		产品单位成本	66.4728	24.2193	8.6737	14.5350	113.9009

【表中主要数据计算说明】

折叠椅月末没有在产品，因此将每个车间完工产品成本直接汇总即为完工产品的成本；圆凳在每个车间应计入产品成本的份额是将每个成本项目金额在完工产品和月末在产品数量之间进行分配，无须考虑约当产量。

3. 根据审核无误的产品成本汇总表编制记账凭证（见表 5-94-1 和表 5-94-2）。

表 5-94-1　　　　　　　　　　　记账凭证

2024 年 3 月 31 日　　　　　　　　　　　　　　　　　　　　第 9 $\frac{1}{2}$ 号

摘要	总账科目	明细科目	借方金额 百十万千百十元角分	贷方金额 百十万千百十元角分
完工产品入库	库存商品	圆凳	6 1 3 3 1 0 6 7	
	库存商品	折叠椅	5 6 9 5 0 4 2 9	
	基本生产成本	一车间（圆凳）		2 4 2 3 8 1 7 3
	基本生产成本	二车间（圆凳）		2 5 7 6 4 4 9 4
	基本生产成本	三车间（圆凳）		1 1 3 2 8 4 0 0
	基本生产成本	一车间（折叠椅）		2 0 2 1 7 8 5 5
	合计			

附单据玖张

财务主管：李华　　　记账：孙丽　　　审核：李丽　　　制单：袁晓娟

表 5-94-2　　　　　　　　　　　记账凭证

2024 年 3 月 31 日　　　　　　　　　　　　　　　　　　　　第 9 $\frac{2}{2}$ 号

摘要	总账科目	明细科目	借方金额 百十万千百十元角分	贷方金额 百十万千百十元角分
完工产品入库	基本生产成本	二车间（折叠椅）		2 3 6 4 1 7 0 6
	基本生产成本	三车间（折叠椅）		1 3 0 9 0 8 6 8
	合计		¥1 1 8 2 8 1 4 9 6	¥1 1 8 2 8 1 4 9 6

附单据玖张

财务主管：李华　　　记账：孙丽　　　审核：李丽　　　制单：袁晓娟

4. 根据审核无误的记账凭证登记生产成本明细账（见表 5-95～表 5-100）。

表 5-95 基本生产成本明细账

车间：一车间　　　　　　　　　　　　　　　　　　　　　　　　　　产品名称：折叠椅
单位：元　　　　　　　　　　　　　　　　　　　　　　　　　　　　完工产品：5 000 把

2024 年		摘要	成本项目				
月	日		直接材料	燃料及动力	直接人工	制造费用	合计
3	1	期初余额	85 400	1 400	1 800	1 600	90 200
	31	分配主要材料费用	74 015.40				74 015.40
		分配辅助材料费用	4 000				4 000
		分配动力费用		20 000.15			20 000.15
		分配工资薪酬			5 169.23		5 169.23
		分配制造费用				8 793.78	8 793.78
		合计	163 415.40	21 400.15	6 969.23	10 393.78	202 178.55
		计入产品成本的份额	-163 415.40	-21 400.15	-6 969.23	-10 393.78	-202 178.55

表 5-96 基本生产成本明细账

车间：一车间　　　　　　　　　　　　　　　　　　　　　　　　　　产品名称：圆凳
单位：元　　　　　　　　　　　　　　　　　　　　　　　　　　　　完工产品：10 000 把

2024 年		摘要	成本项目				
月	日		直接材料	燃料及动力	直接人工	制造费用	合计
3	31	分配主要材料费用	290 890.10				290 890.10
		分配辅助材料费用	9 000				9 000
		分配动力费用		37 496.25			37 496.25
		分配工资薪酬			9 697.5		9 697.5
		分配制造费用				16 488.75	16 488.75
		合计	299 890.10	37 496.25	9 697.5	16 488.75	363 572.60
		计入产品成本的份额	-199 926.73	-24 997.50	-6 465	-10 992.50	-242 381.73
		月末在产品成本	99 963.37	12 498.75	3 232.5	5 496.25	121 190.87

表 5-97 基本生产成本明细账

车间：二车间　　　　　　　　　　　　　　　　　　　　产品名称：折叠椅
单位：元　　　　　　　　　　　　　　　　　　　　　　完工产品：5 000 把

2024 年		摘要	成本项目				
月	日		直接材料	燃料及动力	直接人工	制造费用	合计
3	1	期初余额	51 400	3 700	8 600	6 900	70 600
	31	分配主要材料费用	51 148.59				51 148.59
		分配辅助材料费用	26 000				26 000
		分配动力费用		50 000			50 000
		分配工资薪酬			12 926.45		12 926.45
		分配制造费用				25 742.02	25 742.02
		合计	128 548.59	53 700	21 526.45	32 642.02	236 417.06
		计入产品成本的份额	-128 548.59	-53 700	-21 526.45	-32 642.02	-236 417.06

表 5-98 基本生产成本明细账

车间：二车间　　　　　　　　　　　　　　　　　　　　产品名称：圆凳
单位：元　　　　　　　　　　　　　　　　　　　　　　完工产品：10 000 把

2024 年		摘要	成本项目				
月	日		直接材料	燃料及动力	直接人工	制造费用	合计
3	31	分配主要材料费用	114 361.41				114 361.41
		分配辅助材料费用	112 500				112 500
		分配动力费用		90 000			90 000
		分配工资薪酬			23 265		23 265
		分配制造费用				46 341	46 341
		合计	226 861.41	90 000	23 265	46 341	386 467.41
		计入产品成本的份额	-151 240.94	-60 000	-15 510	-30 894	-257 644.94
		月末在产品成本	75 620.47	30 000	7 755	15 447	128 822.47

表 5-99　　　　　　　　　　　　　基本生产成本明细账

车间：三车间　　　　　　　　　　　　　　　　　　　　　　　　　产品名称：折叠椅
单位：元　　　　　　　　　　　　　　　　　　　　　　　　　　　　完工产品：5 000 把

2024 年		摘要	成本项目				
月	日		直接材料	燃料及动力	直接人工	制造费用	合计
3	1	期初余额	20 000	2 000	3 500	3 300	28 800
	31	分配辅助材料费用	20 400				20 400
		分配动力费用		43 996.4			43 996.4
		分配工资薪酬			11 372.9		11 372.9
		分配制造费用				26 339.38	26 339.38
		合计	40 400	45 996.40	14 872.90	29 639.38	130 908.68
		计入产品成本的份额	-40 400	-45 996.40	-14 872.90	-29 639.38	-130 908.68

表 5-100　　　　　　　　　　　　　基本生产成本明细账

车间：三车间　　　　　　　　　　　　　　　　　　　　　　　　　产品名称：圆凳
单位：元　　　　　　　　　　　　　　　　　　　　　　　　　　　　完工产品：10 000 把

2024 年		摘要	成本项目				
月	日		直接材料	燃料及动力	直接人工	制造费用	合计
3	31	分配辅助材料费用	78 000				78 000
		分配动力费用		49 500			49 500
		分配工资薪酬			12 793.5		12 793.5
		分配制造费用				29 632.5	29 632.5
		合计	78 000	49 500	12 793.5	29 632.5	169 926
		计入完工产品成本的份额	-52 000	-33 000	-8 529	-19 755	-113 284
		月末在产品成本	26 000	16 500	4 264.5	9 877.5	56 642

【任务描述2】

绵阳华美公司是一个连续式机器制造企业，主要生产甲型产品。甲型产品须经过三个车间连续加工制成，一车间生产 A#半成品，直接转入二车间加工制成 B#半成品，B#半成品直接转入三车间加工成甲型产成品。其中，1 件甲型产品耗用 1 件 B#半成品，1 件 B#半成品耗用 1 件 A#半成品。原材料于生产开始时一次投入，各车间月末在产品完工率均为50%。各车间生产费用在完工产品和在产品之间的分配采用约当产量法。完工产品成本计算采用平行结转分步法。

2024 年 4 月公司成本核算相关资料如下：

1. 2024年4月各车间月初在产品成本资料（见表5-101）。

表5-101   **车间月初在产品成本表**   单位：元

摘要	直接材料	直接人工	制造费用	合计
一车间月初在产品成本	1 000	60	100	1 160
二车间月初在产品成本		200	120	320
三车间月初在产品成本		180	160	340

2. 2024年4月产量资料（见表5-102）。

表5-102   **各车间产量表**   单位：件

摘要	一车间	二车间	三车间
月初在产品数量	20	50	40
本月投产数量或上步转入	180	160	180
本月完工产品数量	160	180	200
月末在产品数量	40	30	20

3. 2024年4月发生的生产费用资料（见表5-103）。

表5-103   **各车间月初及本月生产费用表**   单位：元

摘要	直接材料	直接人工	制造费用	合计
一车间本月发生的生产费用	18 400	2 200	2 400	23 000
二车间本月发生的生产费用		3 200	4 800	8 000
三车间本月发生的生产费用		3 450	2 550	6 000

【任务演练2】

步骤一：按产品和加工步骤设置成本明细账（或产品成本计算单），归集本步骤发生的生产费用，计算各车间应计入产成品成本的份额。

1. 计算第一车间完工的A#半成品中应计入最终完工的产成品成本的份额。采用平行结转分步法计算产品成本，由于各步骤的半成品成本不随实物的转移而转移到下一步骤，所以，在计算各步骤应计入产成品成本的份额时，没有先后顺序。

第一车间完工的A#半成品中，应计入最终完工的产成品成本的份额如表5-104所示。

表 5-104　　　　　　　　　　　成本计算单

第一车间 A#半成品　　　　　　2024 年 4 月 30 日　　　　　　　　　　　　　单位：元

摘要	直接材料	直接人工	制造费用	合计
月初在产品成本	1 000	60	100	1 160
本月发生费用	18 400	2 200	2 400	23 000
合计	19 400	2 260	2 500	24 160
本步骤约当产量	290	270	270	
单位成本	66.9	8.37	9.26	84.53
应计入产成品成本的份额	13 380	1 674	1 852	16 906
月末在产品成本	6 020	586	648	7 254

【表中主要数据计算说明】

（1）"月初在产品成本"和"本月发生费用"行各栏直接根据表 5-101 和表 5-103 的资料对应填列（下同）。

（2）"本步骤约当产量"栏的约当产量，是产成品的数量加上本步骤的广义在产品的约当产量。其中：

产成品的数量就是第三车间完工产品的数量 200 件。

第一车间的广义在产品包括第一车间的在产品 40 件，还包括已经转入以后步骤但尚未最后完工的在产品，即第二车间的在产品 30 件和第三车间的在产品 20 件。因为本例中的生产是连续式加工生产，所以，转入到第二和第三车间仍在加工的产品，已经经过了第一车间的加工，对于第一车间而言，其完工程度是 100%。本例中，材料是生产开始时一次投入，材料的投料程度就是 100%。

分配直接材料的约当产量 = 200 + (40 × 100% + 30 + 20) = 290（件）

分配直接人工的约当产量 = 200 + (40 × 50% + 30 + 20) = 270（件）

分配制造费用的约当产量 = 200 + (40 × 50% + 30 + 20) = 270（件）

（3）单位成本，这里相当于分配率，是根据生产费用合计除以本步骤的约当产量计算得出的。其中：

单位产品直接材料成本 = 19 400 ÷ 290 = 66.90（元/件）

单位产品直接人工成本 = 2 260 ÷ 270 = 8.37（元/件）

单位产品制造费用成本 = 2 500 ÷ 270 = 9.26（元/件）

（4）应计入产成品成本份额，是根据最后一步骤完工的产成品数量乘以单位成本计算得到的。其中：

应计入产成品成本的直接材料成本 = 200 × 66.90 = 13 380（元）

应计入产成品成本的直接人工成本 = 200 × 8.37 = 1 674（元）

应计入产成品成本的制造费用成本 = 200 × 9.26 = 1 852（元）

(5) 月末在产品成本，是本步骤所有广义在产品的成本，它是根据生产费用合计减去应计入产成品成本份额计算得到的。其中：

月末在产品的直接材料成本 = 19 400 - 13 380 = 6 020（元）

月末在产品的直接人工成本 = 2 260 - 1 674 = 586（元）

月末在产品的制造费用成本 = 2 500 - 1 852 = 648（元）

2. 计算第二车间完工的 B#半成品中应计入最终完工的产成品成本的份额（见表 5 - 105）。

表 5 - 105　　　　　　　　　　　成本计算单

第二车间 B#半成品　　　　　　2024 年 4 月 30 日　　　　　　　　　　单位：元

摘要	直接材料	直接人工	制造费用	合计
月初在产品成本		200	120	320
本月发生费用		3 200	4 800	8 000
合计		3 400	4 920	8 320
本步骤约当产量		235	235	
单位成本		14.47	20.94	
应计入产成品成本份额		2 894	4 188	7 082
月末在产品成本		506	732	1 238

3. 计算第三车间产品成本中应计入最终完工的产成品成本的份额（见表 5 - 106）。

表 5 - 106　　　　　　　　　　　成本计算单

第三车间甲型产品　　　　　　　2024 年 4 月 30 日　　　　　　　　　　单位：元

摘要	直接材料	直接人工	制造费用	合计
月初在产品成本		180	160	340
本月发生费用		3 450	2 550	6 000
合计		3 630	2 710	6 340
本步骤约当产量		210	210	
单位成本		17.29	12.9	
应计入产成品成本份额		3 458	2 580	6 038
月末在产品成本		172	130	302

步骤二：将各步骤费用中应计入产成品成本的份额按成本项目平行结转，汇总计算产成品的总成本及单位成本（见表 5 - 107）。

表 5-107　产品成本汇总计算表

产品名称：甲型产品　　2024 年 4 月 30 日　　单位：元

项目	数量	直接材料	直接人工	制造费用
一车间计入产成品份额		13 380	1 674	1 852
二车间计入产成品份额			2 894	4 188
三车间计入产成品份额			3 458	2 580
合计	200	13 380	8 026	8 620
单位成本		66.9	40.13	43.1

【项目小结】

本项目的知识框架如图 5-6 所示。

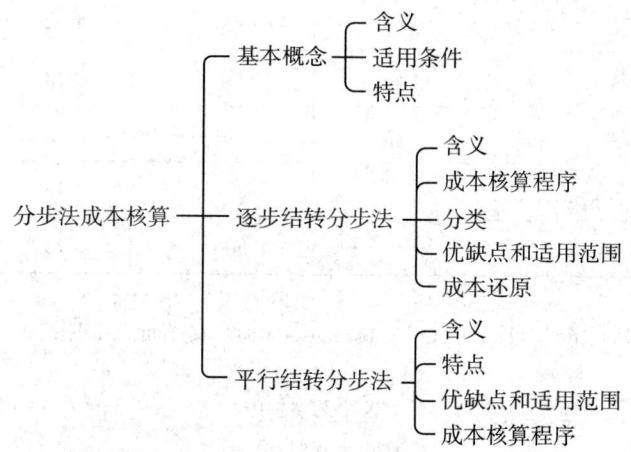

图 5-6　分步法成本核算的知识框架

习题与实训

任务 1　逐步结转分步法

一、单项选择题

1. 下列关于分步法的成本计算期，说法正确的是（　　）。
   A. 一定与生产周期一致　　　　　　B. 一定与生产周期不一致
   C. 一定与会计核算期一致　　　　　D. 一定与会计核算期不一致
2. 分步法的成本计算对象是（　　）。
   A. 产品品种　　　　　　　　　　　B. 产品批次

C. 各产品的生产步骤　　　　　　D. 各产品的生产批次

3. 如果完工半成品需要进入自制半成品仓库，则需要设置（　　）账户登记半成品的收发情况。

A. 原材料　　　　　　　　　　B. 周转材料
C. 自制半成品　　　　　　　　D. 库存商品

4. 成本还原是将（　　）耗用各步骤半成品的综合成本，逐步分解还原为原始成本项目的成本。

A. 广义在产品　　　　　　　　B. 自制半成品
C. 狭义在产品　　　　　　　　D. 产成品

5. 成本还原是指从（　　）一个生产步骤开始，将其耗用的上一步骤自制半成品的综合成本，按照上一步骤完工半成品的成本构成，还原为原来成本项目的成本。

A. 最后　　　B. 最前　　　C. 中间　　　D. 任意

6. 逐步结转分步法中在产品的含义是指（　　）。

A. 自制半成品　　　　　　　　B. 广义在产品
C. 狭义在产品　　　　　　　　D. 半成品和产成品

7. 将上一步骤转入的半成品成本全部计入下一步骤成本计算单中的"自制半成品"成本项目，这种成本结转方式称为（　　）。

A. 成本还原　　B. 综合结转　　C. 分项结转　　D. 平行结转

8. 采用逐步综合结转方式，当上一步骤完工的半成品全部转入下一步骤继续加工时，上一步骤成本计算单中的完工产品成本，与下一步骤成本计算单中自制半成品项目的本月发生额的关系是（　　）。

A. 没有必然的联系　　　　　　B. 前者大于后者
C. 两者必然相等　　　　　　　D. 后者大于前者

9. 在采用综合逐步结转分步法的情况下，下步骤耗用的上步骤半成品的成本应转入下步骤产品成本明细账中的（　　）。

A. 直接材料项目　　　　　　　B. 直接人工项目
C. 制造费用项目　　　　　　　D. 直接材料或自制半成品项目

10. 采用（　　）分步法，为反映原始成本项目，必须进行成本还原。

A. 逐步综合结转　　　　　　　B. 逐步分项结转
C. 逐步结转　　　　　　　　　D. 平行结转

二、多项选择题

1. 按照是否计算半成品成本，可以将分步法分为（　　）。

A. 逐步结转　　B. 平行结转　　C. 分项结转　　D. 综合结转

2. 采用逐步结转分步法，按半成品在下一步骤成本计算单中反映的方法的不同，可以分为（　　）。

A. 平行结转　　B. 综合结转　　C. 分项结转　　D. 汇总结转

3. 逐步结转分步法的特点有（　　）。
   A. 计算各步骤半成品成本　　　　B. 半成品成本随实物的转移而转移
   C. 在产品是指狭义的在产品　　　　D. 需要进行成本还原

4. 在一般情况下，下列企业中需要采用逐步结转分步法的有（　　）。
   A. 有半成品对外销售的企业　　　　B. 需要考核半成品成本的企业
   C. 大量大批连续式多步骤生产企业　　D. 大量大批装配式多步骤生产企业

5. 在一般情况下，采用逐步结转分步法计算产品成本的企业有（　　）。
   A. 纺织厂　　　　B. 造纸厂　　　　C. 发电厂　　　　D. 钢厂

三、判断题

1. 分步法的显著特征是计算半成品成本。（　　）
2. 根据成本管理要求的不同，分步法分为逐步结转分步法和平行结转分步法两种。（　　）
3. 逐步结转分步法也称作不计算半成品的分步法。（　　）
4. 半成品成本综合结转和分项结转两种方法在成本计算程序上是一致的。（　　）
5. 成本还原是按照反工艺顺序进行的。（　　）
6. 成本还原改变了产成品成本的构成，但不会改变产成品的成本总额。（　　）

四、业务题

（一）练习逐步结转分步法

1. 资料：宏达公司 2024 年 6 月生产 HYY，该产品顺序经过第一、第二、第三加工步骤，第一步骤投入原材料后生产半成品 HYY1，交第二步骤生产半成品 HYY2，再交第三步骤加工成产成品 HYY，原材料在第一步骤开始生产时一次投入，各步骤的加工程度逐步发生，各步骤月末在产品的完工程度均为 50%，该企业采用综合逐步结转分步法计算产品成本，自制半成品通过半成品库收发，发出自制半成品的计价采用月末一次加权平均法。

（1）产量资料表见表 5-108。

表 5-108　　　　　　　　　　**产量资料表**　　　　　　　　　　单位：件

项目	第一步骤	第二步骤	第三步骤
月初在产品	50	30	80
本月投入	300	250	190
本月完工	240	200	250
月末在产品	110	80	20

（2）期初在产品成本表见表 5-109。

表 5-109　　　　　　　　　　　　**期初在产品成本表**　　　　　　　　　　　　单位：元

项目	直接材料	自制半成品	直接人工	制造费用	合计
第一步骤	3 500		690	1 400	5 590
第二步骤		4 190	430	1 380	6 000
第三步骤		18 250	7 100	3 950	29 300
合计	3 500	22 440	8 220	6 730	40 890

（3）自制半成品库期初库存：HYY1月初库存60件，实际成本8700元，HYY2月初无库存。

（4）本月生产费用见表5-110。

表 5-110　　　　　　　　　　　　**生产费用表**　　　　　　　　　　　　单位：元

项目	直接材料	直接人工	制造费用	合计
第一步骤	28 000	5 800	9 810	43 610
第二步骤		10 850	10 620	21 470
第三步骤		21 500	19 450	40 950
合计	28 000	38 150	39 880	106 030

2. 要求：根据资料采用逐步结转分步法（按实际成本综合结转方式）计算HYY产品及其HYY1半成品和HYY2半成品成本，登记有关产品生产成本明细账（见表5-111~表5-115），并编制会计分录。

表 5-111　　　　　　　　　　　　**第一步骤基本生产成本明细账**

车间名称：第一步骤　　　　　　　　　　　　　　　　　　　　　　完工产量：240件

产品名称：HYY1　　　　　　　　2024年6月　　　　　　　　　　　　单位：元

项目	直接材料	直接人工	制造费用	合计
月初在产品成本				
本月生产费用				
合计				
单位产品成本				
完工半成品成本				
月末在产品成本				

会计分录：

表 5-112　　　　　　　　　　　　半成品明细分类账

名称：HYY1

摘要	收入			发出			结存		
	数量（件）	单价（元）	金额（元）	数量（件）	单价（元）	金额（元）	数量（件）	单价（元）	金额（元）
期初余额							60	145	8 700
一车间交库	240								
二车间领用				250			50		

会计分录：

表 5-113　　　　　　　　　　第二步骤基本生产成本明细账

车间名称：第二步骤　　　　　　　　　　　　　　　　　　　　　　完工产量：200 件

产品名称：HYY2　　　　　　　　　　2024 年 6 月　　　　　　　　　　单位：元

项目	自制半成品	直接人工	制造费用	合计
月初在产品成本				
本月生产费用				
合计				
单位产品成本				
完工半成品成本				
月末在产品成本				

会计分录：

表 5-114　　　　　　　　　　　　半成品明细分类账

名称：HYY2

摘要	收入			发出			结存		
	数量（件）	单价（元）	金额（元）	数量（件）	单价（元）	金额（元）	数量（件）	单价（元）	金额（元）
期初余额									
二车间交库	200								
三车间领用				190			10		

会计分录：

表 5-115　　　　　　　　　**第三步骤基本生产成本明细账**

产品名称：HYY　　　　　　　　2024 年 6 月　　　　　　　　单位：元

项目	自制半成品	直接人工	制造费用	合计
月初在产品成本				
本月生产费用				
合计				
单位产品成本				
完工产成品成本				
月末在产品成本				

会计分录：

（二）练习成本还原

1. 资料：沿用上例宏达公司的三个步骤的相关资料。

2. 要求：根据资料，分别利用还原分配率法、项目比重还原法将产成品 HYY 成本中的自制半成品成本进行还原，并填入表 5-116 和表 5-117 中。

（1）还原分配率法。

表 5-116　　　　　　　　　**宏达公司 HYY 产品成本还原计算表**

产品：HYY 产品　　　　　　　　2024 年 6 月　　　　　　　　单位：元

摘要	成本还原分配率	成本项目					
		HYY2半成品	HYY1半成品	直接材料	直接人工	制造费用	合计
①还原前产品总成本							
②本月所产 HYY2 半成品成本							
③HYY2 半成品成本还原							
④本月所产 HYY1 半成品成本							
⑤HYY1 半成品成本还原							
⑥还原后产品总成本							

（2）项目比重还原法。

表 5-117　　宏达公司 HYY 产品成本还原计算表

产品：HYY 产品　　　　　　　　　　2024 年 6 月　　　　　　　　　　单位：元

序号	项目	HYY2 半成品	HYY1 半成品	直接材料	直接人工	制造费用	合计
1	还原前产成品成本						
2	本期完工 HYY2 半成品						
3	HYY2 半成品成本构成						
4	第一次成本还原						
5	本期完工 HYY1 半成品						
6	HYY1 半成品成本构成						
7	第二次成本还原						
8	还原后产成品总成本						

任务 2　平行结转分步法

一、单项选择题

1. 分步法中，半成品实物已经转移，但成本不结转的成本结转方式是（　　）。
   A. 逐步结转　　　B. 平行结转　　　C. 综合结转　　　D. 分项结转

2. 平行结转分步法中在产品的含义是指（　　）。
   A. 本步骤在制品　　　　　　　　B. 最终产成品
   C. 狭义在产品　　　　　　　　　D. 广义在产品

3. 在一般情况下，下列企业中适合选择平行结转分步法的是（　　）。
   A. 纺织　　　B. 采掘　　　C. 冶金　　　D. 重型机械制造

4. 分步法中，必须进行成本还原的成本结转方式是（　　）。
   A. 逐步结转　　　B. 平行结转　　　C. 综合结转　　　D. 分项结转

5. 以下企业中，不适用分步法的是（　　）。
   A. 冶金　　　B. 纺织　　　C. 机械制造　　　D. 发电

6. 平行结转分步法的缺点是（　　）。
   A. 不能提供各生产步骤的半成品成本资料
   B. 不必进行成本还原
   C. 简化和加速成本计算工作
   D. 能够直接提供按原始成本项目反映的产成品成本资料

7. 平行结转分步法下，下列表述正确的是（　　）。
   A. 成本核算对象是各生产步骤
   B. 计算各步骤所耗上一步骤的半成品成本
   C. 计算各步骤所产半成品成本
   D. 计算出各步骤中应计入产成品成本的份额
8. 在下列方法中，属于不计算半成品成本的分步法是（　　）。
   A. 平行结转法　　　　　　　　　B. 综合结转法
   C. 分项结转法　　　　　　　　　D. 逐步结转法
9. 采用平行结转分步法时，完工产品与在产品之间的费用分配是（　　）。
   A. 各生产步骤完工半成品与月末加工中在产品之间费用的分配
   B. 各步骤产成品与各步骤在产品之间的费用分配
   C. 产成品与月末各步骤尚未加工完成的在产品和各步骤已完工但尚未最终完成的产品
   D. 产成品与月末加工中在产品之间的费用分配
10. 应计入产品成本而不能分清应由哪种产品负担的材料、人工等费用，应（　　）。
    A. 不计入产品成本　　　　　　　B. 按一定的标准分配计入产品成本
    C. 直接计入产品成本　　　　　　D. 直接冲减本期损益

二、多项选择题

1. 下列成本核算方法中，成本计算期与会计报告期一致的有（　　）。
   A. 品种法　　　　　　　　　　　B. 逐步结转分步法
   C. 分批法　　　　　　　　　　　D. 平行结转分步法
2. 在一般情况下，下列企业中可以采用平行结转分步法的有（　　）。
   A. 有半成品对外销售的企业　　　B. 不需要考核半成品成本的企业
   C. 大量大批连续式多步骤生产企业　D. 装配式生产企业
3. 采用平行结转分步法计算产品成本，各生产步骤的月末在产品成本包括（　　）。
   A. 本步骤月末在产品的成本　　　B. 已转入以后步骤尚未完工的半成品成本
   C. 最终产成品成本　　　　　　　D. 上一步骤月末在产品成本
4. 平行结转分步法的特征有（　　）。
   A. 成本核算对象是产成品及其所经生产步骤的半成品
   B. 管理上要求分步骤归集费用但不要求计算半成品成本
   C. 将各步骤应计入相同产成品成本的份额平行汇总求得产成品成本
   D. 期末在产品是指广义在产品
5. 分步法的特点包括（　　）。
   A. 成本核算对象是产品品种
   B. 一般定期计算产品成本
   C. 如果月末有在产品，要将生产成本在完工产品和在产品之间进行分配

D. 成本计算期与产品的生产周期基本一致

三、判断题

1. 平行结转分步法不计算各生产步骤半成品成本,只计算完工产品成本在各生产步骤的份额。（ ）
2. 分步法中作为成本核算对象的生产步骤,应当与产品的加工步骤一致。（ ）
3. 分步法主要适用于大量大批多步骤生产。（ ）
4. 逐步结转分步法和平行结转分步法在完工产品成本的计算程序上是一致的。（ ）
5. 分批法主要适用于单件小批生产。（ ）

四、业务题

新欣工厂生产的 FI-3301 产品顺序经过第一、第二、第三这三个基本生产车间加工,原材料在第一车间生产开始时一次投入,各车间直接人工和制造费用发生比较均衡。2024 年 3 月有关成本计算资料如下:

1. 该厂本月生产数量资料如表 5-118 所示,生产费用资料如表 5-119 所示。
2. 该厂在产品成本按约当产量法计算。本月第一、第二两个车间月末狭义在产品完工程度均为 50%;第三车间月末在产品中,有 20 件尚未开始加工,有 10 件完工程度为 50%。

要求:

（1）根据资料采用平行结转分步法计算 FI-3301 产品成本,编制完工产品成本汇总计算表（见表 5-123）;登记有关产品生产成本计算单（见表 5-120~表 5-122）。

（2）编制有关结转完工产品的会计分录。

表 5-118　　　　　　　　**新欣工厂生产数量表**

产品:FI-3301　　　　　　　　2024 年 3 月　　　　　　　　单位:件

项目	第一车间	第二车间	第三车间
月初在产品	10	20	40
本月投入或上步转入	110	100	100
本月完工转入下步或交库	100	100	110
月末在产品	20	20	30

表 5-119　　　　　　　　**新欣工厂生产费用表**

产品:FI-3301　　　　　　　　2024 年 3 月　　　　　　　　单位:元

项目	直接材料	直接人工	制造费用	合计
第一车间				
月初在产品成本	140 000	65 000	52 000	257 000

续表

项目	直接材料	直接人工	制造费用	合计
本月本步发生费用	220 000	105 000	84 000	409 000
第二车间				
月初在产品成本		80 000	60 000	140 000
本月本步发生费用		160 000	120 000	280 000
第三车间				
月初在产品成本		16 000	12 000	28 000
本月本步发生费用		168 000	126 000	294 000

表5-120　　　　　**新欣工厂第一车间产品生产成本计算单**

产品：FI-3301　　　　　　　　　　2024年3月　　　　　　　　　　单位：元

摘要		直接材料	直接人工	制造费用	合计
月初在产品成本					
本月发生生产费用					
生产费用合计					
本月最终产成品数量					
在产品约当量	本步在产品约当量				
	已交下步未完工半成品				
	在产品约当量小计				
生产总量（分配标准）					
单位产成品成本份额					
本月所产最终完工产成品成本份额					
月末在产品成本					

表5-121　　　　　**新欣工厂第二车间产品生产成本计算单**

产品：FI-3301　　　　　　　　　　2024年3月　　　　　　　　　　单位：元

摘要	直接材料	直接人工	制造费用	合计
月初在产品成本				
本月发生生产费用				
生产费用合计				
本月最终产成品数量				

续表

摘要		直接材料	直接人工	制造费用	合计
在产品约当量	本步在产品约当量				
	已交下步未完工半成品				
	在产品约当量小计				
生产总量（分配标准）					
单位产成品成本份额					
本月所产最终完工产成品成本份额					
月末在产品成本					

表 5-122　**新欣工厂第三车间产品生产成本计算单**

产品：FI-3301　　　　　　　　　　2024 年 3 月　　　　　　　　　　　单位：元

摘要		直接材料	直接人工	制造费用	合计
月初在产品成本					
本月发生生产费用					
生产费用合计					
本月最终产成品数量					
在产品约当量	本步在产品约当量				
	已交下步未完工半成品				
	在产品约当量小计				
生产总量（分配标准）					
单位产成品成本份额					
本月所产最终完工产成品成本份额					
月末在产品成本					

表 5-123　**新欣工厂产品成本计算汇总表**

产品：FI-3301　　产量：　　件　　2024 年 3 月　　　　　　　　　单位：元

车间	直接材料	直接人工	制造费用	合计
第一车间本月最终完工产成品成本份额				
第二车间本月最终完工产成品成本份额				
第三车间本月最终完工产成品成本份额				
本月完工 CX-0001 产品总成本				
本月完工 CX-0001 产品单位成本				

会计分录：

项目六　成本报表编制与分析

【学习目标】

知识目标：了解成本报表的含义、作用与种类，了解成本分析的含义、作用与内容，理解编制成本报表的意义，熟悉成本报表编制的基本要求，掌握主要成本报表的编制，掌握成本分析的方法。

能力目标：知晓正确编制成本报表的重要意义，会正确收集成本信息，能根据资料准确编制成本报表，能根据成本报表所提供的资料选择不同的成本计算方法进行指标分析，能根据分析过程寻求降低成本的途径。

任务1　成本报表编制

【课程思政专栏】

数据驱动时代制造业成本分析的革新与启示

【课程思政关键词】 智能制造　数据驱动　成本分析

【案例】 党的二十大报告明确指出：坚持把发展经济的着力点放在实体经济上，推进新型工业化，加快建设制造强国、质量强国、航天强国、交通强国、网络强国、数字中国。实施产业基础再造工程和重大技术装备攻关工程，支持专精特新企业发展，推动制造业高端化、智能化、绿色化发展。此后，各级政府出台专项政策引导转型，一场制造业智能化革命正在推进。

在工业4.0与生成式AI技术推动下，全球智能制造进入变革加速期。近年来，我国深入实施智能制造工程，智能制造已取得显著成效，重点工业企业关键工序数控化率及智能示范工厂数量居全球前列，石化、钢铁等行业已培育出一批制造能力与智能化水平国际领先的企业。中国正凭借政策、市场与技术优势，成为全球智能制造升级的核心引擎。

在此背景下，制造业企业的成本核算与分析也面临着巨大的变革，智能化技术将重构传统成本分析范式，数据会驱动更加精细化的成本管控。主要变革点在以下两个方面：

第一，成本分析理念从"结果核算"到"过程透视"的变革。具体体现为传统成本分析以部门或产品线为颗粒度，而智能化转型要求将成本拆解至"工序—设备—物料"级。例如，通过工业物联网实时采集设备能耗、物料消耗、工时数据，构建动态成本模型，实现单台机床或单条产线的分钟级成本核算。此外，传统成本分析模型往往会忽略停机、能耗波动、供应链中断等隐性成本，而智能化转型后可以融合设备传感器、环境监测、供应链日志等多源数据，量化停机损失、碳排放成本，使得隐性成本显性化。

第二，技术的发展不断驱动成本分析方法创新。数字孪生可以构建"虚拟工厂"模拟生产参数，如材料配比、温度设定，从而预判成本偏差；AI决策系统可替代人工进行成本优化决策；云化ERP业财一体可以实现订单级成本穿透，订单进入系统即自动归集生产费用，实时计算单品毛利，替代传统月末手工核算。

综上所述，在制造强国战略与工业智能化浪潮的双重驱动下，成本分析正经历从静态核算向动态决策、从经验依赖向数据驱动的深刻变革。未来，随着数据要素成为制造业核心生产资料，原子级成本管控能力将成为企业降本增效的引擎，是支撑"高端化、智能化、绿色化"转型，实现中国式现代化产业体系的微观实践。

资料来源：肖维荣．面向中国制造2025的制造业智能化转型［M］．北京：机械工业出版社，2017．

【启示】通过案例学习，让学生深入理解国家政策对制造业发展的战略指导，认识到制造业智能化转型浪潮正深刻重构成本分析的逻辑与方法。这场变革要求财经人才突破传统核算思维，掌握数据驾驭能力、技术工具应用能力以及隐性成本洞察能力。这既是挑战更是机遇，希望学生以"工匠精神"深耕技术应用，成为支撑中国式现代化产业体系的复合型财经人才！

【知识准备】

一、成本报表的含义与特征

企业计算产品成本，除了作为再生产的补偿标准外，更重要的是希望通过成本指标的分析，为企业加强管理、控制成本提供依据。在管理比较规范和完善的企业中，往往就需要编制用于成本分析的报表。

企业的全部会计报表按服务对象可以划分为两类：一类是向外报送的会计报表，也就是按照《企业会计准则》的要求编制出来的报表；一类是满足企业内部管理需要的报表，比如成本报表。成本报表是企业根据日常成本费用核算资料及其他有关资料编制的，用以反映企业一定时期内各项生产耗费、产品成本水平、产品成本构成及升降变动情况，分析和考核企业成本计划执行情况及结果的书面报告文件。编制成本报表是成本会计的一项重要工作。

成本报表与向外报送的会计报表相比，有如下几个鲜明的特点：

1. 成本报表是为满足企业内部经营管理需要而编制的。在激烈的市场竞争条件下，企业的生产经营情况、产品成本及其构成情况等，是企业的商业秘密，不能让竞争对手知晓。因此反映成本信息的成本报表一般不对外报送和公开，只服务于内部的经营管理。

2. 不同企业的成本报表个性差异比较大。一个企业的成本信息总是与其特定的生产工艺、生产组织特点和成本管理要求密切相关，各个企业管理需要的成本信息侧重点也各有不同。因此成本报表的编制具有很大的灵活性和多样性，企业可以根据自己的需要确定成本报表的种类、格式、项目、内容。

3. 成本报表提供的成本信息具有综合性和全面性。成本指标是综合反映企业生产、技术、经营、管理水平的重要质量指标。企业产量多少、产品质量高低、物耗的节约或浪费、工人劳动生产率的高低、固定资产的利用程度及其管理工作的好坏，等等，都会或多或少、直接或间接地反映到成本指标上来。

二、编制成本报表的意义

1. 成本报表可以反映企业在一定时期成本费用水平及其构成情况。通过成本报表的信息披露，可以总结工作成绩，解释存在的问题，查明成本升降的原因，找出成本管理过程中的薄弱环节，为挖掘成本降低的潜力、改进成本管理提供重要的量化基础。

2. 成本报表是进行成本分析的基础资料。通过成本报表分析，可以揭示影响成本指标变动的因素，从各方面挖掘成本节约的潜力，提高企业经济效益，为成本预测、决策、计划及控制提供重要的参考依据。

3. 成本报表为成本计划的编制和制定产品价格提供依据。成本报表提供的成本信息不仅可以满足企业各部门生产经营需要，而且是企业进行利润预测、决策，编制成本计划，制定产品价格的重要依据。

三、成本报表的种类

成本报表主要用于企业管理，各种不同企业的管理要求和管理水平都不同，因此其种类没有统一的会计准则进行规范，企业可以灵活决定。对于制造业来说，所有的成本报表一般可以按以下标志分类：

（一）按反映的经济内容分类

成本报表按反映的经济内容，一般可分为反映企业费用水平及其构成情况的报表，反映产品成本水平、构成和成本计划完成情况的报表，反映生产经营情况和成本费用情况的专题报表等三类。

1. 反映企业费用水平及其构成情况的报表，主要包括制造费用明细表、管理费用明细表、销售费用明细表、财务费用明细表等。

2. 反映产品成本水平、构成和成本计划完成情况的报表，主要包括产品成本表、产品生产和销售成本表、主要产品单位成本表等。

3. 反映生产经营情况和成本费用情况的专题报表，由企业根据自身生产经营的特点和管理要求自行规定，主要有生产费用表、生产班组成本核算表、材料耗用表、材料价格差异表等。

（二）成本报表按编制的时间分类

成本报表按编制的时间可分为年报、季报、月报、旬报、周报和日报等。由于成本报表是为满足企业生产经营决策之用，因此多采用月报、旬报、周报、日报等形式。但上级部门统一规定报送的成本报表一般是按月或年编制的。

（三）按编制的单位分类

成本报表按编制的单位可分为生产班组成本报表、生产车间（分厂）成本报表、厂部

（公司）成本报表。它们分别反映不同空间范围下的生产成本和期间费用情况。

四、设计和编制成本报表的要求

成本报表必须可靠、及时、有效地反映成本信息，为企业经营管理服务。因此企业在设置和编制成本报表时，应符合以下原则和要求。

（一）成本报表指标要具有实用性

成本报表是为满足企业内部经营管理需要而编制的内部报表，因此成本报表的设置应符合企业生产经营的特点，满足企业成本管理的需要。成本指标应当简明、明晰、实用，不搞复杂的计算和没有实质性意义的数字罗列，要注重指标的经济内涵而不拘泥于形式。

（二）成本报表内容要具有针对性

企业内部对成本信息的需求是多方位的，企业既要有反映成本全貌的成本报表，也要有反映成本管理中某一专门问题，或针对企业某一具体业务特点而设计的成本报表，这样才能满足成本管理各个方面的专门需要，有针对性地采取措施，及时解决生产经营和管理中的问题。

（三）成本报表信息要符合以下质量特征

1. 真实性，即成本报表的指标数字必须真实可靠，能如实地集中反映企业实际发生的成本费用。

2. 重要性，即对于重要的项目（如重要的成本、费用项目），在成本报表中应单独列示，以显示其重要性；对于次要的项目，可以合并反映。

3. 正确性，即成本报表的指标数字要计算正确；各种成本报表之间、主表与附表之间、各项目之间，凡是有勾稽关系的数字，应相互一致；本期报表与上期报表之间有关的数字应相互衔接。

4. 完整性，即应编制的各种成本报表必须齐全；应填列的指标和文字说明必须全面；表内项目和表外补充资料不论根据账簿资料直接填列，还是分析计算填列，都应当准确无缺，不得随意取舍。

5. 及时性，即按规定日期报送成本报表，保证成本报表的及时性，以便各方面利用和分析成本报表，充分发挥成本报表的应有作用。

五、主要成本报表的编制

（一）商品产品成本报表的编制

1. 商品产品成本报表的含义和作用。商品产品成本表是反映企业一定时期全部商品产品总成本和单位成本状况的报表。通过该表可以了解全部商品产品成本计划的完成情况及可比产品成本降低任务的完成情况，以便分析成本变化的原因，寻求进一步降低成本的途径。

2. 商品产品成本报表的结构。商品产品成本报表按可比产品和不可比产品分别反映其单位成本和总成本。可比产品是指以前年度或上年度曾经生产过的产品；不可比产品是指以前年度未正常生产过的产品（见表6-1）。

表6-1 　　　　　　　　　　　　　　　**商品产品成本表**

编制单位：　　　　　　　　　　　××××年××月　　　　　　　　　　　　单位：元

产品名称	计量单位	生产量		单位生产成本				本月总成本			本年总成本		
		本月实际	本年累计	本年计划产量	上年实际平均	本年计划	本月实际	本年实际平均	按上年实际单位成本计算	按本年计划单位成本计算	本月实际	按上年实际单位成本计算	按本年计划单位成本计算	本年实际
一、可比产品														
××产品														
××产品														
小计														
二、不可比产品														
××产品														
××产品														
小计														
全部产品成本														

补充资料（按本年累计实际数）：
(1) 可比产品成本降低额：
(2) 可比产品成本降低率：　　　　　　　　　　　（本年计划降低率：　　　　）
(3) 按现行价格计算的商品产值：
(4) 产值成本率：

对可比产品而言，不仅要和计划成本相比较，而且还要和上年度实际成本相比较，所以还要列示按上年实际平均单位成本计算的总成本。对不可比产品而言，因为没有上年的实际单位成本可比，所以只列示计划成本和本年的实际成本。该表分析的重点是可比产品。

该表分为基本报表和补充资料两部分。具体格式如表6-1所示。

商品产品成本报表应按月编制，编制的主要依据是有关产品的"产品成本明细账"、年度成本计划、上年本表等资料。

（二）主要产品单位成本表的编制

1. 主要产品单位成本报表的含义和作用。主要产品单位成本表是反映企业在报告期内生产的各种主要产品单位成本构成情况及其有关技术经济指标完成情况的报告文件。商品产品成本报表从成本总额角度揭示了主要产品的成本状况，但不能提供成本构成情况的信息，不便于进行成本分析。

主要产品单位成本表弥补了这个缺陷，本表可按成本项目分析和考核主要产品单位成本计划的执行结果，分析主要产品单位成本升降的具体情况；了解其成本升降的情况及其差距；可以分析和考核主要产品的主要技术经济指标的执行情况，探寻降低成本升降的途径。

2. 主要产品单位成本报表的结构。主要产品单位成本表分为基本报表和补充资料两部分。本表的基本部分，是分别按每一种主要产品进行编制的，表中除反映产品名称、规格、计量单位、产量、售价之外，主要是按成本项目反映单位成本的构成和水平；本表的补充资料，反映上年和本年的几项经济指标，为分析、考核提供简便的资料。其结构和内容如表6-2所示。

表6-2   主要产品单位成本表

编制单位：　　　　　　　　　×××年××月　　　　　　　　　单位：元

产品名称			产品销售单价		
产品规格			本月实际产量		
计量单位			本年累计实际产量		
成本项目	历史先进水平	上年实际平均	本年计划	本月实际	本年累计实际平均
直接材料					
直接人工					
制造费用					
产品单位成本					
主要技术经济指标	用量	用量	用量	用量	用量
单位产品物耗					
1. ×材料					
2. ×材料					
……					
单位产品耗用工时					

（三）制造费用明细表的编制

1. 制造费用明细表的含义和作用。制造费用明细表是反映工业企业在一定时期内发生的各项制造费用及其构成情况的成本报表。表中的各明细项目，应包括企业各个生产单位为组织和管理生产所发生的各项费用。制造费用明细表可以考核费用计划执行情况；发现费用项目超支或节约及其原因；为编制计划和预测未来水平提供依据。

2. 制造费用明细表的结构。制造费用明细表是按制造费用项目设置的,并分栏反映各费用的本年计划数、上年同期实际数、本月实际数、本年累计实际数。企业根据管理的需要,也可以将制造费用按成本性态划分为变动成本和固定成本。制造费用明细表的结构如表6-3所示。

表6-3　　　　　　　　　　　　　制造费用明细表

编制单位：××　　　　　　　　　××××年××月　　　　　　　　　　单位：元

项目	本年计划数	上年同期实际数	本月实际数	本年累计实际数
职工薪酬				
折旧费				
办公费				
物料消耗				
差旅费				
……				
制造费用合计				

【任务描述】

一、模拟企业基本情况描述

四川鹏峰机械有限责任公司是一家专门致力于发明和制造自动输送机的机械制造工业企业,其注册地为四川省双流区玉环城关东门路212号,注册资金为400万元。该公司为增值税一般纳税企业,适用增值税税率为13%,适用的企业所得税税率为25%。公司开户银行为中国工行玉环支行,电话号码为028-8124701。该公司2023年主要生产三种产品：装卸输送机、物流平板车和移动带式自动装卸输送机,其中移动带式自动装卸输送机是公司新研制出来将于2024年投产的产品。

二、成本报表编制和分析的资料

1. 2023年的资料（见表6-4和表6-5）。

表 6-4　　　　　　　　　　　　　　　**主要产品单位成本表**

编制单位：鹏峰机械有限责任公司　　　　2023 年 12 月　　　　　　　　　　　　单位：元

产品名称	装卸输送机		产品销售单价	87 662 元	
产品规格	四节式		本月实际产量	1 150 台	
计量单位	台		本年累计实际产量	12 050 台	
成本项目	历史先进水平	上年实际平均	本年计划	本月实际	本年累计实际平均
直接材料	37 485.8	35 551.36	32 760	34 912.05	35 599.2
直接人工	17 039	14 357.28	15 015	15 060.1	14 376.6
制造费用	13 631.2	18 459.36	20 475	18 482.85	18 484.2
产品单位成本	68 156	68 368	68 250	68 455	68 460
主要技术经济指标	用量	用量	用量	用量	用量
单位产品物耗：					
1. 钢材（吨）	0.85	0.95	0.90	0.91	1.05
2. 耐磨皮带（米）	10	11.5	9.5	9.8	12
单位产品耗用工时（小时）	8	11.5	10	9.6	12

表 6-5　　　　　　　　　　　　　　　**制造费用明细表**

编制单位：四川鹏峰机械有限责任公司　　2023 年 12 月　　　　　　　　　　　单位：元

项目	本年计划数	上年同期实际数	本月实际数	本年累计实际
职工薪酬	81 325 998	7 205 863.38	6 725 519	86 906 164.23
折旧费	37 535 076	2 220 985.29	2 719 879.01	35 145 875.24
生产准备费	21 895 461	2 023 564.37	1 829 736.79	23 643 588.80
办公费	93 837 690	7 008 442.47	7 665 113.57	99 047 466.58
水电费	75 070 152	6 416 179.72	5 934 281.47	76 681 909.61
机物料消耗	68 814 306	5 429 075.15	5 439 758.02	70 291 750.48
周转材料摊销	12 511 692	987 104.57	989 046.91	12 780 318.27
设备租赁费	31 279 230	2 467 761.43	2 472 617.28	31 950 795.67
差旅费	50 046 768	3 948 418.29	3 956 187.65	51 121 273.08

续表

项目	本年计划数	上年同期实际数	本月实际数	本年累计实际
劳动保护费	25 023 384	1 974 209.15	1 978 093.82	25 560 636.54
生产保险费	15 639 615	1 233 880.72	1 236 308.64	15 975 397.84
设计制图费	11 260 522.80	888 394.12	890 142.22	11 502 286.44
试验检验费	16 265 199.60	1 283 235.94	1 285 760.99	16 614 413.75
在产品盘亏和毁损	6 255 846	641 617.97	642 880.49	8 307 206.87
其他	78 823 659.60	5 626 496.07	5 687 019.74	73 486 830.05
制造费用合计	625 584 600	49 355 228.64	49 452 345.60	639 015 913.45

2. 2024 年的资料。2024 年装卸输送机计划单位成本为 68 360 元，计划单位成本中直接材料费所占比重为 48%，直接人工比例为 22%，计划钢材单耗为 0.88 吨，耐磨皮带计划单耗为 10.5 米，计划工时单耗为 10.4 小时。本月钢材实际单耗为 0.89 吨，耐磨皮带实际单耗为 11 米，实际工时单耗为 10 小时。本年累计实际平均钢材单耗为 0.98 吨，耐磨皮带实际平均单耗为 11.3 米，实际平均工时单耗为 11 小时。

装卸输送机的市场价格为 82 000 元，物流平板车的市场价格为 750 元，移动带式自动装卸输送机的市场价格为 159 000 元。同行业的同类产品的产值成本率为 70%。

其他成本信息如表 6-6～表 6-9 所示。

表 6-6   **产品成本汇总表**

2024 年 12 月   单位：元

成本项目	产品名称					
	装卸输送机（1 250 台）		物流平板车（3 100 辆）		移动带式自动装卸输送机（700 台）	
	完工产品成本	单位产品成本	完工产品成本	单位产品成本	完工产品成本	单位产品成本
直接材料	42 721 875	34 177.50	641 700	207	43 986 250	62 837.50
直接人工	17 088 750	13 671	356 500	115	11 996 250	17 137.50
制造费用	25 633 125	20 506.50	427 800	138	23 992 500	34 275
合计	85 443 750	68 355	1 426 000	460	79 975 000	114 250

商品产品成本表

表 6-7

编制单位：四川鹏峰机械有限责任公司　　2024 年 11 月

产品名称	计量单位	生产量 本月实际	生产量 本年累计实际	生产量 本年计划产量	单位生产成本 上年实际平均（元）	单位生产成本 本年计划（元）	单位生产成本 本月实际（元）	单位生产成本 本年实际平均（元）	本月总成本 按上年实际单位成本计算（元）	本月总成本 按本年计划单位成本计算（元）	本月总成本 本月实际（元）	本年总成本 按上年实际单位成本计算（元）	本年总成本 按本年计划单位成本计算（元）	本年总成本 本年实际（元）
一、可比产品														
装卸输送机	台	1 200	11 000	12 000	68 460	68 360	68 400	68 410	82 152 000	82 032 000	82 080 000	753 060 000	751 960 000	752 510 000
物流平板车	辆	3 085	33 000	35 000	480	450	455	452	1 480 800	1 388 250	1 403 675	15 840 000	14 850 000	14 916 000
小计									83 632 800	83 420 250	83 483 675	768 900 000	766 810 000	767 426 000
二、不可比产品														
移动带式自动装卸输送机	台	850	9 500	10 000		114 100	114 230	114 127		96 985 000	97 095 500		1 083 950 000	1 084 206 500
小计										96 985 000	97 095 500		1 083 950 000	1 084 206 500
全部产品成本										180 405 250	180 579 175		1 850 760 000	1 851 632 500

表 6-8　　　　　　　　　　　　　　　制造费用预算表

编制单位：四川鹏峰机械有限责任公司　　2024 年度　　　　　　　　　　　　单位：元

项目	上年计划数	本年计划数
职工薪酬	81 325 998	81 120 000
折旧费	37 535 076	37 440 000
生产准备费	21 895 461	28 080 000
办公费	93 837 690	81 120 000
水电费	75 070 152	87 360 000
机物料消耗	68 814 306	74 880 000
周转材料摊销	12 511 692	12 480 000
设备租赁费	31 279 230	31 200 000
差旅费	50 046 768	43 680 000
劳动保护费	25 023 384	31 200 000
生产保险费	15 639 615	15 600 000
设计制图费	11 260 522.8	12 480 000
试验检验费	16 265 199.6	16 848 000
在产品盘亏和毁损	6 255 846	6 240 000
其他	78 823 659.6	64 272 000
制造费用合计	625 584 600	624 000 000

表 6-9　　　　　　　　　　　　　　　制造费用明细账

2024 年 12 月　　　　　　　　　　　　　　　　　　　　　　　　单位：元

明细账项目	本月合计	本年合计
职工薪酬	6 807 265.80	85 423 484.47
折旧费	2 752 938.38	34 546 262.10
生产准备费	1 851 976.73	23 240 212.69
办公费	7 758 280.88	97 357 647.74
水电费	6 006 411.00	75 373 662.77
机物料消耗	5 505 876.75	69 092 524.20
周转材料摊销	1 001 068.50	12 562 277.13
设备租赁费	2 502 671.25	31 405 692.82
差旅费	4 004 274.00	50 249 108.51
劳动保护费	2 002 137.00	25 124 554.26
生产保险费	1 251 335.63	15 702 846.41
设计制图费	900 961.65	11 306 049.42
试验检验费	1 301 389.05	16 330 960.27
在产品盘亏和毁损	650 694.53	8 165 480.13
其他	5 756 143.88	72 233 093.48
制造费用合计	50 053 425.03	628 113 856.40

要求：为鹏峰机械有限责任公司编制 2024 年 12 月的主要成本报表，并进行成本分析。

【情境演练一】 商品产品成本表编制

步骤一：根据已知资料填列基本信息，如编制单位、编制时间、产品名称和计量单位。

在填列产品名称时，应填列主要的"可比产品"与"不可比产品"的名称。对于案例中公司来说，由于移动带式自动装卸输送机是公司新研制出来，于 2024 年刚投产的产品，属于不可比产品，而装卸输送机、物流平板车两种产品属于可比产品。

步骤二：主表中四个主要项目的填列。

1."生产量"项目，反映本月和从年初起至本月末止产品的实际产量和本年计划产量。应根据年度成本计划、"产品成本明细账"的记录计算填列。年度成本计划、"产品成本明细账"在财务部门就可获取。在本案例中年度成本计划从 2024 年 11 月的"商品产品成本表"可以找到所需信息，因此没有单独提供；"产品成本明细账"的记录以"产品成本汇总表"替代（以下步骤同）。

2."单位生产成本"项目：

"上年实际平均单位成本"项目，根据上年度本表所列各种可比产品的全年累计实际平均单位成本填列。

"本年计划单位成本"项目，根据年度成本计划的有关资料填列。

"本月实际单位成本"项目，根据有关产品成本明细账中的资料，按下述公式计算填列：

$$某产品本月实际单位成本 = \frac{该产品本月实际总成本}{该产品本月实际产量}$$

"本年累计实际平均单位成本"项目，根据有关产品成本明细账资料计算填列，计算方法为：

$$某产品本年累计实际单位成本 = \frac{该产品本年累计实际总成本}{该产品本年累计实际产量}$$

3."本月总成本"项目：

"按上年实际平均单位成本计算"项目，等于本月实际产量与上年实际平均单位成本之积。

"按本年计划单位成本计算"项目，等于本月实际产量与本年计划单位成本之积。

"本月实际"项目，根据本月有关产品成本明细账的记录填列。

4."本年累计总成本"各项目：

"按上年实际平均单位成本计算"项目，等于本年累计实际产量与上年实际平均单位成本之积。

"按本年计划单位成本计算"项目，等于本年累计实际产量与本年计划单位成本之积。

"本年实际成本"项目，根据有关的产品成本明细账资料填列。

步骤三：补充资料的填列等成本分析任务完成后填列。

编制结果如表 6 – 10 所示。

表 6-10

商品产品成本表

编制单位：四川鹏峰机械有限责任公司　　2024 年 12 月

产品名称	计量单位	生产量			单位生产成本				本月总成本			本年总成本		
		本月实际	本年累计实际	本年计划产量	上年实际平均（元）	本年计划（元）	本月实际（元）	本年实际平均（元）	按上年实际单位成本计算（元）	按本年计划单位成本计算（元）	本月实际（元）	按上年实际单位成本计算（元）	按本年计划单位成本计算（元）	本年实际（元）
一、可比产品														
装卸输送机	台	1 250	12 250	12 000	68 460	68 360	68 355	68 404	85 575 000	85 450 000	85 443 750	838 635 000	837 410 000	837 953 750
物流平板车	辆	3 100	36 100	35 000	480	450	460	453	1 488 000	1 395 000	1 426 000	17 328 000	16 245 000	16 342 000
小计									87 063 000	86 845 000	86 869 750	855 963 000	853 655 000	854 295 750
二、不可比产品														
移动带式自动装卸输送机	台	700	10 200	10 000		114 100	114 250	114 135		79 870 000	79 975 000		1 163 820 000	1 164 181 500
小计										79 870 000	79 975 000		1 163 820 000	1 164 181 500
全部产品成本										166 715 000	166 844 750		2 017 475 000	2 018 477 250

注：本年实际总成本是用 11 月表中的"本年总成本"项目中本年实际数加上 12 月的实际生产成本；"单位生产成本"项目中本年实际平均数是用 12 月本表中的"本年总成本"项目中本年实际数除以"生产量"项目中的本年累计实际数。

【任务演练二】 主要产品单位成本表编制

步骤一：根据已知资料填列基本信息，如编制单位、编制时间、产品名称、规格、计量单位及销售单价等。

步骤二：表中主要项目的填列：

(1) "本月实际产量"和"本年累计实际产量"项目：根据统计提供的产品产量资料或产品入库单填列。

(2) "成本项目"各项目：应按成本计算单上的成本项目填列。

(3) "主要技术经济指标"项目：反映主要产品每一单位产量所消耗的主要原材料、燃料、工时等的数量。

(4) "历史先进水平"栏各项目：反映本企业历史上该种产品成本最低年度的实际平均单位成本和实际单位用量，参照 2023 年 12 月装卸输送机单位成本表填列。

(5) "上年实际平均"栏各项目：反映上年实际平均单位成本和单位用量，根据上年度本表的"本年累计实际平均"单位成本和单位用量的资料填列。

(6) "本年计划"栏各项目：反映本年计划单位成本和单位用量，根据年度成本计划资料填列。

(7) "本月实际"栏各项目：反映本月实际单位成本和单位用量，根据本月产品成本明细账等有关资料填列。

(8) "本年累计实际平均"栏各项目：反映本年年初至本月月末该种产品的平均实际单位成本和单位用量，根据年初至本月月末的已完工产品成本明细账等有关资料，采用加权平均计算后填列。

编制结果如表 6-11 所示。

表 6-11　　　　　　　　　　主要产品单位成本表

编制单位：鹏峰机械有限责任公司　　　2024 年 12 月　　　　　　　　　　单位：元

产品名称	装卸输送机		产品销售单价		82 000 元
产品规格	四节式		本月实际产量		1 250 台
计量单位	台		本年累计实际产量		12 250 台
成本项目	历史先进水平	上年实际平均	本年计划	本月实际	本年累计实际平均
直接材料	37 485.80	35 599.2	32 812.80	34 177.50	34 202
直接人工	17 039	14 376.60	15 039.2	13 671	13 680.80
制造费用	13 631.20	18 484.20	20 508	20 506.50	20 521.20
产品单位成本	68 156	68 460	68 360	68 355	68 404

续表

成本项目	历史先进水平	上年实际平均	本年计划	本月实际	本年累计实际平均
主要技术经济指标	用量	用量	用量	用量	用量
单位产品物耗：					
1. 钢材（吨）	0.85	1.05	0.88	0.89	0.98
2. 耐磨皮带（米）	10	12	10.5	11	11.3
单位产品耗用工时（小时）	8	12	10.4	10	11

注：（1）本表中按成本项目反映的"上年实际平均""本年计划""本月实际""本年累计实际平均"的单位成本合计，应与商品产品成本表中的各个产品单位成本金额分别相等。

（2）假设本年累计实际平均单位成本各成本项目比重与本月实际单位成本各成本项目比重相同。

【任务演练三】

制造费用明细表编制

步骤一：根据已知资料填列基本信息。

步骤二：表中主要项目的填列：

（1）"本年计划数"根据年度制造费用计划填列。

（2）"上年同期实际数"根据上年同期本表的"本月实际数"填列。

（3）"本月实际数"根据基本生产车间制造费用明细账的本月合计数填列。

（4）"本年累计实际数"根据制造费用明细账中月末的累计数汇总计算填列。

编制结果如表 6−12 所示。

表 6−12　　　　　　　　　　　**制造费用明细表**

编制单位：四川鹏峰机械有限责任公司　　　2024 年 12 月　　　　　　　　　　单位：元

项目	本年计划数	上年同期实际数	本月实际数	本年累计实际
职工薪酬	81 120 000	6 725 519.00	6 807 265.80	85 423 484.47
折旧费	37 440 000	2 719 879.01	2 752 938.38	34 546 262.10
生产准备费	28 080 000	1 829 736.79	1 851 976.73	23 240 212.69
办公费	81 120 000	7 665 113.57	7 758 280.88	97 357 647.74
水电费	87 360 000	5 934 281.47	6 006 411	75 373 662.77
机物料消耗	74 880 000	5 439 758.02	5 505 876.75	69 092 524.2
周转材料摊销	12 480 000	989 046.91	1 001 068.50	12 562 277.13

续表

项目	本年计划数	上年同期实际数	本月实际数	本年累计实际
设备租赁费	31 200 000	2 472 617.28	2 502 671.25	31 405 692.82
差旅费	43 680 000	3 956 187.65	4 004 274	50 249 108.51
劳动保护费	31 200 000	1 978 093.82	2 002 137	25 124 554.26
生产保险费	15 600 000	1 236 308.64	1 251 335.63	15 702 846.41
设计制图费	12 480 000	890 142.22	900 961.65	11 306 049.42
试验检验费	16 848 000	1 285 760.99	1 301 389.05	16 330 960.27
在产品盘亏和毁损	6 240 000	642 880.49	650 694.53	8 165 480.13
其他	64 272 000	5 687 019.74	5 756 143.88	72 233 093.48
制造费用合计	624 000 000	49 452 345.60	50 053 425.03	628 113 856.40

任务2 成本报表分析

【知识准备】

一、成本分析的含义与作用

成本分析是按照一定的原则，采用一定的方法，利用成本计划、成本核算和其他有关资料，控制实际成本的支出，揭示成本计划完成情况，查明成本升降的原因，寻求降低成本的途径和方法，以达到用最少的劳动消耗取得最大经济效益的目的。

通过成本分析，可以正确认识和掌握成本变动的规律性，不断挖掘企业内部潜力，降低产品成本，提高企业的经济效益；可以对成本计划的执行情况进行有效的控制，对执行结果进行评价，肯定成绩，指出存在的问题，以便采取措施，为提高经营管理水平服务，为编制下期成本计划和做出新的经营决策提供依据，给未来的成本管理指出努力的方向。

二、成本分析的内容

成本分析贯穿于成本管理工作的始终，包括事前成本分析、事中成本控制分析和事后成本分析。

1. 事前成本分析，是指事前预计和测算有关因素对成本的影响程度，其主要包括两个方面内容，即成本预测分析和成本决策分析。

2. 事中成本控制分析，是指以计划、定额成本为依据，通过分析实际成本与计划成本或定额成本差异，对成本进行控制。

3. 事后成本分析，是指产品生产过程中发生的实际成本与计划成本的比较，对产生的差异进行分析，找出成本升降原因，是成本分析的主要形式。

成本分析的内容主要包括全部商品产品成本的分析、可比产品成本分析、主要产品单位成本分析等。

三、成本分析基本方法

（一）指标对比法

指标对比法又称比较法，这是实际工作中广泛应用的分析方法。它是通过相互关联的经济指标的对比来确定数量差异的一种方法。通过对比，揭露矛盾，发现问题，寻找差距，分析原因，为进一步降低成本指明方向。

成本指标的对比分析可采取以下几种形式：

1. 实际指标与计划指标对比。具体进行成本分析时，首先，将实际成本与计划成本进行比较，通过对比，说明计划完成的程度，为进一步分析指明方向。

2. 本期实际指标与前期（如上年同期或历史最好水平）实际指标对比。通过对比，反映企业成本动态和变化趋势，有助于吸取历史经验，改进成本工作。

3. 本期实际指标与同行业先进水平对比。通过对比，可以反映本企业与国内外先进水平的差距，以便扬长避短，努力挖掘降低成本的潜力，不断提高企业的经济效益。

采用指标对比法时，应注意对比指标的可比性，即对比指标采用的计量单位、计价标准、时间单位、指标内容和前后采用的计算方法等都应具有可比的基础和条件。在同类企业比较成本指标时，还必须考虑它们在技术经济上的可比性。指标的对比可以用绝对数对比，也可以用相对数对比。

（二）因素分析法

因素分析法是将某一综合指标分解为若干个相互联系的因素，并分别计算、分析每个因素影响程度的一种方法。

因素分析法是在比较法的基础上发展的，成为比较法的补充。因素分析法的一般做法是：第一，确定分析指标由几个因素组成；第二，确定各个因素与指标的关系，如加减关系、乘除关系等；第三，采用适当方法，把指标分解成各个因素；第四，确定每个因素对指标变动的影响方向与程度。

因素分析法的具体计算程序是：以成本的计划指标为基础，按预定的顺序，将各个因素的计划指标依次替换为实际指标，一直替换到全部都是实际指标为止，每次计算结果，与前次计算结果相比，就可以求得某一因素对计划完成情况的影响。

【例6-1】华丰企业2024年3月耗用标号为W-2的原材料费用的实际数是6 720元，

而其计划数是 5 400 元。实际比计划增加 1 320 元。由于原材料费用是由产品产量、单位产品材料消耗用量和材料单价三个因素的乘积构成的，因此，就可以把材料费用这一总指标分解为三个因素，然后逐个分析它们对材料费用总额的影响程度。

根据表 6-13 中的资料，材料费用总额实际数较计划数增加 1 320 元，这就是分析对象，需要确定是什么因素导致材料费用超支。运用连环替代法，可以计算各因素变动对材料费用总额的影响程度如下：

表 6-13   W-2 原材料费用分解表

项目	单位	计划数	实际数	差异
产品产量	件	120	140	20
单位产品材料消耗量	千克	9	8	-1
材料单价	元	5	6	1
材料费用总额	元	5 400	6 720	1 320

分析公式：材料费用总额 = 产量 × 单位产品材料消耗量 × 材料单价

计划指标：$120 \times 9 \times 5 = 5400$（元）　　①

第一次替代：$140 \times 9 \times 5 = 6300$（元）　　②

第二次替代：$140 \times 8 \times 5 = 5600$（元）　　③

第三次替代：$140 \times 8 \times 6 = 6720$（元）　　④

计算差异：

② - ① = 6 300 - 5 400 = 900（元）　　因产量增加使材料费用超支了 900 元

③ - ② = 5 600 - 6 300 = -700（元）　　因单位产品用料节约，使材料费用节约 700 元

④ - ③ = 6 720 - 5 600 = 1 120（元）　　因单价提高使材料费用超支了 1 120 元

综合起来：900 - 700 + 1120 = 1 320（元）　　三因素共同影响使材料费用共超支了 1 320 元

（三）比率分析法

比率分析法是通过计算各项对比指标之间的比率，借以考察企业经济业务的相对效益的一种分析方法。比率分析法主要有以下几种：

1. 相关比率分析法。它是通过计算两个性质不同而又相关的指标的比率，来进行数量分析的一种方法。通常计算的相关比率指标有：产值成本率、销售收入成本率、成本利润率、存货周转率等。

2. 构成比率分析法。也称比重分析法，它是通过计算某项指标的各个组成部分占总体的比重，来进行数量分析的一种方法。

3. 趋势比率分析，是将几个时期的同类指标的数字进行对比以求出比率，揭示该指标增减变化，以预测经济发展趋势的一种分析方法。分为定基比率和环比比率两种。

四、常用指标分析

（一）成本计划完成情况的分析

成本计划完成情况分析包括：产品生产成本计划完成分析和主要产品单位成本分析。分析的重点是产品生产成本分析中的可比产品成本分析。

1. 产品生产成本计划完成分析。产品生产成本表的分析，一般可以从以下两个方面进行，一是本期实际成本与计划成本的对比分析；二是本期实际成本与上年实际成本的对比分析。

（1）本期实际成本与计划成本的对比分析。企业全部产品包括可比产品和不可比产品两大部分。对全部产品的分析，因为没有不可比产品的上年实际成本，所以只能以本年实际成本和本年计划成本进行比较，确定其实际成本较计划成本的降低额和降低率，初步了解企业完成成本计划的一般情况。

$$\text{全部产品成本实际较计划降低额} = \sum \left(\text{产品的实际产量} \times \text{本年计划单位成本} \right) - \sum \left(\text{产品的实际产量} \times \text{本年实际单位成本} \right)$$

$$\text{全部产品成本实际较计划降低率} = \frac{\text{全部产品实际较计划降低额}}{\sum (\text{产品的实际产量} \times \text{本年计划单位成本})} \times 100\%$$

（2）本期实际成本与上年实际成本的对比分析。这一分析是针对可比产品而言的。可比产品成本分析的目的，在于揭示可比产品成本降低任务的完成情况，查明影响可比产品成本升降的因素及其影响程度，进一步弄清成本升降的原因。

一是可比产品成本降低情况总括分析。企业在制订成本计划时，通常会规定可比产品本年成本比上年成本降低的任务，即计划降低额和计划降低率。因此，可比产品成本分析，首先要计算出实际的成本降低额和降低率，以便与计划降低额和降低率进行比较，从而了解可比产品成本降低任务的完成情况。

$$\text{可比产品成本计划降低额} = \sum \left(\text{可比产品的计划产量} \times \text{上年实际平均单位成本} \right) - \sum \left(\text{可比产品的计划产量} \times \text{本年计划单位成本} \right)$$

$$\text{可比产品成本计划降低率} = \frac{\text{可比产品成本计划降低额}}{\sum (\text{可比产品计划产量} \times \text{上年实际单位成本})} \times 100\%$$

$$\text{可比产品成本实际降低额} = \sum \left(\text{可比产品的实际产量} \times \text{上年实际平均单位成本} \right) - \sum \left(\text{可比产品的实际产量} \times \text{本年计划单位成本} \right)$$

$$\text{可比产品成本实际降低率} = \frac{\text{可比产品成本实际降低额}}{\sum (\text{可比产品实际产量} \times \text{上年实际单位成本})} \times 100\%$$

二是影响可比产品成本降低任务完成的因素分析。影响可比产品成本的主要因素有三个：产品产量、产品品种结构和产品单位成本。由于计划降低额是根据各种产品的计划产量确定的，实际降低额是根据各种产品的实际产量确定的，在产品品种结构与单位成本不变的情况下，产品产量变动会引起成本降低额发生同比例变动，但不会影响成本降低率。由于各种产品成本降低的程度不尽相同，因此，产品品种结构的变动会引起成本降低额与成本降低率发生变动。此外，产品单位成本降低会使得成本降低额和成本降低率提高，反之会降低。

2. 主要产品单位成本分析。主要产品单位成本分析包括两方面的内容，一是技术经济指标变动对单位成本的影响，二是单位成本计划完成情况的分析。主要产品单位成本计划完成情况分析，不仅要按成本项目逐项对比其计划数与实际数，而且还要求列示主要消耗材料和耗用工时的对比资料。

（二）费用预算执行情况的分析

由于制造费用、销售费用、管理费用和财务费用都按整个公司（总厂）或分厂、车间、部门编制预算加以控制，因而分析各种费用预算的执行情况，查明各种费用实际脱离预算的原因，也只能按整个公司（总厂）或分厂、车间、部门来进行。

对上述各种费用进行分析，首先应以本年实际数与本年预算数相比较，确定实际脱离预算的差异；然后分析差异形成的原因。

分析时，除用本年实际与本年预算相比、检查预算执行情况外，为了从动态上观察、比较各项费用的变动情况和变动趋势，还应将本月实际与上年同期实际进行对比，以了解企业工作的改进情况，并将这一分析与推行经济责任制相结合，与检查各项管理制度的执行情况相结合，以推动企业改进经营管理，提高工作效率，降低各项费用支出。

（三）成本效益分析

反映企业成本效益的指标很多，常用的有产值成本率、成本费用利润率等。这里主要介绍产值成本率。

产值成本率是企业全部产品生产成本对商品产值的比率，通常用每百元商品产值总成本指标表示。其计算公式如下：

$$产值成本率 = \frac{全部产品生产成本}{全部产品总产值} \times 100\%$$

$$全部产品的总产值 = \sum(各产品的现行市价 \times 该产品的产量)$$

每百元商品产值总成本愈低，说明生产耗费的经济效益愈大；反之，经济效益愈小。

影响产值成本率指标变动的因素，归纳起来主要有：（1）产品品种构成的变动；（2）产品单位成本的变动；（3）在商品产值按现行价格计算时，还有价格变动的影响。

【任务演练一】产品成本计划完成情况分析

步骤一：本期实际成本与计划成本的对比分析。

从表6-14资料可以看出，全部产品2024年实际产量按本年计划单位成本计算的总成本为2 017 475 000元，实际总成本为2 018 477 250元，实际成本较计划成本超支1 002 250

元,超支比率为 0.05%,说明 2024 年度公司没有完成成本计划,但因为什么原因导致的超支,应进一步进行分析。

表 6-14 实际成本与计划成本对比分析表

产品名称	实际产量的总成本		实际与计划差异	
	按计划单位成本计算(元)	按实际单位成本计算(元)	差异额(元)	差异率(%)
一、可比产品				
装卸输送机	837 410 000	837 953 750	543 750	0.06
物流平板车	16 245 000	16 342 000	97 000	0.60
合计	853 655 000	854 295 750	640 750	0.08
二、不可比产品				
移动带式自动装卸输送机	1 163 820 000	1 164 181 500	361 500	0.03
全部产品	2 017 475 000	2 018 477 250	1 002 250	0.05

步骤二:本期实际成本与上年实际成本的对比分析。

1. 计算可比产品成本计划降低额与降低率(见表 6-15)。

表 6-15 可比产品成本计划降低任务

可比产品名称	计划产量	单位成本(元)		计划产量总成本(元)		计划降低任务	
		上年实际	本年计划	按上年实际单位成本计算	按本年计划单位成本计算	降低额(元)	降低率(%)
装卸输送机	12 000	68 460	68 360	821 520 000	820 320 000	1 200 000	0.15
物流平板车	35 000	480	450	16 800 000	15 750 000	1 050 000	6.25
合计	—	—	—	838 320 000	836 070 000	2 250 000	0.27

2. 计算可比产品成本实际降低额与降低率(见表 6-16)。

表 6-16 可比产品成本实际降低任务

可比产品名称	实际产量	单位成本(元)		实际产量总成本(元)		实际降低任务	
		上年实际	本年实际	按上年实际单位成本计算	按本年实际单位成本计算	降低额(元)	降低率(%)
装卸输送机	12 250	68 460	68 404	838 635 000	837 953 750	681 250	0.08
物流平板车	36 100	480	453	17 328 000	16 342 000	986 000	5.69
合计	—	—	—	855 963 000	854 295 750	1 667 250	0.19

3. 将实际与计划进行对比。由表 6-17 可以看出,该公司实际成本降低额比计划成本降低额少 582 750 元,实际成本降低率比计划成本降低率低 0.08%,说明可比产品成本计

划降低任务没有完成。公司应进一步分析影响可比产品未能完成计划的因素。

表 6-17　　　　　　　　　成本降低任务完成情况分析表

可比产品名称	降低任务完成情况				差异（实际-计划）	
	计划		实际		差异额（元）	差异率（%）
	降低额（元）	降低率（%）	降低额（元）	降低率（%）		
装卸输送机	1 200 000	0.15	681 250	0.08	-518 750	-0.07
物流平板车	1 050 000	6.25	986 000	5.69	-64 000	-0.56
合计	2 250 000	0.27	1 667 250	0.19	-582 750	-0.08

步骤三：主要产品单位成本分析。

对鹏峰机械有限责任公司装卸输送机单位成本计划完成情况进行分析，编制装卸输送机单位成本对比分析表（见表 6-18）。

表 6-18　　　　　　　　　单位成本对比分析表

成本项目	单位成本			实际比上年		实际比计划	
	上年实际（元）	本年计划（元）	本年实际（元）	差异额（元）	差异率（%）	差异额（元）	差异率（%）
直接材料	35 599.20	32 812.80	34 202.00	-1 397.20	-3.92	1 389.20	4.23
直接人工	14 376.60	15 039.20	13 680.80	-695.80	-4.84	-1 358.40	-9.03
制造费用	18 484.20	20 508.00	20 521.20	2 037.00	11.02	13.20	0.06
合计	68 460.00	68 360.00	68 404.00	-56.00	-0.08	44.00	0.06

从分析表中可以看出，装卸输送机本年实际单位成本比上年降低 56 元，降低比率为 0.08%，主要是因为直接材料和直接人工成本比上年降低。但是实际比计划增加 44 元，增加比率为 0.06%，主要原因在于直接材料超支严重，超支 1 389.20 元。

【任务演练二】制造费用明细预算执行情况分析

编制制造费用预算执行情况计算表（见表 6-19）。

表 6-19　　　　　　　　　制造费用预算执行情况分析表

编制单位：四川鹏峰机械有限责任公司　　　2024 年 12 月

项目	本年计划数（元）	本年累计实际（元）	本年实际-本年计划	
			绝对值（元）	相对值（%）
职工薪酬	81 120 000	85 423 484.47	4 303 484.47	5.31
折旧费	37 440 000	34 546 262.10	-2 893 737.90	-7.73
生产准备费	28 080 000	23 240 212.69	-4 839 787.31	-17.24
办公费	81 120 000	97 357 647.74	16 237 647.74	20.02

续表

项目	本年计划数（元）	本年累计实际（元）	本年实际 – 本年计划	
			绝对值（元）	相对值（%）
水电费	87 360 000	75 373 662.77	–11 986 337.23	–13.72
机物料消耗	74 880 000	69 092 524.20	–5 787 475.80	–7.73
周转材料摊销	12 480 000	12 562 277.13	82 277.13	0.66
设备租赁费	31 200 000	31 405 692.82	205 692.82	0.66
差旅费	43 680 000	50 249 108.51	6 569 108.51	15.04
劳动保护费	31 200 000	25 124 554.26	–6 075 445.74	–19.47
生产保险费	15 600 000	15 702 846.41	102 846.41	0.66
设计制图费	12 480 000	11 306 049.42	–1 173 950.58	–9.41
试验检验费	16 848 000	16 330 960.27	–517 039.73	–3.07
在产品盘亏和毁损	6 240 000	8 165 480.13	1 925 480.13	30.86
其他	64 272 000	72 233 093.48	7 961 093.48	12.39
制造费用合计	624 000 000	628 113 856.40	4 113 856.40	0.66

从表 6 – 19 可以看出，本年实际全年制造费用总额比计划数超支 4 113 856.40 元，超支比例为 0.66%。从制造费用组成项目的增减变动来看，折旧费、生产准备费、水电费、机物料消耗、劳动保护费、设计制图费、试验检验费几个项目均比计划数节约，且除了试验检验费，节约比例均超过 5 个百分点。因此，超支的原因在于其他的项目，其中职工薪酬、办公费、差旅费、在产品盘亏和毁损、其他费用项目的超支比例均超过 5 个百分点，最高的是在产品盘亏和毁损，超支 30.86%；其次是办公费、差旅费和其他费用，分别超支 20.02%、15.04% 和 12.39%。

公司应进一步查明原因，看超支和节约是由于客观原因导致，还是主观因素造成，如果是由于客观原因，应预测客观原因在下一年度是否会持续，以便修正预算；如果是由于主观因素，应总结经验教训，以利于指导 2025 年预算的执行。

【任务演练三】 成本效益分析

步骤一：计算全部产品的总产值。

公司 2024 年度全部产品的总产值 = 82 000 × 12 250 + 750 × 36 100 + 159 000 × 10 200 = 2 653 375 000（元）

$$产值成本率 = \frac{2\ 018\ 477\ 250}{2\ 653\ 375\ 000} \times 100\% = 76.07\%$$

步骤二：与行业均值进行比较。

公司的产值成本率比同行业超出了 6.07 个百分点，说明公司在 2024 年度生产耗费的产出效益低于行业平均水平，应找出与同行业差距的产生原因。

到现在为止，可以将前面的商品产品成本表填列完整，如表 6 – 20 所示。

表 6－20

商品产品成本表

编制单位：四川鹏峰机械有限责任公司　　　　　2024 年 12 月

产品名称	计量单位	生产量			单位生产成本				本月总成本			本年总成本		
		本月实际	本年累计实际	本年计划产量	上年实际平均（元）	本年计划（元）	本月实际（元）	本年实际平均（元）	按上年实际单位成本计算（元）	按本年计划单位成本计算（元）	本月实际（元）	按上年实际单位成本计算（元）	按本年计划单位成本计算（元）	本年实际（元）
一、可比产品														
装卸输送机	台	1 250	12 250	12 000	68 460	68 360	68 355	68 404	85 575 000	85 450 000	85 443 750	838 635 000	837 410 000	837 953 750
物流平板车	辆	3 100	36 100	35 000	480	450	460	453	1 488 000	1 395 000	1 426 000	17 328 000	16 245 000	16 342 000
小计									87 063 000	86 845 000	86 869 750	855 963 000	853 655 000	854 295 750
二、不可比产品														
移动带式自动装卸输送机	台	700	10 200	10 000		114 100	114 250	114 135		79 870 000	79 975 000		1 163 820 000	1 164 181 500
小计										79 870 000	79975 000		1 163 820 000	1 164 181 500
全部产品成本										166 715 000	166 844 750		2 017 475 000	2 018 477 250

注：补充资料（按本年累计实际数）：
1. 可比产品成本降低额：1 667 250 元；
2. 可比产品成本降低率：0.19%（本年计划降低率：0.27%）；
3. 按现行价格计算的商品产值：2 653 375 000 元；
4. 产值成本率：76.07%。

【项目小结】

本项目的知识框架如图 6-1 所示。

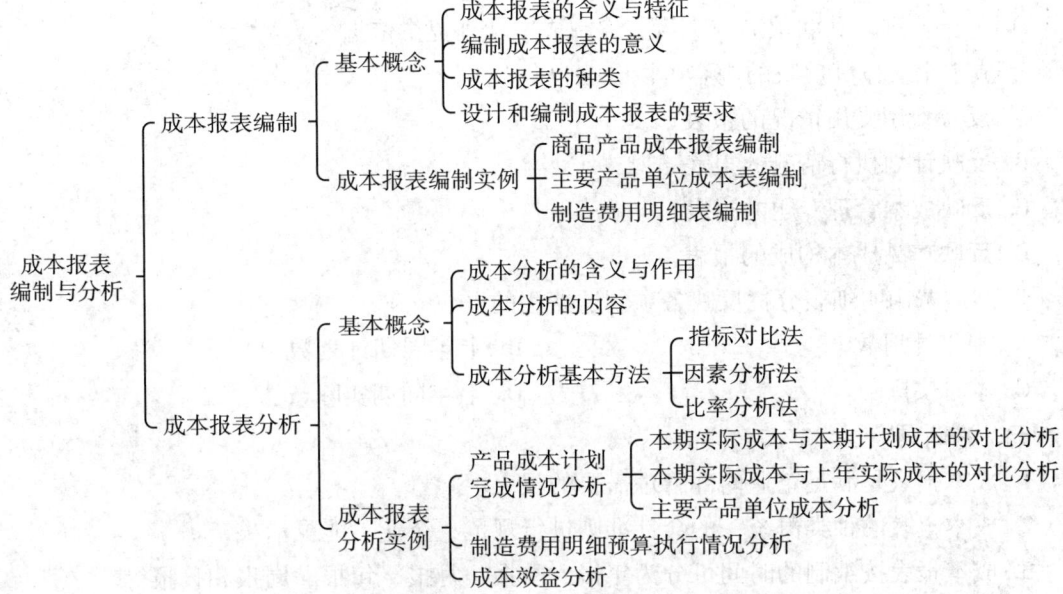

图 6-1 成本报表编制与分析的知识框架

习题与实训

任务 1 成本报表编制

一、单项选择题

1. 成本报表的种类、格式、编制日期及具体报送对象由（　　）决定。

　A. 主管部门　　　　B. 企业自身　　　　C. 会计制度　　　　D. 会计准则

2. 商品产品成本表（　　）。

　A. 只反映可比产品成本　　　　　　　B. 不反映不可比产品成本

　C. 反映全部产品成本　　　　　　　　D. 只反映不可比产品成本

二、多项选择题

1. 成本报表与对外报表相比所具有的特点包括（　　）。

　A. 成本报表一般对外报送和公开

　B. 不同企业的成本报表个性差异很小

　C. 成本报表主要服务于企业内部的经营管理

　D. 成本报表提供的成本信息具有综合性和全面性

2. 成本报表可以（　　）。
   A. 反映企业在一定期间成本费用水平及其构成情况
   B. 揭示企业在成本管理过程中存在的问题
   C. 为企业制定产品价格提供依据
   D. 为企业进行利润预测、决策、编制成本计划提供依据
3. 成本报表按其反映的内容可以分为（　　）。
   A. 反映费用支出情况的报表
   B. 反映计划执行情况的报表
   C. 反映成本管理专题的报表
   D. 反映产品成本构成的报表
4. 制造费用明细表分栏反映各项制造费用的（　　）。
   A. 本年计划数   B. 上年同期计划数
   C. 本月实际数   D. 上年同期实际数

三、判断题

1. 成本报表是满足企业内部管理需要的报表。（　　）
2. 成本报表的种类由统一的会计准则进行规范，企业不能灵活决定。（　　）
3. 成本报表按编制的时间可分为年报、季报、月报、旬报、周报和日报等。（　　）
4. 商品产品成本表按可比产品和不可比产品分别反映其单位成本和总成本。（　　）

任务 2　成本报表分析

一、单项选择题

1. 从狭义来看，成本分析主要是指（　　）。
   A. 全过程成本分析   B. 事前成本分析
   C. 事中成本分析   D. 事后成本分析
2. （　　）是通过计算某项指标的各个组成部分占总体的比重，来进行数量分析的一种方法。
   A. 因素分析法   B. 构成比率分析法
   C. 相关比率分析法   D. 指标对比法
3. 通常计算的相关比率指标是（　　）。
   A. 成本利润率   B. 直接材料费用比率
   C. 直接人工费用比率   D. 制造费用比率
4. 影响可比产品成本降低率的因素是（　　）。
   A. 产品产量和品种结构   B. 产品产量和产品单位成本
   C. 品种结构和产品单位成本 D. 产品产量、产品单位成本和品种结构
5. 产量变动影响产品单位成本主要表现在（　　）。

A. 直接材料项目 　　　　　　　　B. 固定性制造费用
C. 直接人工项目 　　　　　　　　D. 变动性制造费用

6. 可比产品的成本降低计划和实际完成情况，都是以（　　　）为基础来计算的。

A. 上年单位成本 　　　　　　　　B. 本年单位成本
C. 标准成本 　　　　　　　　　　D. 计划单位成本

二、多项选择题

1. 成本分析的内容主要包括（　　　）。

A. 可比产品成本分析 　　　　　　B. 主要产品单位成本分析
C. 产品成本技术经济分析 　　　　D. 全部商品产品成本的分析

2. 比率分析法的表现形式有（　　　）。

A. 因素分析法 　　　　　　　　　B. 构成比率分析法
C. 相关比率分析法 　　　　　　　D. 趋势比率分析法

3. 成本指标的对比分析可以采取的形式有（　　　）。

A. 实际指标与计划指标对比
B. 本期实际指标与上年同期实际指标对比
C. 本期实际指标与同行业先进水平实际指标对比
D. 本期实际指标与历史最好水平实际指标对比

4. 影响可比产品成本降低额的因素有（　　　）。

A. 产品产量　　　B. 产品单位成本　　　C. 产品质量　　　D. 产品品种结构

三、判断题

1. 采用指标对比法时，应注意对比指标的可比性。　　　　　　　　　　（　　　）
2. 趋势比率分析法通常采用的指标是定基比率和环比比率两种。　　　（　　　）
3. 产品单位成本变动只影响成本降低额，不影响成本降低率。　　　　（　　　）
4. 采用因素分析法时，因素的顺序不会影响分析结果。　　　　　　　（　　　）

四、计算分析题

练习产品生产成本计划完成情况的分析。

1. 资料：光明公司 2024 年度成本计划和实际执行情况如表 6－21 所示。

表 6－21

产品名称	产量（张）		单位成本（元）		
	计划	实际	上年实际平均	本年计划	本年实际平均
可比产品：					
办公桌	3 000	3 600	550	530	540
办公椅	4 500	4 300	300	290	280
不可比产品：					
电脑桌	1 500	1 800	—	240	220

2. 要求：完成本期实际成本与计划成本的对比分析，计算结果填入表 6-22。

表 6-22　　　　　　　　　　　产品生产成本分析表（部分）

2024 年 12 月　　　　　　　　　　　　　　　　　单位：元

产品名称	实际产量的总成本		实际与计划的差异	
	按计划单位成本计算	按实际单位成本计算	差异额	差异率
一、可比产品				
办公桌				
办公椅				
合计				
二、不可比产品				
电脑桌				
全部产品				

参 考 文 献

[1] 李代俊. 成本核算与分析 [M]. 第一版. 北京：中国财政经济出版社，2015.

[2] 鲁亮升. 成本会计 [M]. 第八版. 北京：中国财政经济出版社，2022.

[3] 中国注册会计师协会. 财务成本管理（2025年注册会计师全国统一考试辅导教材）[M]. 北京：中国财政经济出版社，2025.

[4] 于海琳. 成本核算与管理 [M]. 第三版. 北京：清华大学出版社，2025.

[5] 翟金花. 成本核算与管理 [M]. 第二版. 大连：东北财经大学出版社，2024.

[6] 张敏，黎来芳，于富生. 成本会计学 [M]. 北京：中国人民大学出版社，2024.

[7] 王爱玲，秦刚，侯君邦. 智能化成本会计与管理 [M]. 北京：立信会计出版社，2023.

[8] 侯立新，崔刚. 企业精细化成本管理：核算、分析与管控 [M]. 北京：人民邮电出版社，2022.